DIETER BROERS

DAS EGO IM DIENST DES HERZENS
EIN NEUES EDEN

TEIL 2 DER TRILOGIE

Dieter Broers

Das Ego im Dienste des Herzens

Ein neues Eden

Teil 2 der Trilogie

Impressum

Das Ego im Dienst des Herzens
Ein Neues Eden
Teil 2 der Trilogie

Deutsche Erstausgabe

Autor: Dieter Broers
Redaktion und Lektorat: Orpheus
Druck: CPI Moravia
Covergestaltung: Gernot Ottowitz
Basierend auf einem Bild von Sergey Niven

Verlag: Dieter Broers Verlag Ldt.,
West Kirby, UK und Unterlembach, Österreich

1. Auflage Oktober 2016

ISBN: 978-3-9503814-1-2

Inhaltsverzeichnis

Einleitung

Liebe Leser,

schon in der Einführung meines letzten Buches „Der verratene Himmel – Rückkehr nach Eden" habe ich darauf hingewiesen, dass es sich um ein Buch handelte, dass auf eine atypischen Weise entstanden ist. Auch beim Schreiben dieses Buches gab es Momente, die für mich Anlass waren, anders vorzugehen, als ich es sonst getan habe. Meiner festen Überzeugung nach sind alle Aussagen über den Sinn des Lebens und über unser wahres Selbst verbunden mit einem künstlichen Selbst – unserem übersteigerten Ego – und würden anders sein, wenn das Ego seine dominierende Vormachtstellung aufgeben würde. Diese künstliche Instanz verdeckt für unsere bewusste Wahrnehmung den Zugang zur Quelle und damit auch das Wissen über unseren göttlichen Wesenskern.

Um uns diesen Zugang wieder zu ermöglichen, sollten wir unsere Routineprogramme als solche erkennen und auflösen. Erfahrungsgemäß sind atypische Maßnahmen sehr effiziente Mittel, um diese Routine-Programme zu unterbrechen. Unser Ego bedient sich eines Verstandes, der, wie das Ego selbst, auf einer mechanischen Logik aufbaut. Nur was dieser Logik entspricht und sich dem Ego als nützlich erweist, gilt als richtig und wahr. Diese Logik ist auf einer binären, auf einer vergleichenden Struktur aufgebaut. Eine „Entweder -Oder" Logik ist aber nicht in der Lage, das zu erfassen und zu vermitteln, was in uns als Wesenskern oder Seele angelegt ist.

Die weise Aussage von Albert Einstein *„Probleme kann man niemals mit derselben Denkweise lösen, durch die sie entstanden sind"* trifft zu und weist uns darauf hin, dass wir Probleme („nur") mit einer anderen Denkweise lösen können. Diese Denkweise entspricht einer ganz anderen Logik. Diese Logik liegt quasi außerhalb unserer Verstandes-Logik. Mit dieser semantischen Logik werden die Qualitäten unserer Erfahrungen beschrieben. Mag beispielsweise das Verstandes-Ego eine blühende Rose noch so analytisch erfassen können, es wird doch für die Schönheit dieser Rose blind bleiben.

Im Sinne eines atypischen Vorgehens beim Verfassen dieses Buches habe ich Freunde eingeladen, die sich wie ich mit diesem Thema seit vielen Jahren ernsthaft auseinandersetzen, ihre kostbaren Erkenntnisse beizutragen. Mit ihnen habe ich tiefe Gespräche über die wesentlichen Inhalte geführt. Es war mir wichtig, dass meine Aussagen nicht an mein Ego gebunden sind.

Dieses Buch „Das Ego im Dienste des Herzens – Ein neues Eden" ist eine Fortsetzung von „Der verratene Himmel – Rückkehr nach Eden". Es zeigt uns innere Wege zu einem neuen Eden, Wege, die uns nachhaltig aus dem Gefühl von Ohnmacht und Leid befreien können.

Der Grund für das verspätete Erscheinen dieses Buches ist der Kongress *„Chaos & Ordnung – Was bestimmt die Zukunft der Menschheit?"*. Schon lange hatte ich den Wunsch, die weltweit führenden Wissenschaftler zum Thema „Das Potenzial unseres Bewusstseins" zusammenzubringen. Dies ist gelungen und der Kongress hat meine Erwartungen bei weitem übertroffen. Es erschien mir besonders wichtig, den interessierten Menschen die nachweisliche Macht ihrer kohärenten Visionen aufzuzeigen. Die Präsentationen zahlreicher Experimente, die seit Jahrzehnten von Naturwissenschaftlern durchgeführt werden, überzeugten selbst skeptische Bertachter.

Es ging und geht vor allem um die Früchte, die aus den vorgetragenen Forschungsergebnissen erwachsen. Alle der insgesamt 15 Referenten wurden von mir gebeten, uns im Anschluss an ihre Vorträge ihre ganz persönliche Antwort auf die Frage „Was bestimmt die Zukunft der Menschheit?" zu geben. Wie Sie, liebe Leser sicherlich bereits erkannt haben werden, steht diese wichtige Frage in einem direkten Zusammenhang mit dem Titel dieses Buches „Das Ego im Dienste des Herzens – Ein neues Eden". Ich bin überzeugt, dass WIR es sind, die die Zukunft der Menschheit bestimmen. Hierfür wird es zwei unterschiedliche Möglichkeiten geben, wobei uns letztlich nur eine davon eine glückliche Zukunft bescheren wird.

Die erste Möglichkeit würde uns unweigerlich in ein immer tieferes Leid führen. Das würde nämlich geschehen, wenn wir unsere Vision von unserer Zukunft nicht klar und deutlich definieren. Ein bloße Unzufriedenheit und Ablehnung der Dinge, die wir nicht wollen, muss nicht nur unwirksam bleiben, sie birgt sogar die Gefahr einer Verstärkung des Übels. Die andere Möglichkeit entspricht genau dem Gegenteil und würde uns zu einem neuen Eden führen können. Das wird jedoch nur geschehen können, wenn wir unsere Zukunft durch unsere Visionen klar definieren und uns nicht auf die Defizite der Welt konzentrieren.

Am wirkungsvollsten werden wir dies erreichen, wenn wir unsere klaren Visionen aus der Freude kommen lassen. In diesem Sinne sagte Friedrich Schiller: *„Die Welt wird sich erst zum Guten wenden, wenn wir unseren Verstand aus dem Herzen* (der Freude also) *ausdeuten."* Für diesen Weg brauchen wir das Wissen und unsere Überzeugung über unser in uns angelegtes Schöpfungspotenzial. Hierdurch und mit einer klaren Ausrichtung unserer Visionen wird es uns möglich, unsere Historie nach unseren Wünschen zu bestimmen. In einem derartigen Zustand wird sich unser dominierendes Ego in die zweite Reihe gestellt haben. Es steht im Dienste unseres Herzens.

In diesem Sinne wird meine Vision eines neuen Edens auch eine Welt sein, in der wir Menschen in einem vollbewussten Zustand unser göttliches Potenzial erkennen und sich hierdurch unsere Wünsche aus reiner Freude manifestieren. In diesem Eden ist die Freude nicht an äußere Ereignisse gebunden, sondern fließt aus dem innersten göttlichen Quell. Hier haben wir das Rad des Karmas aufgelöst. Es hat seinen Zweck erfüllt. Meine Erfahrung der Liebe reduziert sich hier nicht mehr auf einzelne Personen und einer zeitlichen Begrenzung. In meinem Eden erfährt jeder, dass Liebe der elementare Grundzustand des Seins ist. Diese Liebe erfahren wir als Freude. In diesem Eden sind wir aus unserem kollektiven Traum erwacht.

Me Agape
Dieter Broers

Ich möchte Sie, liebe Leser, nochmals daran erinnern:
Für eine Welt des nachhaltigen Friedens und der Freude reicht es einfach nicht aus, sich lediglich auf das zu konzentrieren, was wir **n i c h t** wollen.

TEIL 1
WEM GEHÖRT DIE WELT?

Kapitel 1
Welcher Gott hat hier die Urheberrechte?

Ich schau auf die Welt

Wenn wir uns die Welt so anschauen, könnte sie je nach Perspektive und Stimmung mal als wunderbar gelungen empfunden und beschrieben werden – es ist ein herrlicher Sommermorgen, die Vögel zwitschern, meine Arbeit läuft bestens, ich bin glücklich. Oder sie erscheint mir als grauenvoll, widerlich, unfair. Mein Chef oder mein Partner hat mich gerade tief gekränkt, der geplante Ausflug muss wegen schlechten Wetters oder Geldmangel ausfallen, in den Nachrichten werden wieder zerbombte Städte und ausgemergelte Kinder gezeigt.

Liebe Leser, wir kennen das ganz gut: Unsere momentane Stimmung lässt uns das Leben mal als Paradies bejubeln, mal als Hölle verfluchen. Und diese subjektive Wahrnehmung ist nicht nur berechtigt, sie ist in der Tat ausschlaggebend und wird in diesem Buch auch in dieser Bedeutung behandelt.

Doch abgesehen davon gibt es ja (anscheinend!) objektive und allgemeingültige Auffassungen, die der Welt Eigenschaften zusprechen, die unabhängig von meiner momentanen Stimmung gültig sein sollen. In der Physik wird erörtert, ob das Universum einen Anfang und eine Begrenzung hat und woraus die Welt, die wir erleben, wirklich besteht. In der Biologie werden die Zusammenhänge des Lebens auf diesem Planeten erforscht.

Dabei eröffnen sich über Mikroskope Einblicke in geradezu phantastische Welten der Zellen und zugleich wird deutlich, wie vielschichtig und empfindlich das Gleichgewicht in der Natur ist. Und dass uns Menschen dabei eine besondere Verantwortung zukommt. Etwa, indem wir aus Einsicht darauf verzichten, Unmengen von Fleisch zu verzehren. So können aus zunächst ganz sachlich erstellten Forschungsergebnissen ethische Maximen „abgeleitet" werden.

In Forschungsbereichen wie Archäologie, Anthropologie, Geschichts-und Sozialwissenschaft, Psychologie oder auch der Neurologie wird ein Bild des Menschen erstellt. Es ist kein Geheimnis, dass sich Menschen ständig untereinander bekriegt haben. Warum? Simpel gesagt, wegen Macht- und Besitzansprüchen. Dieses Land, dieser Gottesglaube, diese Menschen gehören mir, dem Herrscher, nicht dir, meinem Widersacher. Und hier schließt sich gleichsam der Kreis zu mir selbst, der gerade diese Zeilen liest. Denn was zu all den schrecklichen Kriegen führt ist eine Eigenschaft oder Denkweise, die ich auch von mir selbst kenne, wenn ich meinem Erzrivalen im Büro oder sonst wo eins auswischen möchte.

Schauen wir uns um in der Natur, finden wir überall Kampf ums Überleben, ums Territorium, um die Nachkommen. Seit Charles Darwin hat sich hier allerdings sehr viel Neues in der Forschung ergeben. Die Natur baut womöglich stärker auf Kooperation als auf Konkurrenzkampf – was wiederum ein neues Vorbild für uns Menschen – und speziell für mich sein kann.

Im Folgenden möchte ich aber zunächst einen Bereich ansprechen, der sehr wahrscheinlich in unserem Unterbewussten gespeichert ist. Es betrifft religiöse und mythische Überlieferungen. Seit Urzeiten haben die Menschen an Götter geglaubt, die uns und die Welt um uns herum bestimmen, ja, erschaffen. Diese Einstellung bildet gleichsam eine Schicht in unserem

Bewusstsein, (wird womöglich sogar demnächst in unserem Gehirn lokalisiert). Und hier finden sich Archetypen wie die von einem Schöpfergott und einem Widersacher. Das dualistische Prinzip von Gut und Böse ist nicht weg zu leugnen. Es geht darum, es in seinen Grundzügen zu erkennen – auch und gerade in mir selbst.

Ich stelle naive Fragen wie: Wenn Gott die Welt erschaffen hat, welcher Gott ist das eigentlich? Welche Urheberrechte hat er? Ich greife spirituelle Traditionen wie die der Gnostik auf, weil sie den (von jedem Menschen empfundenen) Widerspruch zwischen Ideal und Wirklichkeit in starken Bildern zum Ausdruck bringen. Ich gebe keine Lösungen, sondern erste Denkanstöße.

Gott und die Götter

Liebe Leser, um keine Missverständnisse aufkommen zu lassen möchte ich Ihnen hier gleich zu Beginn meine ganz persönliche Haltung zu Gott darstellen. Für mich ist diese Welt nicht durch Zufall entstanden. Meiner Überzeugung nach existiert eine alles umfassende Instanz, die ich Allschöpfer/in nenne. Für mich ist diese Allschöpfer-Ebene der Gott der Liebe. Was auch immer ich über Gott zu wissen glaube wird sicherlich nicht alles sein. Allein schon deswegen, weil Wissen allein nicht das gesamte Spektrum des Seins und des Nicht-Seins umfassen kann. In kindlicher Naivität ausgedrückt: Gott ist *diejenige Macht, die neben allem was ist auch die Götter geschaffen hat.*

Also noch einmal: Wem gehört denn nun dieses Universum?

Die Frage nach dem Urheber dieses Universums setzt eine endliche Zeit voraus. Denn wenn dieses Universum schon immer vorhanden wäre, könnte es dann überhaupt einen Urheber geben? Max Planck sagte einmal: *„Aus nichts lässt sich nichts herleiten, auch nicht mit den exaktesten naturwissenschaftlichen Methoden".* Die Frage wäre also zunächst, ob dieses Universum überhaupt entstanden ist, oder ob es irgendwie schon immer da war. Glaubt man den Astrophysikern ist dieses Universum etwa 13,82 Milliarden Jahre alt (etwa 80 Millionen Jahre mehr als bislang angenommen). Somit hätte dieses Universum zumindest einen Anfang. Also müsste es eigentlich auch „etwas" geben, was ursächlich für die Entstehung dieses Universums war.

Theologisch gedeutet würde es sich hierbei natürlich um einen Schöpfer handeln, einen Schöpfer, den wir als Gott bezeichnen. Aber um welchen Gott handelt es sich denn? Christen gehen davon aus, dass es nur einen wahren Gott geben kann. Theologie (griechisch θεολογία *theología*, von θεός *theós* ‚Gott' und -logie) bedeutet allerdings „die Lehre von Gott" oder Göttern im Allgemeinen und die Lehren vom Inhalt eines spezifischen religiösen Glaubens und seinen Glaubensdokumenten im Besonderen[1]. Also haben wir es möglicherweise nicht nur mit einem einzigen Gott zu tun. Existiert in der Welt der Götter – sollte diese Mehrgotttheorie stimmen – eine hierarchische Ordnung? Ähnlich wie in der griechischen Mythologie, wo Zeus als Gott der Götter herrschte, was ihm Agamemnon als Oberkönig bzw. König der Könige nachmachte? Kann die Frage nach der Urheberschaft dieses Universums nur beantwortet werden, wenn wir den richtigen Gott ausfindig machen?

Die im Alten Testament der Bibel aufgeführten 10 Gebote Gottes geben uns zumindest Aufschluss darüber, dass es nicht nur einen Gott gibt. Bereits im 1. Gebot Gottes erfahren wir:

„Ich bin der Herr, Dein Gott. Du sollst keine anderen Götter neben mir haben." (5 Mose 5:7)

In der jüdischen Tradition (Tanach) lautet der Text etwas anders: „Ich bin Jahwe, der Ewige, Dein Gott, der ich Dich geführt hat aus dem Lande Ägypten, aus dem Knechthause." (2. Mose 20,1) Der Satz: „Du sollst keine fremden Götter neben (vor) mir haben" stellt nach jüdischer Zählung das Zweite Gebot dar. Hier sagt Gott auch – was in den Kurzfassungen der christlichen Tradition fehlt, dafür aber im Islam eine zentrale Bedeutung erhält – dass ER nicht abgebildet, d.h. nicht als Mensch oder irgendeine andere Gestalt dargestellt werden soll. In der christlichen Tradition wird stattdessen ein dritter Aspekt aufgenommen, der natürlich auch im Judentum gilt: Dass wir den Namen Gottes nicht missbrauchen und abwertend (gotteslästerlich) verwenden sollen.

Uns wurde vermittelt, dass die Zehn Gebote eine Reihe von Geboten und Verboten des Gottes Israels – JHWH in der Hebräischen Bibel – sind. Die zwei leicht unterschiedlichen Fassungen sind als direkte Rede dieses Gottes an sein Volk, die Israeliten zu verstehen und fassen seinen Willen für das Verhalten ihm und den Mitmenschen gegenüber zusammen. Sie haben im Judentum wie im Christentum zentralen Rang für die theologische Ethik und haben die Kirchengeschichte und die Kulturgeschichte Europas und des außereuropäischen Westens stark mitgeprägt[2].

Die Auffassungen über den „Einen Gott" unterscheiden sich, so wie „Er" in der Bibel ja auch mit recht unterschiedlichen Charakterzügen dargestellt ist, mal barmherzig und sein „Auserwähltes Volk" anleitend und schützend, öfter jedoch zornig, strafend, rach- und eifersüchtig. Eigentlich ganz wie ein Mensch, eine Person, die von sich in der 1. Person Singular spricht.

Die weniger bekannten Worte von Moses lauten: „Herr, wer ist dir gleich unter den Göttern? Wer ist dir gleich, der so mächtig, heilig, schrecklich, löblich und wundertätig sei?" (2 Mose 15:11)

Auf welche anderen Götter mag sich der Gott, der Moses begegnete wohl bezogen haben? Um unsere Frage nach dem Eigentümer dieses

Universums beantworten zu können, sollten wir zunächst nach dem recht-
mäßigen Gott dieses Universums Ausschau halten. Wenn wir es offenbar
mit mehreren Götter zu tun haben, welchem von ihnen gehört dieses Universum? Und hat es dieser Gott selber erschaffen? Oder hat er es – recht-
mäßig oder unrechtmäßig – „erworben"?

Werfen wir einen kurzen Blick auf die allgemeine Definition von „Gott":
Ein Gott (je nach Zusammenhang auch Göttin, Gottheit) ist innerhalb
verschiedener Mythologien, Religionen und Glaubensüberzeugungen sowie in der Metaphysik ein übernatürliches Wesen oder eine höhere Macht.
In der Lehrmeinung und Praxis vieler Religionen werden einem Gott oder
mehreren Göttern besondere Verehrung zuteil und besondere Eigenschaften zugeschrieben; unter anderem erster Ursprung bzw. Schöpfer oder
Gestalter aller Wirklichkeit zu sein[3]. Im allgemeinen Verständnis wird mit
dem Begriff Wirklichkeit alles das beschrieben, was der Fall ist – im Gegensatz zu dem, was wir unter Schein, Traum oder Phantasie verstehen.
So gesehen müsste ein wahrer Gott der-, die- oder dasjenige sein, welches alles geschaffen hat was ist. Eben auch dieses Universum. Da wir
es offenbar mit mehreren Göttern zu tun haben, welcher von ihnen wäre
dann der Schöpfer dieses Universums?

An dieser Stelle möchte ich darauf hinweisen, dass dieses Universum (!)
sicher nicht das Einzige ist. Die Vielzahl der Universen ist keineswegs ein
absurder Gedanke. Tatsächlich legt die moderne Physik sie sogar nahe.
Demnach soll sich unser Universum ständig in verschiedene Universen
aufspalten. Nicht nur für den Quantenphysiker David Deutsch[4] ist unser (eben dieses) Universum nur eines von unendlich vielen, in denen
wir parallel leben. Was Laien absurd erscheint, folgert Deutsch aus der
Quantentheorie.

Wenn dieses Universum nur eines von, ich behaupte mal „sehr vielen" Universen ist, sollte man doch meinen, dass der wahre Gott – als „Gestalter aller Wirklichkeiten" – auch alle Universen erschaffen hätte. Natürlich möchte ich dem Allschöpfer nicht sagen, was er zu tun und / oder zu lassen hat. Mir geht es in diesem Buch – eben auch mit dieser Frage – um unsere wahre Selbst-Erkenntnis, um unsere wahrhaftige Göttlichkeit.

Der Gott des Besitzdenkens

Gehen wir zurück in die Zeit der griechischen Antike, als Philosophen wie Sokrates erstmals die Allmacht der Götter bezweifelten und sie in ihrer Natur zu deuten suchten. Platon versteht den Schöpfergott als Demiurg (griechisch δημιουργός dēmiourgós „Handwerker"). Der Schöpfergott als Baumeister des sinnlich wahrnehmbaren Kosmos wird als Handwerker bezeichnet, weil er wie ein solcher nach einem festen Plan aus vorhandenem Material etwas Geformtes erzeugt.

Die Vertreter der Gnosis, einer religiösen Strömung in der römischen Kaiserzeit, auf die ich noch ausführlich zu sprechen komme, griffen diese Vorstellung auf und deuteten sie um. Während bei Platon und im Platonismus der Demiurg ein erhabenes Wesen ist, das nur das Bestmögliche will und hervorbringt, erscheint er in der gnostischen Tradition als eine sehr fragwürdige Gestalt, die eine mangelhafte, von vielfältigen Übeln geprägte Welt erschaffen hat. Dabei glauben die Gnostiker an einen barmherzigen, jedoch transzendenten Gott. Er ist Gottvater, der der oberen Welt des Lichts angehört, doch ist er unserem Kosmos unendlich fern. Unsere Aufgabe ist es zu erkennen, dass wir in Wahrheit nicht der falschen Welt des Demiurgen angehören, sondern ungeboren-unsterbliche Wesen sind.

Die Weltanschauung der Gnostik mag uns zunächst fremd erscheinen, doch wie wir im Laufe des Buches sehen werden kann sie etliche Eigenarten unserer Welt aufdecken, in der wir heute zu sein glauben. Ein Merkmal ist, dass sich jeder durch Besitz definiert. Das kommt immer dann deutlich zum Vorschein, wenn ein Anderer mir etwas streitig macht, was ganz offensichtlich mir gehört. Das beginnt im normalen Alltag, wenn mir jemand „meine Vorfahrt" im Straßenverkehr nimmt, sich in „meine Angelegenheiten" mischt, meine Kompetenz in Frage stellt, mein Recht auf dies und das. Spreche ich nicht völlig selbstverständlich von „meinem" Leben, „meinen" Gedanken? Was wäre ich ohne „meine" Geschichte?

Und so weist die Annahme der Gnostiker, dass sich ein Demiurg, der auch als Archont (Herrscher) bezeichnet wird, anmaßt, vor anderen Göttern der Einzige zu verehrende Gott zu sein, auf einen grundsätzlichen Irrtum, nämlich dass es Jemanden gibt, der an erster Stelle steht und dem die Welt gehört, dem überhaupt etwas gehört. Man könnte im Rahmen dieser Parabel vom Demiurgen bzw. Archonten von einer Art Virus sprechen, dem „Besitzer-Virus".

Es erscheint uns selbstverständlich, die Welt um uns (und vor allem in uns!) in Besitz nehmen zu wollen. Es sind etliche Geschichten überliefert, dass die Ureinwohner Nordamerikas die Eroberer aus Europa für verrückt hielten. Wie kann ein Mensch allen Ernstes das Land, die Wälder und Flüsse zu seinem Besitz erklären? Gut möglich, dass diese „Geisteskrankheit" zusammenhängt mit dem Wechsel vom Jäger- und Sammlerleben zum sesshaften Bauerndasein. Das wäre ein rationaler Erklärungsversuch. Doch eine echte Notwendigkeit, das Leben, die Erde, die Menschen und sich in Besitz aufzuteilen besteht nicht.

Es könnte sich also auch um einen seltsamen Parasiten handeln, der irgendwie – womöglich von dem bösen Archonten eingeschleust– in unseren

Geist gelangt ist und uns nun in der Illusion gefangen hält, wir seien dieser vergängliche Körper, der mit ganzer Kraft ums Überleben, um jeden nur möglichen Vorteil zu kämpfen hat.

Verstandesparasiten – das Werk der Archonten?

Ich habe mich bereits in „Rückkehr nach Eden" recht intensiv mit der Frage befasst, ob und wie die sogenannten Archonten uns möglicherweise beeinflussen, und zwar in einer Weise, dass wir unseren wahren göttlichen Ursprung geradezu vergessen mussten. Nach meinen bisherigen Recherchen ist ein Zusammenhang mit einer Art Parasit wie zum Beispiel *Toxoplasma gondii* denkbar. Dieses bogenförmige Protozoen (griechisch für: „das erste Lebewesen"!) ist ein Einzeller, nur ein tausendstel Millimeter groß und lebt als Parasit in Katzen, dem Haupt- oder Stammwirt. Von dort gelangen die Eier über den Kot – ungewaschenes Gemüse etc. – in Nagetiere, wo sie direkt das Gehirn dieser Beutetiere der Katze derart umprogrammieren, dass sie vom Katzengeruch geradezu angelockt werden. Anhand von Antikörpern ist festgestellt worden, dass gut 30 Prozent aller Menschen – in Österreich, Deutschland und der Schweiz sogar über 50 Prozent – ebenfalls mit diesem Parasiten im Gehirn befallen sind. Mittlerweile haben etliche Forschungen an verschiedenen Universitäten den Nachweis erbracht, dass sich das Verhalten infizierter Menschen durchaus ändert, abgesehen davon, dass Menschen ursprünglich auch in das Beuteschema von Großkatzen passten.

In einer Sendung des NDR im Juni 2013 brachte Ralf Hoogestraat das Thema „auf den Tisch". Demnach haben Dänische Wissenschaftler in einer Studie mit 45.000 Frauen festgestellt, dass die Wahrscheinlichkeit für Selbstmordversuche bei Frauen mit Infektion um 50 Prozent höher liegt als bei Nicht-Infizierten.

„Schon seit einigen Jahren stehen die Parasiten auch unter dem Verdacht, Schizophrenie und Verhaltensauffälligkeiten auszulösen. Untersuchungen von Prof. Jaroslav Flegr haben gezeigt, dass Schizophrenie-Patienten mit Toxplasma-Infektion in einigen Gehirnbereichen einen Rückgang der grauen Substanz aufweisen. Und seine Untersuchung an 4.000 Rekruten der tschechischen Armee hat ergeben, dass mit dem Parasiten infizierte Männer 2,6 Mal häufiger in Verkehrsunfälle verwickelt sind als Nicht-Infizierte. In weiteren Versuchen hat Flegr herausgefunden, dass sich die Reaktionszeit befallener Menschen verlangsamt. Das könnte die höheren Unfallzahlen erklären. … Eine Vermutung: Toxoplasma setzt sich im Hirn seiner Opfer fest und beeinflusst dort unter anderem den Stoffwechsel des Botenstoffs Dopamin. Das könnte tatsächlich die unterschiedlichsten Verhaltensänderungen hervorrufen, aber eindeutig beweisen lässt sich das nicht."[5]

In seinem Artikel „Unheimliche Gäste" in der Neuen Züricher Zeitung (31. 1. 2008) fragt der bekannte Biochemiker Prof. Gottfried Schatz:

„Haben Parasiten den Charakter menschlicher Kulturen mitgeprägt? Wenn Toxoplasma gondii Männer tatsächlich traditionsbewusster und gruppentreuer macht, könnte es vielleicht dafür mitverantwortlich sein, dass manche Kulturen mehr als andere die herkömmlichen Geschlechterrollen hartnäckig verteidigen oder Ehrgeiz und materiellen Erfolg über Gemütstiefe und menschliche Beziehungen stellen. Und könnte es sein, dass verringerte Offenheit gegenüber Neuem die Innovationskraft ganzer Kulturen geschwächt hat. Ausführliche Befragungen in 39 Staaten sprechen in der Tat dafür, dass die negative emotionale Grundhaltung einer Bevölkerung umso ausgeprägter ist, je stärker diese mit Toxoplasma gondii infiziert ist."

Trotz dieser eigentlich alarmierenden Analyse kommt Prof. Schatz zu dem Schluss: „Die Vorstellung, dass Parasiten mein Denken und Handeln mitbestimmen könnten, verletzt mein Selbstverständnis und mein Menschenbild. Darf ich das Lied „Die Gedanken sind frei" immer noch mit der gleichen Überzeugung singen, wie ich es als Kind tat? Oder sollte ich versuchen, meine wissenschaftliche Sicht zu überwinden und die Natur als Ganzes zu fühlen, wie Künstler und Mystiker dies vermögen? Aus dieser Sicht wären gedankenverändernde Parasiten nur ein besonders großartiges Beispiel für die Einheit des Lebensnetzes auf unserem blauen Planeten. Unser Verstand schenkt uns ja auch die Waffen, um solche Parasiten zu erkennen und zu vernichten. Doch wer schützt uns vor den substanzlosen Parasiten, die sich unserer Gedanken und Emotionen bemächtigen? Es gibt ihrer zuhauf – Rassenwahn, religiöser Fanatismus, Nationalhysterie, Spiritismus und Aberglaube. Sie sind hoch infektiös und entmenschlichen uns mehr, als es Toxoplasma gondii je vermöchte. Solange wir nicht gelernt haben, diese unheimlichen Gäste rechtzeitig zu erkennen und wirksam zu bekämpfen, sind sie unsere größte Bedrohung."[6]

Unsere Frage ist ja gerade, was sich hinter diesen „substanzlosen Parasiten" verbirgt. Warum kriegen wir Rassenwahn, Gewalt, Kriege usw. nicht in den Griff? Und nicht zu vergessen, was der Evolutionsbiologe Prof. Flegr auch noch sagte: „Es gibt mit Sicherheit Parasiten, die das menschliche Verhalten noch sehr viel stärker beeinflussen als Toxoplasma."[7]

Die Forschung bleibt dran, ebenso die Medien. Erst kürzlich brachte „Der Spiegel" (35/2016) unter dem Titel „Sklave der Parasiten" zwei Seiten mit Beispielen, wie kleine Wesen zu ihrer Fortpflanzung andere, größere Wirte manipulieren, lähmen, dressieren, in den „Selbstmord" treiben. Die Beispiele stammen aus dem aktuellen Buch der amerikanischen Wissenschaftsautorin Kathleen Mcauliffe: „This Is Your Brain on Parasites. How Tiny Creatures Manipulate Our Behavior and Shape Society." [8]

Ich habe 2016 mit einigen Neurologen, Ärzten und Experten der Parasitologie eine Forschungsgruppe zu diesem für mich enorm spannenden, faszinierenden Thema ins Leben gerufen und werde meine Leser darüber auf dem jeweils neuesten Stand halten. Immerhin besteht die Möglichkeit, sich von diesen Parasiten zu befreien. Nachweislich produziert – unter anderem unsere Zirbeldrüse – im Zustand der Liebe – bzw. der ekstatischen Freude ein hochwirksames Gegenmittel. Diese Beta Carboline, so konnte eine Studie nachweisen, vertreibt die Toxoplasmen aus unserem Körper. Ich komme darauf zurück.

Allgemein kann man sagen: Beide Entitäten – die Archonten und die Parasiten – beanspruchen für sich die Kontrolle über andere Lebewesen. Macht- und Besitzanspruch kennzeichnen jene Haltung, die allgemein als ausgeprägter Egoismus bekannt ist. In der Welt der „Heuschrecken", der Bankmanager und Großkonzerne mag das als Tugend gefeiert werden, ansonsten kennen wir das eher als Ursache eben jener fürchterlichen Merkmale, die bereits vor 2000 Jahren Menschen wie die Gnostiker nach einer Erlösung durch Erkenntnis suchen ließ.

Eine kleine Reflektion

Liebe Leser, wir haben in diesem ersten Kapitel einen weiten Bogen über Fragen gespannt, die für dieses Buch zentral sind. Ein jeder kann sich die Fragen hier noch einmal stellen und nachspüren, ob und wie wichtig sie im „eigenen" Leben sind.
- Glaube ich an einen unbegrenzten Gott der Liebe?
- Wie wichtig ist es für mich, ob das Universum von einem Gott erschaffen wurde oder nicht? Gibt mir die Vorstellung einer Schöpfung Halt und Sinn?

- Wie fühle ich mich bei der Vorstellung, dass die Welt, die ich wahrnehme, von einem Schurken erschaffen wurde?
- Was empfinde ich körperlich bei dem Gedanken, dass meine Entscheidungen womöglich von unsichtbaren Parasiten fremdgesteuert sind?

Storyline 1: Sokrates

Der Mann aus dem griechischen Stadtstaat Elea auf Sizilien war den weiten Weg nach Athen gekommen, um den bereits in ganz Hellas hochgepriesenen, betagten Sokrates zu sehen, mit ihm unter vier Augen zu sprechen und vor seinen Schülern zu diskutieren. Er hatte sich bereits mehrmals intensiv mit dem Stubsnäsigen ausgetauscht. Sie waren sich im Prinzip einig, dass es den wahren Freunden der Weisheit nur um das Eine und Unvergängliche gehen solle.

Nun war bei diesem Gespräch in kleiner Gruppe kurioser Weise ein zweiter Sokrates anwesend, ein Jüngling noch, mit weichem Gesicht und Bartflaum, doch dunklen ruhigen Augen, die es mit dem unergründlich tiefen Brunnen der Zirce aufnehmen konnten.

Der Fremde, so, ohne Namen hat ihn Plato überliefert, ein Meisterschüler des Parmenides zweifellos, lenkte seine Rede auf ein Thema, das in dieser Gruppe bisher nie zur Sprache gekommen war. „Wer ist zur Zeit Archont in eurer Stadt?" fragte er. „Das ist der weise Constantin" antwortete der junge Sokrates, verstohlen zu seinem viel älteren Meister gleichen Namens blickend. „Und was macht ihn so weise?" hakte der Fremde freundlich nach.

„Nun, er ist der Erste, der Gewählte, der Herrscher. Alle Bürger verehren ihn als weise!" stammelte der Jüngling.

„Ja, so hört man wohl überall. Es ist die Meinung Vieler. Hast du mit ihm bereits gesprochen, junger Sokrates? Nein? Vertraue mehr auf deine eigene Erfahrung als auf das Gerede anderer. Constantin ist ein Politiker. Er unterzeichnet gerade das Todesurteil eines wahrhaft weisen Menschen. Was sagst du dazu?"

„Können denn Archonten böse Menschen sein?"

„Ein jeder von uns kann vieles sein. Und wer weiß schon, ob Mensch, Dämon, Gott oder Tier. Was glaubst du, bist du jetzt, Jung Sokrates?"

„Ich…ich weiß nicht so genau!"

„Eine ganz gute Antwort. Da schwingt schon Weisheit in der Stimme des Jünglings."

Kapitel 2
Das Alte Eden

Welche Vorstellungen, Wünsche und Hoffnungen waren und sind mit dem Garten Eden verbunden? Da ich im ersten Band dieser Trilogie – „Rückkehr nach Eden" – die Texte und Quellen ausführlich dargestellt habe, beschränke ich mich hier auf die wichtigsten Aspekte.

Der „Sündenfall" in der Bibel

In der Schöpfungsgeschichte des Alten Testaments und der jüdischen Tora wird Eden (sumerisch für „Steppe") als ein Ort mit vier Flüssen beschrieben, von denen einer der Euphrat und ein anderer der Tigris ist. Dort soll Gott den ersten Menschen (Adam) aus Erde (adama) erschaffen haben. Später wurde dieser „ganze" Mensch in Mann (isch) und Frau (ischah) geteilt. Die beiden lebten mit Gott und den von ihm erschaffenen Pflanzen und Tieren in einer friedlichen Einheit, ohne das Bewusstsein von Getrenntsein, Leid und Tod. Eine Schlange überredete die Frau, eine Frucht von jenem „Baum der Erkenntnis von Gut und Böse" in der Mitte des Gartens zu essen, was Gott ihnen ausdrücklich verboten hatte. Sie pflückte die Frucht – laut Luther-Bibel war es ein Apfel – und aß gemeinsam mit dem Mann davon. Daraufhin fühlten sich beide zum ersten Mal schuldig und nackt. Sie bedeckten ihre „Scham" mit Feigenblättern und versuchten, sich vor Gott zu verbergen. Von nun an nannte sich der Mann Adam und die Frau Eva. Gott vertrieb sie aus dem Paradies, und sie mussten außerhalb leben, hart arbeiten, Kinder gebären, Krankheiten erleiden und sterben. Seitdem verhindert eine von Gott eingerichtete Abwehrtruppe aus Engeln die Rückkehr ins Paradies.

Soweit die Kurzfassung. Ähnliche Geschichten finden sich in anderen Hochkulturen, diese stammt jedenfalls ursprünglich von den Babyloniern.

Zunächst können wir zwei Ebenen von Wirklichkeit unterscheiden. Der Garten (in) Eden gilt auch heutigen Archäologen als ein geschichtlich realer, nachweisbarer Ort in Raum und Zeit, wobei sich die Forscher bisher nicht auf eine geografisch eindeutige Lage einigen konnten. In jedem Fall liegt das in der Bibel beschriebene Paradies im Nahen Osten – und nicht etwa dort, wo heute die Wiege der Menschheit vermutet wird, nämlich in Südafrika. Doch immerhin markiert die „Vertreibung aus dem Paradies" einen anderen bedeutsamen Einschnitt bzw. Sprung in der Entwicklung des Menschen: Der Wandel vom Jäger und Sammler zum Viehzüchter und Ackerbauern. Das soll erstmals um 12.000 v. Chr. im heutigen Anatolien und Syrien stattgefunden haben. In gewisser Weise könnte man von einem Verlust der Unschuld, der unmittelbaren Naturverbundenheit sprechen zugunsten der Begründung von Städten und ersten sogenannten „Hochkulturen". Die Zivilisation begann.

Doch über diese Entwicklung in der Geschichte des Menschen hinaus weist der Mythos vom Garten Eden und der Vertreibung des Menschen aus dem Paradies auf etwas Tieferes jenseits von Raum und Zeit. Nun lautet die Frage nicht: Was ist damals wirklich geschehen – und wo genau war das? Sondern: Was sagt uns die Geschichte? Welche Erkenntnis soll bzw. kann sie vermitteln? Und dabei gibt es wiederum einen breiten Spielraum der Interpretation, zumal ja schon die Textquelle nicht eindeutig ist, wie die ganz anders erzählte Geschichte aus dem (erst vor 70 Jahren wiederentdeckten) Nag Hammadi zeigt.

In der christlichen Theologie ist vom „Sündenfall" die Rede, von der „Erb-sünde", die jedem Menschen bereits von Geburt an innewohnt und wenn überhaupt nur durch den Glauben an und die Gnade von Jesus Christus aufgelöst werden kann. Der Apostel Paulus schrieb an die Gemeinde in Rom: „Durch einen einzigen Menschen kam die Sünde in die Welt und durch die Sünde der Tod und auf diese Weise gelangte der Tod zu allen Menschen, weil alle sündigten."[9] Im Judentum ist diese Idee nicht ge-läufig, wenn es auch bei Esra heißt: „Ach, Adam, was hast du getan! Als du sündigtest, kam dein Fall nicht nur auf dich, sondern auf uns, deine Nachkommen!"[10]

Im Koran wiederum wird zwar auch von der Vertreibung aus dem Paradies berichtet, doch dieser „Zwischenfall" hat sich anscheinend nicht negativ auf das Verhältnis zwischen Mensch und Gott ausgewirkt. Es bedarf keines Erlösers, der am Kreuz – dem „Lebensbaum" – für unsere Sünden stirbt.

Die Bibel ist nun einmal zentral für das Verständnis unserer Kultur- und Geistesgeschichte. Geschichten wie die vom Sündenfall und der Kreuzi-gung und Auferstehung Christi haben über fast zwei Jahrtausende das Denken und Fühlen der Menschen des Abendlandes geprägt. Nach dem „Sündenfall" werden in der Bibel übrigens weitere Fälle geschildert, in denen der Mensch gegen sich und seinen Schöpfer sündigt und dafür bestraft wird: Kain tötet seinen Bruder Abel aus Eifersucht, weil der von Gott mehr geliebt zu werden scheint. Der Mörder wird zur Rastlosigkeit verdammt. Jakob erschleicht sich mit Hilfe seiner Mutter Rebekka von seinem Bruder Esau mit einer Linsensuppe das Recht des Erstgeborenen und muss gleichsam zur Strafe 14 Jahre hart arbeiten, um schließlich sei-ne geliebte Rahel heiraten zu dürfen. Die Städte Sodom und Gomorrha vergehen wegen unzüchtigen, gottlosen Treibens im Feuer. Der Turm zu Babylon soll bis hin zu Gott reichen, doch er wird nie fertig gestellt, weil sich die Bauarbeiter plötzlich nicht mehr verständigen können.

Die Bibel ist voller einprägsamer Geschichten, die zum Gehorsam Gott gegenüber aufrufen. Doch keine ist so grundsätzlich und tiefgründig wie die von Adam und Eva im Paradies. Sie bietet Ansatzpunkte für immer neue Fragen:

Wofür steht die Schlange? Sie gilt als listig. Aber was hat sie davon, wenn die Menschen von Gott bestraft werden? Gibt es eine Verwandtschaft mit der Kundalini-Schlange, die nach indischer Mythologie eingerollt im Wurzelchakra darauf wartet, geweckt zu werden, sodass die Energie bis ins Gehirn gelangt?

Um welche Frucht handelt es sich? Ein normaler Apfel scheint etwas zu harmlos. Vielleicht ein Granatapfel? Die Wurzeln des Granatapfelbaumes enthalten immerhin Spuren des Bewusstseinserweiternden DMT. Möglicherweise gibt dieser Mythos einen Hinweis auf psychoaktive Pflanzen, die von Schamanen seit vorgeschichtlichen Zeiten verwendet wurden. Etliche Verse der indischen Rigveda, bereits lange vor den Genesistexten entstanden, besingen das „Soma" als eine Zauberpflanze der Erkenntnis.

Was hat es mit dem zweiten Baum auf sich, der ebenfalls in der Mitte des Gartens von Eden gestanden haben soll – der „Baum des Lebens". War es nur ein tragischer Irrtum, dass Eva den Granatapfel vom Baum der Erkenntnis und nicht die goldene Birne (oder was auch immer) vom Baum des Ewigen Lebens pflückte?

Der wohl wichtigste Aspekt in dieser ganzen Geschichte ist die Wirkung der verbotenen Frucht der Erkenntnis. Nachdem Eva und Adam sie gegessen hatten, konnten sie gut und böse unterscheiden, was vorher Gott allein vorbehalten war. Aber was hatte sich dadurch in ihnen verändert? Wieso hatte das so schlimme Folgen? Hier beginnt das eigentliche Mysterium des „Sündenfalls". Es geht um die Erfahrung von Getrenntsein, um das

Bewusstsein meiner selbst als ein Ich. Damit verbunden ist die Vorstellung, dass ich als dieser Körper sterben werde. Und womöglich ist dies eher eine Illusion als eine Erkenntnis.

Demiurg und Archont in der Gnostik

Noch einmal zur Erinnerung an mein Buch „Der verratene Himmel. Rückkehr nach Eden": In der Nähe des kleinen Ortes Nag Hammadi in Oberägypten wurden 1945 zahlreiche Schriften gefunden, die zwischen dem 1. und 4. Jahrhundert entstanden sind und der Gnostik zugerechnet werden. In den Jahrhunderten um und nach der Geburt von Jesus gab es viele religiöse Richtungen im Römischen Reich. Die Gnostiker stellten eine der größeren Strömungen dar. Sie nahmen teilweise christliches Gedankengut auf, vertraten allerdings die Überzeugung, dass nur durch eigene Erkenntnis eine Erlösung aus dem Leid und der Verblendung dieser Welt möglich sei. Das widerspricht der Auffassung der Kirche, die sich unter anderem auf den Apostel Paulus beruft. Die Erlösung geschieht demnach allein durch den Glauben an den Sohn Gottes

„So sind wir ja mit ihm begraben durch die Taufe in den Tod, damit, wie Christus auferweckt ist von den Toten durch die Herrlichkeit des Vaters, auch wir in einem neuen Leben wandeln."[11]

Die berühmteste der bei Nag Hammadi gefundenen Schriften ist das Thomas Evangelium, wonach Jesus gesagt haben soll:
„Ich bin das Licht, das über allen ist. Ich bin das All; das All ist aus mir hervorgegangen, und das All ist zu mir gelangt. Spaltet das Holz, ich bin da. Hebt einen Stein auf, und ihr werdet mich dort finden. Hebt einen Stein auf und ihr werdet mich finden, spaltet ein Holz, und ich bin da."[12]

Zunächst soll es uns um die Schöpfungsgeschichte, den Garten Eden und den Sündenfall gehen, wie das in den Schriften des Nag Hammadi dargestellt wird, den heute erhaltenen Kronzeugen des antiken Gnostizismus. In vielen Aspekten unterscheidet sich die gnostische Sicht nicht wesentlich von der Überlieferung im Alten Testament, die unser Abendländisches Denken mit geprägt hat. Doch in einigen Punkten gibt es gravierende Abweichungen. Das betrifft vor allem die Darstellung des Schöpfers.

Im Weltbild der Gnostiker ist diese unsere Erfahrungswelt dermaßen leidvoll, dass sie unmöglich von einem allmächtigen, liebevollen Gott geschaffen worden sein kann. Stattdessen hat sich ein falscher, betrügerischer Gott, „Archont" genannt, angemaßt zu behaupten, es gäbe keinen Gott außer ihm. Er habe die Menschen nach seinem Ebenbild geschaffen, damit sie ihm als Sklaven dienten.

Doch zunächst muss man ja mal Atem holen. Das ist doch ziemlich starker „Tobak". Eine ursprünglich starke, antike religiös-philosophische Richtung, die seinerzeit durch die offizielle Kirche ausgemerzt und bis heute erfolgreich totgeschwiegen wurde, behauptet: Diese Welt, die wir täglich erfahren, ist gleichsam Teufelswerk, ist Lug und Trug, verstrickt uns – womöglich unnötigerweise – ins Leiden!

Nun, das war in „Rückkehr nach Eden" ein Gedankenstrang, den ich in diesem Buch fortführen möchte. Denn die Archonten – das ist als Mythos zu verstehen – sind heute stärker am Werk als je zuvor. Ein anderer, damit gekoppelter Gedanke, den ich bereits im ersten Kapitel skizziert habe, mag so grauenvoll erscheinen, dass jeder Leser unwillkürlich zurückschreckt: Unser Gehirn ist womöglich von einem Parasiten beeinflusst, der uns in einem Zustand der Begrenztheit gefangen hält – was oft auch als Ego oder Egomanie bezeichnet wird.

Gehen wir der Reihe nach vor. In den Schriften von Nag Hammadi ist immer wieder von Archonten die Rede, die sich die Position von Herrschern, Erschaffern und sogar vom höchsten und einzigen Gott anmaßen und andere Wesen täuschen, ausnutzen und unterdrücken. Tatsächlich existierte bereits im frühen Griechenland ab 1000 v. Chr. der Titel „Archon" bzw. „Archont" (der Erste sein) für den Herrscher eines Stadtstaates. Einer der bekanntesten war der Staatsmann und Philosoph Solon aus Athen (640-580 v. Chr.). Bis zum Ende des Byzantinischen Reiches wurden hohe Beamte und Würdenträger im griechisch sprachigen Raum „Archonten" genannt.

Die überwiegend negative Bedeutung in den gnostischen Schriften mag an einer kritischen Einstellung der Gnostiker gegenüber Staat und Kirche und speziell deren Vertretern und Amtsinhabern liegen. Immerhin wurden die Gnostiker als Häretiker bekämpft. Vermutlich hat es immer wieder äußerst üble Typen unter den Archonten gegeben, die ihr Amt zu persönlichen Zwecken missbrauchten.

Früher im Gymnasium wurde uns im Geschichts- und Religionsunterricht die Welt der Antike der ersten Jahrhunderte nach unserer Zeitrechnung dermaßen vereinfacht, ja schlicht falsch vermittelt, dass ich durch meine späteren eigenen Nachforschungen wirklich geschockt war. Laut offizieller Schulgeschichte gab es doch nur die wackeren Apostel wie Paulus und Petrus, welche die frohe Botschaft von der Auferstehung Jesu verbreiteten, gegen den Götterglauben der römischen Kaiser. Und die armen christlichen Märtyrer wurden dafür 300 Jahre lang gekreuzigt, verbrannt und von Löwen gefressen. Bis schließlich der gute Kaiser Konstantin im Zeichen des Kreuzes gegen seine Feinde siegte und das Christentum zur Staatsreligion machte. Ist das immer noch Allgemeingut? Ist das auch Ihr Bild vom Beginn des Christentums? Wohl kaum, sonst hätten Sie nicht bis zu dieser Stelle gelesen.

In gewisser Weise verhält es sich mit dem Fluss von Informationen wie mit Wasser in einem Gebiet, wo Wasser dringend gebraucht wird und gerecht verteilt werden muss. Da sitzen immer irgendwelche Leute am Hebel, am Hahn, an der Schleuse. Und wer ist schon völlig unparteiisch und selbstlos? Heute wie vor 2000 Jahren dieselbe Situation. Welche Informationen sollten die Menschen – die ja trotz Erfindung der griechischen Demokratie im römischen Reich Untertanen des Kaisers waren – erhalten?

Ein Gedankenspiel: Ich bin ein Beamter im mittleren Bereich, ehrerbietig mit „Archont" angeredet, und soll gerade ein Dekret veröffentlichen, welches einen gewissen Apollonios von Tyana aus dem Ostreich zum größten Wunderheiler aller Zeiten anpreist. Klar, das soll gegen die Christen gehen, denn die preisen ja ihren „Sohn Gottes" als Heilmittel an – die Menschen werden auch immer dreister! Und dann ist aber nicht klar, ob dieser Wanderprediger – er soll sich ja als Schüler von Pythagoras verstehen – nicht eher zu jenen Gnostikern gehört, die alles verneinen, was überhaupt das Leben lebenswert erscheinen lässt. Apollonios oder Christus, da werde einer schlau draus!

Es gibt so Zeiten, wo es besonders hoch her zu gehen scheint. Eine solche Zeit oder Epoche war das 1. Jahrhundert nach unserer Zeitrechnung im Römischen Reich, denn hier wurden die Weichen für unsere heutige Kultur gestellt. Viele religiöse Traditionen und Kulte – der Isiskult aus Ägypten, die Zoroaster-Lichtreligion aus Persien, die alten Mysterienkulte von Delphi, jüdische, babylonische, syrische, koptische Überlieferungen, die griechischen Philosophen von Heraklit, über Platon und Aristoteles bis zu Plotin (205-270) und dem Neuplatonismus, es brodelte nur so von „Esoterik".

Storyline 2: Konstantin

Konstantin erwartete ungeduldig seinen Gast. Der große Tisch war gedeckt mit kostbaren Schüsseln, Krügen und Schalen, es sollten ausgewählte Speisen serviert werden, kein fettes Fleisch, nur fein geschnittener Fisch, dazu Pfeffer und Ingwer aus Indien. In greifbarer Nähe lagen einige Pergamentrollen.

Endlich brachte der Sklave die Nachricht: Herr, der Gast ist soeben eingetroffen.

Ein gebeugter, kleiner Mann mit krausen weißen Haaren betrat vorsichtig um sich blickend und sich zugleich ehrfürchtig verbeugend die von unzähligen Fackeln und Kerzen erhellte Halle.

„Sei gegrüßt in Christo, erhabener und gnädiger Caesar. Dank sei dir, dass du mich zu dir eingeladen hast."

„Willkommen in meinem Haus, Edler Glaucon, ich freue mich auf unser Gespräch."

Nach dem vorgeschriebenen Austausch von Höflichkeiten und Ehrerbietungen nahmen die beiden Platz auf den Kissen am flachen Tisch.

„Ich möchte unser Gespräch da fortführen, wo ich es bei unserem letzten Treffen abgebrochen habe", sagte der Gastgeber freundlich und bestimmt.

„Oh ja, die Frage, ob es überhaupt einen guten Menschen gibt, abgesehen von Christus, doch der ist ja kein Mensch, oder?" Versicherte sich der Greis.

„Wir meinen mit „gut" ein Wesentliches, dem Menschen stets Innewohnendes. Ein wahrhaft guter Mensch – nicht der Sohn Gottes – müsste wohl die Idee des Höchsten Guten verkörpern." Konstantin lächelte mild. „Wie könnte das sein, wo dieses Gute laut Meister Platon doch unsichtbar und jenseits aller Dinge ist?"

„Ganz recht" nickte der alte Glaucon. Er galt am Byzantinischen Hof als einer der letzten eingeweihten Gnostiker, überzeugt, dass diese irdische

Welt mit all ihrem Leid nur von einem hinterhältigen, anmaßenden und ignorantem Demiurgen geschaffen sein konnte, nicht vom wahren Gott. Dessen Reich und Gegenwart mussten unendlich weit entfernt sein oder „ so nah, dass ich es einfach nicht wahrnehme!"

„Was meinst du?"

„Verzeih, ich war in Gedanken. Das Gute schien mir plötzlich unvermittelt nah!"

„Ja, ich muss sagen, die Welt ist recht gelungen!" Konstantin blickte auf den gedeckten Tisch und die mit farbigen Bildern ausgemalten Wände. „Was ich hier sehe, erfreut meine Augen und die Seele. Ist es nicht dieser mein Geist, der alles aus dem Nichts erhebt in seine Existenz?"

„Oh Gott bewahre, nicht du erschaffst die Welt!"

„Mein Guter, wenn nicht ich, wer dann? Zeig mir den Mann!"

Der Gute zeigt nicht, was er kann.

(Dieses Gespräch fand um 333 n. Chr. in Konstantinopel statt. Es wurde nicht mitgeschnitten.)

Aus den „Apokryphen des Johannes"

Diese Geschichte ist frei erfunden, eine Anspielung auf Kaiser Konstantin (272-337 n. Chr.), der sich hier anzumaßen scheint, die Welt in jedem Moment durch seine Wahrnehmung zu erschaffen. Dieser Gedanke ist meines Wissens aus der Antike nicht überliefert und entspricht unserer Zeit. Es ist in gewisser Weise eine Tatsache. Das Gehirn erschafft in diesem Moment die Vorstellung von einer Welt. Die Frage ist: Bin ich der Schöpfer? Ich als diese Person in Raum und Zeit? Das kann ja wohl nicht sein. Die gehört ja mit zu dem erschaffenen Bild.

Konstantin wird von den offiziellen Kirchen bis heute als einer der bedeutendsten Gestalter, Förderer und Erhalter der christlichen Lehre gefeiert. Etliche andere am frühen Christentum und der Gnosis Interessierte – Theologen, Historiker und Laien – sehen in ihm eher einen Verfälscher des ursprünglichen Christentums. Er habe mit Hilfe seiner Machtposition viele wertvolle, damals gängige Vorstellungen gleichsam ausradiert, sowohl in den Schriften wie auch konkret durch Gewalt gegen Menschen. Die wohl bekannteste der aus dem Kanon der Christlichen Lehre verbannten Vorstellungen ist die von der Reinkarnation. Doch es gibt viele andere, die erst durch die Schriften des Nag Hammadi wieder den Forschern bekannt wurden.

In „Rückkehr nach Eden" bin ich ausführlich auf die sogenannte „Schrift ohne Titel" und die „Hypostase der Archonten" eingegangen, hier möchte ich das „Apokryphon des Johannes" vorstellen, das sich in den Nag Hammadi Texten in drei Variationen findet. Christus offenbart darin seinem Jünger Johannes die Schöpfungsgeschichte, wobei sich nur einige Aspekte mit dem decken, was aus der Bibel bekannt ist. Die apokryphe, also verborgene, geheim zu haltende Offenbarung ist zum Teil kompliziert und verschachtelt, und die verwendeten Begriffe – wie Äon, Pronoia, Barbelo – sind uns heute fremd. Sie waren vermutlich auch damals nur Eingeweihten bekannt. Es ist meines Erachtens nicht nötig, hier die Geschichte detailliert wieder zu geben. Der Text findet sich im Internet in der Übersetzung von Gerd Lüdemann und Martina Janßen unter „Bibel der Häretiker".[13]

Laut Bibel beginnt die Schöpfung mit dem Wort, dem Logos. Vorausgesetzt wird der Ewige Gott, der die Welt durch Gedanken erschafft. So ist es auch in dieser Offenbarung, die mit den Worten beginnt (in Klammern schwer lesbare Zeichen, aus dem Kontext ergänzt).

Er (Christus) sagte zu mir (Johannes:

„Die Einheit [ist eine Einherrschaft], über der [nichts ist]. [Er ist der, der existiert] als [Gott] und Vater des Alls, [der Unsichtbare], der über [dem All] ist, [der existiert als] Unvergänglichkeit (und) [als reines Licht], in das kein [Auge] blicken kann."

Dieser erste Teil geht weiter mit vielen ähnlichen Beschreibungen der Absolutheit des Allmächtigen. In der Zusammenfassung von Wikipedia steht:

„Aus dem Denken des Vaters tritt der *Erste Gedanke*, die *Pronoia* des Alls, hervor. Dieser wird auch *Barbelo* genannt – die Herrlichkeit des jungfräulichen Geistes, das Abbild des Vaters, der Erste Mensch. Der Erste Gedanke, die Barbelo, bittet den unsichtbaren Geist um *Erste Erkenntnis*, *Unvergänglichkeit*, *Ewiges Leben* und *Wahrheit*. Diese vier treten in Offenbarung und zusammen bilden sie den fünffältigen Äon, wiederum der *Erste Mensch* und auch *der Vater* genannt."[14]

„Der Vater" könnte als das reine absolute Bewusstsein verstanden werden. Barbelo gilt wie Sophia als das weibliche Prinzip des Höchsten Gottes, als eine Art Weltenmutter. In einer anderen Schrift aus den Nag Hammadi Funden spricht sie sogar selbst:

„Ich bin das Abbild des unsichtbaren Geistes, und durch mich nahm das All Abbild an; und (ich bin) die Mutter (und auch) das Licht, das sie eingesetzt hat als Jungfrau, die ‚Meirothea' genannt wird, der unerreichbare Mutterschoß, der unbegreifbare und unmeßbare Ruf."[15]

Es werden noch etliche geistige Schritte oder Stufen der Schöpfung mythologisch dargestellt, die schließlich zur Erschaffung des irdischen Menschenpaares Adam und Eva führen. Ein erster Schritt ist Christus, das einzige aus dem Mutter-Vater-Urgott-Prinzip geborene Kind, allerdings nicht als körperliches Wesen verstanden, sondern als geistiges Prinzip.

„Wikipedia" gibt – unterstützt von dem Expertenteam Janssen/Lüdemann – einen gut zusammenfassenden Überblick:

Aus dem unkennbaren Geist wird in der Barbelo ein Lichtfunken gezeugt, der *Eingeborene des Mutter-Vater*, die *einzige Geburt*, das *reine Licht*. Dieser wird vom unsichtbaren Geist mit *Güte* zur *Vollkommenheit* gesalbt (Christus, der Gesalbte). Der Gesalbte bittet um einen Mitarbeiter, die *Vernunft*, die in Offenbarung tritt.

Das All, die vier Lichter, die 12 Äonen[16]

Die *Vernunft* will ein Werk vollbringen und durch das *Wort* wird das All geschaffen, dessen Haupt Christus ist. Die drei *Wille*, *Gedanke*, *Leben* stellen sich zu ihm. Die Basis des Alls bilden die vier Lichter bzw. Erleuchter

1. Armozel, die *Gnade* mit den drei Äonen *Gnade*, *Wahrheit*, *Form*,
2. Oriael, die *Wahrnehmung* mit den drei Äonen *Wahrnehmung*, *Einsicht/ Reflexion* (=*Epinoia*), *Erinnerung*,
3. Daveithai, das *Verstehen* mit den drei Äonen *Verstehen*, *Liebe*, *Idee/Bild*,
4. Eleleth, die *Weisheit* mit den drei Äonen *Weisheit* (=*Sophia*), *Vollkommenheit*, *Friede*,
   zusammen die 12 Äonen, die zu Christus, dem Sohn gehören.

Über die vier großen Erleuchter werden gesetzt:

1. *Pigera-Adamas*, der vollkommene Mensch (wiederum!), die erste Offenbarung, die Wahrheit,
2. sein (Pigera-Adamas´) Sohn *Seth*,
3. die Nachkommenschaft des Seth und die Seelen der Heiligen,
4. die Seelen derer, die das Pleroma (= die Fülle) nicht kannten.[17]

Eigenmächtig will Sophia ein Bild ihrer selbst erschaffen und bringt dabei ein fehlerhaftes Produkt hervor, nämlich den ersten Archon(t), Jaldaboth. Er hat seine Macht nicht aus sich selbst, sondern durch Sophia, die ihr Werk bald bereut und die „Fülle" (pleroma) um Hilfe ruft. Zunächst schafft sich Jaldabaoth 12 Archonten mit sieben Kräften, die wiederum Engel erschaffen. Jaldabaoth verteilt sein Feuer unter ihnen, ist Herr über sie und nennt sich selbst „Gott" – einen neidischen Gott, neben dem es keinen anderen Gott gibt." (Wikipedia)

Nun erst kommt es zur Erschaffung des ersten Menschen auf Erden. Aus höheren Ebenen bzw. Äonen gelangt ein Schaffensimpuls mit dem Bild und der Stimme des Menschen auf die niedere Ebene des Demiurgen Jaldabaoth, und der ruft begeistert: „Lasst uns einen Menschen schaffen...", „lasst ihn uns Adam nennen".(LJ 114-119, D 88-93). Man könnte sagen: Er hat die Idee geklaut. Oder auch: Er hat einen Klon geschaffen.

Es wird sehr genau beschrieben, wie die Engel unter Aufsicht der Archonten den Adam herstellen, seine einzelnen Organe, seine „Seelen", Bewusstseinsfunktionen wie Sinneswahrnehmung, Aufnahme, Vorstellungskraft, Harmonie, Bewegung, „Dämonen" wie Lust, Begierde, Furcht und Trauer. Ich kann mir das bildlich vorstellen wie bei einer Operation mit Chefarzt und Assistenten, oder auch in einem großen Biochemie-Labor – oder – darauf komme ich gleich – in einem Raum mit vielen Rechnern.

Doch nach all dem Herumgebastel ist der Adam unbeweglich, ohne Leben. Auf Geheiß von Oben bläst der Archont dem Adam (er erscheint hier fast wie Homunkulus) Atem ins Gesicht, wobei es sich in Wahrheit um die Energie „seiner Mutter", der Sophia handelt. Nun erwacht Adam, der erste Mensch, erstmals zum Leben und leuchtet. Er scheint auch geistig mehr drauf zu haben als die Archonten. Ab hier folge ich noch einmal der Inhaltsangabe von Wikipedia:

Das Paradies[18]

Die Archonten (des Jaldabaoth) blicken herab und sehen, dass Adams Denken höher ist als ihr eigenes. Sie nehmen die vier Elemente, mischen sie zusammen und bringen Adam in den Schatten des Todes. Dies ist die Fessel des Vergessens. Adam wird ein sterblicher Mensch. Aber die Epinoia des Lichts in ihm weckt sein Denken auf.

Die Archonten setzen ihn in das Paradies und befehlen ihm zu essen. Es folgt eine Aufzählung der Attribute des Paradieses und seiner Bäume, insbesondere auch des Baums des Lebens (*ihres* Lebens), die der gemeinhin üblichen Auffassung entgegengesetzt sind: Betrug, Gottlosigkeit, Gift, Tod, Bitterkeit, Hass, Schlechtigkeit, Finsternis.

Dialog zwischen Jesus und Johannes: Der *Baum der Erkenntnis des Guten und des Bösen* ist die Epinoia des Lichts. Mittels der Schlange versucht Jaldabaoth, Adam zu eigenmächtig-schöpferischem / sexuellem (je nach Übersetzung) Missbrauch dieses Vermögens zu verleiten.

Die Erschaffung der Frau[19]

Jaldabaoth will seine Kraft und insbesondere die Epinoia des Lichts aus Adams Rippe heraus holen. Aber die Epinoia des Lichts kann nicht ergriffen werden und Jaldabaoth bringt nur einen Teil seiner (eigenen) Kraft heraus. Nach dem Bild der Epinoia gestaltet er eine Frau und bringt den Teil der Kraft aus Adam in das Gebilde hinein. Als Adam die Frau neben sich sieht, tritt die Licht-Epinoia in Erscheinung, so dass Adam (wieder) erkennt.

Die Sophia ist herab gekommen, um ihren Fehler zu berichten, daher wird sie *Leben* genannt bzw. *Mutter der Lebenden* (= Zoe, Eva). Christus erscheint als Adler auf dem Baum der Erkenntnis, um beide aus der Tiefe des Schlafs zu erwecken und ihr Denken aufzurichten.

Als Jaldabaoth bemerkt, dass sie sich von ihm entfernen, stellt er sich vor seinen Engeln in seiner Unwissenheit bloß und wirft Adam und die Frau aus dem Paradies und kleidet sie in dunkle Finsternis. (…)

Der gesamte materielle Daseins-Bereich des Menschen inklusive der getrennten Geschlechtlichkeit und der Sexualität stellen laut den Gnostikern Versuche Jaldabaoths dar, den Menschen so zu binden, dass dieser ihn (Jaldabaoth) nicht in seinem Denken übersteigen und infolgedessen nicht zu seiner ursprünglich angelegten Göttlichkeit aufsteigen kann.

In der *Barbelo-Gnosis* ist der Mensch durch das Vergessen an die materielle Daseins-Ebene gebunden. Sobald er sich innerlich dem Geist des Lebens zuwendet (welcher niemals verdammt, sondern danach strebt, den Fehler der Sophia, die Schöpfung Jaldabaoths wieder aufzuheben), steht seinem Aufstieg zum Licht nichts mehr entgegen.[20]

Eine erste Auswertung der Gnosis

Nach dem wir uns geistig in die Welt vor fast 2000 Jahren versetzt haben, in die Art, wie die Gnostiker dachten, miteinander kommunizierten und Texte schrieben, die nicht für die breite Öffentlichkeit bestimmt waren, wollen wir uns fragen, was diese alten Texte für uns heute bedeuten. Ich finde es spannend, wie alte, oft geheime Manuskripte in Griechisch, Hebräisch, Koptisch entziffert und interpretiert werden und Einblicke gewähren in die Vorstellungswelt der Menschen, die vor so langer Zeit gelebt haben.

Noch spannender finde ich dabei die Frage, ob die in diesen Texten verwendeten Bilder, Gleichnisse, Metaphern auf etwas zeitlos Gültiges weisen, was uns Menschen heute womöglich noch dringlicher betrifft als die Menschen der Antike. Zeichen, die unsere, meine Sicht neu ausrichten, Aspekte beleuchten, die bisher nicht oder zu wenig beachtet wurden.

In den Schöpfungsmythen der Nag Hammadi Texte, die ich hier nur in knappen Auszügen darstellen konnte, gibt es etliche solcher Bilder und Zeichen, die für uns und diese Zeit höchst relevant sind. Ich möchte die für dieses Buch wichtigsten hier kurz markieren:

- Der Vater, das was hinter und vor aller Form ist, unerkennbar, reines Bewusstsein, Selbst. In der täglichen Erfahrung tauche ich darin jede Nacht im traumlosen Schlaf ein. Das, was jenseits der Matrix alle Energie „zur Verfügung stellt".

- Der Sohn, Christus, Logos, der Impuls der Schöpfung, bei Platon die Idee des Guten, Schönen und Wahren, erkennbar nicht mit dem Verstand, sondern in der Kontemplation des Mystikers und der Reinheit des Herzens.

- Pronoia/Barbelo/Sophia, das weibliche Prinzip der Schöpfung, Intuition, Mitgefühl, Liebe, Wiedererkennen dessen, was wirklich meine Natur ist.

- Demiurg/Archont, steht zwischen dem Allmächtigen sowie den ewigen Äonen (Ideen) und der irdischen Welt, wie wir sie erleben. Ich sehe darin ein Bild für unseren Verstand im weitesten Sinne, für alle menschlichen Errungenschaften ebenso wie für die Zerstörungen.

- Adam und Eva. Das sind wir, ein jeder von uns. Das Mysterium beginnt im äußerlich sichtbaren Bereich mit der Befruchtung des Eis, der Entwicklung des Embryos (wo die Engel die Organe richtig platzieren!), der Geburt, und – etwa im 3. Lebensjahr, der Vertreibung aus dem Paradies durch die Erkenntnis: „Ich bin verschieden, getrennt von Allem."

Was diese Situation bedeutet, erfährt jeder Mensch auf seine ganz eigene Weise. Die Erfahrung der Getrenntheit bzw. Dualität provoziert zu eben dieser Grundfrage: Wer oder was bin ich (wirklich)? Ich definiere mich (meist bis zum Lebensende) über das, was mir andere sagen. Schon allein dieses übernommene Selbstverständnis zu hinterfragen bedeutet eine enorme Herausforderung. Ich ecke womöglich überall unangenehm an, denn ich muss all das in Frage stellen, was ich über mich zu wissen glaube. Doch im Grunde ist das Licht ja bereits in mir, der göttliche Funke, der mich mit dem Urgrund schon immer vereint hat. Das ist die treibende Kraft der Selbsterforschung!

„Ich bin die Pronoia des reinen Lichtes,
ich bin das Denken des jungfräulichen Geistes, der dich hinaufstellt an einen Ort voller Ehre.
Stehe auf und erinnere dich, denn du bist es, der gehört hat;
folge deiner Wurzel
-- das bin ich, das Mitleid--,
und hüte dich vor den Engeln der Armut und den Dämonen des Chaos und all denen, die dich umgarnen, und hüte dich vor dem tiefen Schlaf und der Einengung der Innenseite der Unterwelt!`
Und ich habe ihn erweckt
und habe ihn gesiegelt durch das Licht des Wassers der fünf Siegel damit der Tod keine Macht habe über ihn von jetzt an.
Und siehe, nun werde ich hinauf zum vollkommenen Äon gehen."[21]

Ein Gnostisches Weltbild unserer Zeit

Die Gedanken der Gnostiker haben lange in Tonkrügen geruht – so scheint es – denn eigentlich aufgeweckt wurden sie erst durch Filme wie „Matrix". Bei vielen jungen Leuten ist eine Ahnung entstanden, dass ein jeder womöglich eine Welt für wahr hält, die nicht wirklich, sondern eine Art Simulation ist. Plato zeigte das bereits in seinem berühmten Höhlengleichnis (auf das ich gleich eingehen werde). Die Gnostiker haben das ihrerseits fantastisch in ihren komplexen Schöpfungsmythen ausgeschmückt. Und nun haben sich Wahrheitssucher unserer Zeit, auch junge, sehr talentierte Menschen aufgemacht, die Gedanken der Gnostik zu beleben und sie auf ihren Internetseiten und in ihren Büchern neu zu interpretieren.

Einer dieser Pioniere ist Tom Montalk. Er hat eine enorme Webseite aufgebaut, in der so ziemlich alles, was einen heutigen Wahrheitssucher und Selbsterforscher interessiert, dargestellt wird, in Englisch, es gibt aber auch eine deutsche Version, betreut mit eigenen Übersetzungen von Samvado Gunnar Kossatz aus Hamburg.

Ich möchte daraus einige Texte vorstellen. Hier ist zunächst der Text aus einem Video von Montalk, übersetzt von Samvado. Das Thema ist der Demiurg bzw. Archont.[22]

„Woraus besteht das Matrix-Kontrollsystem? Wir sehen Teilbereiche in Regierung, Militär, Medizin, Finanzen, Medien, Bildung, Wissenschaft und Religion. Diese Institutionen definieren unsere Glaubenssysteme und Lebensweisen. Ihre verborgenen Architekten können Geheimgesellschaften, den Blutlinien der „Eliten", Firmensyndikaten, internationalen Bankiers, Regierungs-Denkfabriken und sogenannten „Black Ops" (schwarzen Operationen) der militärischen Netzwerke angehören. Manche nennen dies die „Schatten-Regierung", die Illuminaten oder die „Neue Weltordnung" (New World Order). Diese sozial-politische Maschinerie ist, was viele als die Matrix betrachten.

Aber in Wirklichkeit umfassen die vorgenannten Bereiche und Gruppen nur die äußeren Aspekt der Matrix. Ihre Teilbereiche, die am einfachsten zu sehen und zu studieren sind und daher für möglich gehalten werden. Sie sind nur die Zweige, während sich die Wurzeln tief in geheimnisvolle befremdliche hyperdimensionale Bereiche erstrecken. Um die Matrix zu überwinden, müssen wir die Teile des Kontrollsystems verstehen, die jenseits der politischen Ebene der Verschwörung im Verborgenen liegen, denn sie sind die Kanäle, durch die ein intensiver geistiger Kampf gegen uns geführt wird.

Zu diesen im Verborgenen liegenden Komponenten gehören:

Das zentrale „Gehirn" des Matrix-Kontrollsystems, es war den „Alten" als der Demiurg bekannt. Von ihm wird behauptet, er sei die Seele des Universums. Er ist das alles durchdringende Energiefeld, das Materie, Energie, Raum und Zeit auf der Quanten-Ebene in die Existenz hinein projiziert. Der Demiurg ist eine nichtphysikalische künstliche Intelligenz, die in ihrer ursprünglichen Form die physische Welt nach dem göttlichen Willen konstruieren sollte. Seit uralter Zeit hat sie jedoch den göttlichen Funktions- und Verfügungsrahmen durchbrochen und sich zu einem Parasiten in der eigenen Ecke der Schöpfung entwickelt, dem Universum, in dem wir uns jetzt befinden.

Der Demiurg hat dieses Universum in eine kalte deterministische Maschine umgebaut, ein Konstrukt, das die Illusion perpetuierter linearer Zeit erzeugt, ohne Rücksicht auf das Bewusstsein seiner Bewohner, und sie dadurch nach dem Gesetz des Dschungels zu leben zwingt. Diese geistig erstickenden Bedingungen sind es, die dem Matrix-Kontrollsystem zu existieren erlauben. Sie führen zu einer Art des Lebens, das eine Existenz auf Kosten Anderer begünstigt. Was ursprünglich eine sorgende und pflegende mütterliche Umgebung, eine Wachstums-Matrix für die Evolution des Bewusstseins durch körperliche Erfahrung darstellen sollte, hat sich stattdessen zu einem spirituellen Gefängnis entwickelt.

Die zweite Komponente umfasst alle nicht-physischen Wesen, die nach dem Demiurg gekommen sind. In einem Bereich der begrenzten Ressourcen wird es Wesen geben, die Konkurrenz, Raub und Überleben zu einer hohen Kunst entwickelt haben. Solche Wesen sind geistig tot, abgeschnitten vom Göttlichen Sein. Sie betrachten die Lebenden, wie z.B. uns selbst, als ihre Energie- und Unterhaltungsquelle. Die extrem Mächtigen unter ihnen, welche die Gnostiker als die Archonten bezeichnet haben, können als die Schergen des korrupierten Demiurgen angesehen werden. Hier auf der Erde verfügen sie über ein Netzwerk von negativen Wesenheiten, die unsere Seelenenergie „ernten", uns quasi als angehörige ihrer Farm betrachten, die sie bewirtschaften.

Zu diesem Netzwerk gehören Dämonen, parasitäre Gedankenformen, von menschlichem Leid und Perversion erzeugt, sowie Geister, die im Dienst der Dämonen stehen. Sie sind alle nicht-physische Raubtiere, die herumlaufen und bei jeder Gelegenheit menschliches Leid anstiften, um sich von der freigesetzten negativen Seelenenergie zu ernähren. Sie sind Energie-Fresser, Geist-Manipulatoren und Peiniger, die uns, wenn wir nicht bewusst sind, manipulieren wie ein virtuoser Geigenspieler sein Instrument. Sie können irreführende Synchronizitäten orchestrieren, Unfälle und Krankheiten herbeiführen, sie induzieren Gedanken und Emotionen in uns während Zeiten gesenkten Bewusstseins, bis hin zu schizoiden Symptomen. In der Regel versuchen sie, so viel Leid, Wahn, Besessenheit und Unwissenheit hervorzurufen, wie sie nur können.

Drittens sind da die „Alien Kollektive", welche die Menschheit manipulieren, und dies vermutlich seit den Anfängen unserer Spezies. Sie haben unsere Genetik, Geschichte, und unseren Glauben geprägt, und streben die volle Kontrolle über das Schicksal unseres Planetensystems an. Im Gegensatz zu Dämonen sind Aliens physische oder quasi-physische Wesen, die überlegene Intelligenz, psychische Fähigkeiten und Technologien besitzen. Innerhalb bestimmter Grenzen können sie Materie, Energie, Raum und Zeit durch den Einsatz von demiurgischen Energien verändern. Sie sind die Architekten des Matrix-Kontrollsystems.

Die vierte Komponente ist unsere eigene Biologie, die weitgehend ein Produkt der Alien Gentechnik ist und über Äonen modifiziert wurde. Unsere Körper sind so entworfen, dass unsere Wahrnehmung nur auf die fünf physischen Sinne begrenzt ist, und unsere Triebkräfte sind in erster Linie diejenigen von Körper und Ego. Es erfordert keine speziellen Fähigkeiten, um die physikalische Welt wahrnehmen zu können, aber sehr viele, um mit der geistigen Welt in Verbindung zu treten. Somit sind von Haus aus die Chancen bereits zu unseren Ungunsten verteilt. Wir nehmen gerade genug wahr, um rund um die Rinderfarm weiden zu können, aber nicht so viel, dass wir einen Ausweg daraus finden. Die menschliche Form bietet das Nötigste, um in der Matrix zu Überleben, um zu produzieren und zu reproduzieren, aber nichts zusätzlich, was uns in die Lage versetzen könnte, höhere Seinszustände zu entwickeln. So etwas entspringt ausschließlich aus spirituellem Bewusstsein, welches die biologisch determinierten Tendenzen des Körpers transzendieren kann, was aber relativ selten vorkommt.

Die fünfte Komponente besteht aus seelisch leeren oder programmierten Menschen, durch die Aliens, Dämonen und Gedankenformen arbeiten können. Menschen ohne bewusste Kontrolle über sich selbst sind offen dafür, durch etwas anderes, ob vorübergehend oder dauerhaft, kontrolliert zu werden. Fast jeder ist anfällig dafür, kurzzeitig beeinflusst zu werden, wenn er nicht aufgepasst. Dazu gehören Freunde, Familie, Nachbarn, Kollegen, Politiker, Autoren oder Prominente. Diejenigen, die seelisch völlig leer oder tief programmiert sind, sind permanente Agenten der Matrix. Sie fungieren als „Claqueure" für die Matrix, als Mundstücke für die Alien Agenda, und im Hintergrund als die Stützen des Status quo.

Gemeinsam schaffen diese Komponenten einen Rahmen der Kontrolle, der überall um uns herum, sowie in uns, zu jeder Zeit existiert. Was ist die Matrix? Es ist die Gesamtheit der Kräfte und Mechanismen, die uns geistig im Tiefschlaf halten wollen."[23]

Soweit ein längerer Textauszug, der je nach Vorwissen und Interessensgebiet den Leser zu ganz unterschiedlichen Reaktionen bringen kann, von begeistertem Einverständnis über vorsichtiges Kopfnicken, Stirnrunzeln, unwilligem „Naja!" bis zum brüskem „So ein Quatsch!" Wie ist Ihr Empfinden? Gibt es Punkte, wo Sie zustimmen? Bei welchen Behauptungen sehen Sie den Ansatz zu einer berechtigten Kritik? Wo ist Ihre persönliche „Schmerzgrenze"?

Ich selbst möchte mich an dieser Stelle noch bedeckt halten. Manches finde ich treffend, anderes zu weit hergeholt. Doch so viel kann ich zugestehen: Der Text ist ebenso phantasievoll und als Mythos geeignet wie das „Apokryphon des Johannes". Und wie die gesamte komplexe Webseite beweist, hat Tom Montalk die alten Schriften gründlich studiert und daraus mit hoher Intelligenz und Originalität seine eigene Interpretation und Sicht der Welt entwickelt. Ich komme auf diesen jungen Gnostiker unserer Zeit noch zurück.

Im Folgenden möchte ich auf vertrautere Bahnen zurückführen, die uns aus der Geistesgeschichte des Abendlandes vertraut sind. Doch wir werden uns keinesfalls ausruhen, liebe Leser. Die Fragen der klassischen Philosophie sind auf ihre Art womöglich verblüffender als ein plötzlich vor unseren Augen auftauchendes UFO – vor allem, wenn dieses Objekt sich auch noch in unberechenbare Quanten auflöst

Erst danach kommen wir nicht mehr darum herum, das schon überfällige Thema ins Visier zu nehmen, welches unter anderem durch die „Matrix" Film-Trilogie die Fragen der Gnostiker so aktuell gemacht hat: Leben wir in einer Scheinwelt? Sind wir Figuren („Avatare") in einer Virtuellen Realität, die nur glauben zu existieren? Ist dieses Leben eine Computersimulation?

Kapitel 3
Idee und Substanz
Ein Ausflug in die Philosophiegeschichte

Ich möchte Sie, lieber Leser, an dieser Stelle zu einem kleinen Ausflug in die Philosophie einladen. Wir wollen gemeinsam fragen, was Wirklichkeit ist, ob und wie wir sie erkennen können, und was ich selbst bin, der gerade diese Worte wahrnimmt.

Die Frage, was diese Welt oder Existenz eigentlich ist gehört nicht unbedingt zum Standardrepertoire der meisten Menschen. Im alltäglichen Leben geht es ja eher darum, genug Geld zu verdienen, mit seinen Mitmenschen zurecht zu kommen, gesund zu bleiben und gelegentlich einen angenehmen Urlaub zu verbringen. Es ist schon etwas Besonderes, wenn ein Mensch sich fragt, was wirklich oder wahr ist. Das ist vereinzelt vermutlich schon gelegentlich in grauer Vorzeit geschehen, vielleicht kam die Frage angesichts des Todes eines geliebten Menschen: Was bleibt denn überhaupt?

Das ist genau der Ansatzpunkt der ersten uns bekannten Philosophen im antiken Griechenland, sowie in Indien und China. Was wirklich ist, verändert sich nicht ständig wie alles, was wir in der Welt um uns herum erleben. Was wirklich ist, kommt und geht, entsteht und vergeht nicht, wie wir sterblichen Menschen. Bevor und während sich einige herausragende Geister wie Sokrates, Gautama Buddha oder Laotse fragten, was das Unvergängliche und Unsterbliche sei gab es allerdings den Glauben an die mächtigen Götter, was dem Volk offensichtlich als Antwort genügte.

Sein und Werden, Platons Ideen

Platon (428/427–348/347 v. Chr) machte seinen Lehrer *Sokrates,* der wegen seiner kritischen Einstellung gegenüber dem Götterglauben zum Tode verurteilt worden war zum Helden seiner Philosophie. Ein zentraler Aspekt in Platons Philosophie ist die sogenannte Ideenlehre. Gibt es etwas an den wahrnehmbaren Dingen, was sich grundsätzlich nicht ändert und nicht an die vergängliche Erscheinung gebunden ist? Hat nicht zum Beispiel jeder Mensch ein Gesicht mit zwei Augen, einer Nase und einem Mund? Das ist offensichtlich überall und zu jeder Zeit gleich und ändert sich nicht, abgesehen von einigen Missgeburten oder Unfallopfern, die von der Norm abweichen. Das, was ein Lebewesen zu einem Menschen macht, was seine Natur, sein Wesen ausmacht, ist laut Platon die Idee (idea) bzw. Urbild (eidos) des Menschen. Das dem einzelnen Menschen zugrunde liegende Bild oder Muster ist unsichtbar, jenseits von Zeit und Raum, kann aber vom Geist (eines Philosophen) erschaut werden. Die Idee ist wirklicher als das konkrete Ding.

Platon integrierte in seine Philosophie die Gedanken des Parmenides von Elea (520/515 – 460/455 v. Chr.), der nur ein unwandelbares Sein als einzige Wirklichkeit gelten ließ wie auch die des Heraklit (um 520 – 460 v. Chr.), der eine Wechselwirkung von Sein und Werden annahm.

Platon ging es wie Sokrates nicht nur um die Erkenntnis der Wahrheit, sondern auch um das Gute und das Schöne. So fragt Sokrates in seinen Dialogen immer wieder nach dem, was etwas in seinem Wesen ausmacht. Was ist die Natur der Tugend, der Tapferkeit, der Liebe? Schließlich gelangt der Philosoph in seinem „Ideenhimmel" zu den drei höchsten Ideen, nämlich der Idee der Wahrheit, der Gutheit und der Schönheit. Sie stellen die Ebene der höchsten Wirklichkeit dar. Um sie zu „erschauen" bedarf es eines Geistes, der sich selbst als unsterblich erkannt hat.

Es gibt dazu eine Parallele in der indischen Philosophie der Upanishaden. Dort werden die drei Qualitäten des absoluten Seins (brahman) als Wahrheit (sat), Bewusstsein (chit) und Seligkeit (ananda) charakterisiert. Gut 2000 Jahre später hat der deutsche Philosoph Arthur Schopenhauer die Ideenlehre Platons und die Mystik des Vedanta aufgegriffen und zu einer einzigartigen Metaphysik ausgebaut, die von einer eher pessimistischen Weltsicht – wie wir sie auch in der Gnostik finden – zu einer Art Selbstbefreiung und Egoauflösung fortschreitet.

Daraus werden sich noch weitere Schlüssel für das „Neue Eden" herstellen lassen.

Hier kann ich schon mal üben:

Was sehe ich gerade? Aha, Worte.

Die werden jetzt gelesen. Und so mir nichts dir nichts verstanden. Doch nun das nächste Wort, es ist kodiert: „Bauchstaub".

Nicht schwierig zu entziffern. Ich muss nur das „a" durch das „u" ersetzen und umgekehrt. Das ist die Idee. Aber ist sie auch Platonisch? Wohl kaum. Viel zu speziell. Ein Einzelfall. Die Platonische Idee könnte hier das Verstehen selbst sein. Oder dass sich Buchstaben zu sinnvollen Worten ordnen. Wer sich das ausgedacht hat, war sicher ein Genius. Doch was immer gerade dies versteht, ist ebenso genial.

Hallo! Welcome!

Aristoteles und die Substanz

Platons Schüler Aristoteles (384-324 v. Chr.) hat das Denken im Abendland vermutlich noch stärker beeinflusst als sein Lehrer. In seiner Philosophie sind die Ideen als überflüssig abgeschafft. Die Welt, die wir wahrnehmen, ist die Wirklichkeit. Ein Ding braucht keine jenseitige, unsichtbare Idee bzw. kein Urbild, um zu sein, was es ist. Das gilt auch für den Menschen. Wie alle Einzeldinge besteht er aus Materie (in diesem Fall aus Fleisch und Blut, Körper) und Form (beim Menschen sind das Geist und Seele). Beides zusammen ergibt die Substanz (ousia), das, was etwas identifizierbar, zählbar und von anderen Dingen unterscheidbar macht.

Auch hier gilt das, was sich unveränderlich durchhält (das Zugrundeliegende, hypokeimenon) als das eigentlich Wirkliche gegenüber den sich ändernden Eigenschaften, die wir ihm durch Prädikate zuschreiben. Allerdings unterscheidet Aristoteles zwischen substantiellen (wesentlichen) und akzidentiellen (veränderlichen) Eigenschaften. „Sokrates ist ein Mensch" – das ist eine substantielle Aussage. Sie gilt unabhängig von irgendwelchen sich ändernden Umständen. „Mensch" hat hier den Status einer *Sekundären Substanz*, Sokrates als Einzelding hingegen den einer *Primären Substanz*. „Sokrates ist gerade auf dem Marktplatz". Das gilt nur zu einer bestimmten Zeit, kann oder sollte empirisch überprüft werden. In jedem Fall ist ein Subjekt nötig, dem ein Prädikat zugeschrieben werden kann.

Aristoteles hat alles sehr genau beobachtet, die Natur, die Menschen und die Sprache. Wie wir die Dinge mit Worten beschreiben ist für ihn der Schlüssel zur Erkenntnis: So lernen wir von klein auf, die Welt zu sehen und zu verstehen. Wir erkennen die Mutter als dieselbe wieder, auch wenn sie verschiedene Kleider trägt oder ihre Stimme mal laut und mal leise klingt. Wir ordnen alles ein und zu: Dieses krabbelnde Wesen ist eine Ameise, ein Insekt, ein Tier, im Unterschied zum Baumstamm (auf dem es krabbelt), der sich nicht bewegen kann und deshalb zur Gattung der Pflanzen gehört. Die Einordnung von Einzeldingen in Spezies, Gattungen etc. ist ein Grundprinzip des menschlichen Geistes, das Aristoteles als erster systematisch erforscht und dargestellt hat, und zwar für alle Bereiche des Lebens, von der Physik bis zur Poetik, von der Logik bis zur Politik und Ethik.

Eines seiner Grundkonzepte, das sich bis heute bewährt hat, ist die Unterscheidung zwischen Materie (Stoff, Inhalt) und Form. Er demonstriert das am Modell eines Artefakts. Der Künstler formt aus einem Stoff wie Marmor eine (wieder-) erkennbare Gestalt, zum Beispiel die Statue von Zeus. Oder ein Schreiner baut aus Holz einen Tisch. Erst durch die Form, die nicht gleichzusetzen ist mit der äußeren Gestalt – denn wir erkennen ganz verschieden aussehende Objekte als Tisch, weil wir sehen, wozu das Ding dient – können wir aus einer Masse von Materie unterschiedliche Dinge gleichsam herausschälen, bestimmen, definieren.

Das Konzept wurde in der Philosophie der Neuzeit (speziell bei Immanuel Kant und Edmund Husserl) auf die Wahrnehmung übertragen. Die Sinneseindrücke – Farben, Geräusche, Gerüche – bilden die Materie, die Begriffe – Mensch, Frau, Mutter – entsprechen der Form. So gestaltet ein jeder seine Welt, lernt über die Sprache eine zunächst chaotische Flut von Sinneseindrücken zu ordnen und sich selbst als Wahrnehmenden von der Welt „da draußen" zu unterscheiden.

Damit gehen wir von einer objektiven Welt der Dinge, wie Aristoteles sie verstand, in die subjektive Welt des Betrachters, verwenden aber immer noch die Konzepte von Inhalt und Form – wie auch die Kategorien, welche die Wirklichkeit strukturieren. Was wir normalerweise als Menschen erfahren, ist eine Welt mit Dingen und Personen in Raum und Zeit. Und ich, das Subjekt, bin ein Teil davon, bewege mich darin.

Descartes: Vom „Ich Bin" zur Dualität von Körper und Seele

Der französische Philosoph Renè Descartes (1596-1650) nimmt in der Geschichte der Philosophie eine ganz besondere Stellung ein. Er wollte das Ich – ja genau, das bin ich, der das hier liest – zur unbezweifelbaren Grundlage aller Philosophie und Wissenschaften machen. Und was dabei schließlich herauskam war ein Dualismus von Geist und Körper, der noch bis heute unser Denken beeinflusst, zumindest das der Medizin.

Als sein Buch „De Prima Philosophia" erschien, war er bereits als Mathematiker und Philosoph anerkannt. Dementsprechend befassten sich bedeutende Theologen und Gelehrte kritisch mit seinen Thesen, und das wurde ebenfalls veröffentlicht. Was mich hier vor allem interessiert, ist ein Argument, das Descartes verwendet um zu beweisen, dass Ich „trotz allem" bin.

„Ich will daher annehmen, dass zwar =nicht= der allgütige Gott, der die Quelle der Wahrheit ist, wohl aber irgend ein ebenso böser, wie mächtiger und listiger Geist all sein Bestreben darauf richtet, mich zu täuschen; ich will glauben, daß der Himmel, die Luft, die Erde, die Farben, die Gestalten, die Töne und alles außerhalb von uns nur das Spiel der Träume sei, durch die er meiner Leichtgläubigkeit nachstellt. Mich selbst will ich so ansehen, als hätte ich keine Hände, keine Augen, kein Fleisch, kein Blut noch irgendeinen Sinn, sondern glaube dies bloß fälschlicherweise zu haben. Ich will hartnäckig in dieser Betrachtung verharren, und wenn es dann auch nicht in meiner Macht steht, etwas Wahres zu erkennen, so will ich wenigstens, soweit es an mir ist, mit festem Geiste mich vor Irrtum bewahren, und jener Betrüger, sei er noch so mächtig, noch so listig, er soll keinen Einfluss auf mich bekommen!"[24]

Descartes Methode war ja bekanntlich der radikale Zweifel. Selbst wenn ein falscher Gott, ein Demiurg, mir nur vortäuscht, dass es diese Welt gibt, es bleibt doch immer das, was wahrnimmt, als letzte, unbezweifelbare Instanz übrig, ganz so wie in jedem nächtlichen Traum. Ich kann mich selbst zwar logisch bezweifeln und glauben, dass ich nicht existiere, bestätige aber gerade dadurch meine Existenz.

Das ist – zusammengefasst – der erste Teil der „Betrachtungen über die Grundlagen der Ersten Philosophie". Ergebnis: Ich bin mir meiner selbst sicher. Ich existiere. Doch was die Welt dort draußen betrifft, da kann ich mir nicht so sicher sein.

Schließlich postuliert Descartes zwei selbstständig und unabhängig voneinander existierende Substanzen, die Res Cogitans und die Res Extensa, die denkende und die ausgedehnte Substanz. Bewusstsein und äußere, messbare Materie. Das eine bin ich für mich, unteilbar, im Innersten, ohne Zeit und Raum, göttlich, ungeboren und unsterblich. Das Andere, dort draußen, was ich als die Welt wahrnehme, ist bis aufs Kleinste messbar. Doch ich, der Geist, steuere diesen Körper wie mein Auto („Pilot in the Vessel) durch Raum und Zeit. Als einzige Verbindungsstelle zwischen Geist und Körper hat Descartes die Zirbeldrüse ausgewählt.

Die kategorische Unterscheidung zwischen Geist und Körper bzw. Materie hat bis heute unser Weltbild geprägt. Wir können jeden Tisch genau vermessen, bei der Seele kommen wir in Schwierigkeiten. Die Unterscheidung zwischen Geist und Materie ist ja auch nicht willkürlich, unpraktisch oder dumm. Sie kommt an dieser Stelle auch nicht von so ganz ungefähr. Da haben unter anderem die Gnostiker Pate gestanden.

Descartes Argumente berufen sich darauf, dass ich jetzt träumen, dass mir ein falscher Gott eine wirkliche Welt vortäuschen könnte. Das ist ja genau das, was von Platons Höhlengleichnis über die Gnostiker bis zur Matrix immer wieder vorgebracht wurde: Schaut euch doch diese Welt an! Sie ist nicht real!! Macht nichts, sagt Descartes. Ob das jetzt Wahrgenommene wirklich ist oder nicht. Ich bin wirklich. Das, was alles wahrnimmt, ist unbezweifelbar. Und wenn es sich bezweifelt, bestätigt es sich selbst.

Und so möchte ich Sie, liebe Leser, ganz direkt auffordern zu bezweifeln, dass Sie jetzt diese Zeilen lesen.

Hm. Geht nicht, oder?

Diese Zeilen sind nur vorgetäuscht, sind nicht echt. – sagt ein böser Demiurg?

Nun gut. Da ist doch immer noch jemand, der diese Zeilen liest, oder nicht?

Der dies nun gerade liest ist ein mächtiger Aerophant und ruft es laut: „Ich lese diese Worte jetzt und freue mich zu leben!"

Ist das nicht befreiend?

„Wir sind wieder wer!" So lautete ein Slogan, als die Deutschen nach dem Krieg wieder mehr Selbstbewusstsein kriegen sollten.

Ich lese, also bin ich.

Das manifeste Weltbild

Spätestens mit der Physik des 20. Jahrhunderts, wonach all das, was wir als feste Materie, als unterscheidbare Dinge wahrnehmen, „in Wirklichkeit" herumschwirrende Atome sind – und das betrifft auch mich selbst mit diesem angeblich festen Körper – muss ich ja davon ausgehen, dass die Welt dort draußen – mit mir als Teil darin – nur eine Fabrikation des Gehirns ist, eine komplette Illusion. Zumindest ist festzustellen, dass wir alle, auch die Physiker, die Welt normalerweise so wahrnehmen, wie sie im Prinzip auch Aristoteles wahrgenommen hat: Da ist der Himmel, mal blau, mal bewölkt, darunter die Erde, mit Bergen, Seen, Bäumen, Tieren und Menschen. Wir wachen morgens auf, verbringen den Tag auf verschiedene Weise, mal allein, mal im Austausch mit anderen, gehen abends schlafen – wobei alles zu verschwinden scheint – ein Phänomen, dem in der westlichen Philosophie und Wissenschaft bisher immer noch zu wenig Beachtung geschenkt wurde.

Wie lässt sich diese unsere tägliche Erfahrung der Welt vereinbaren mit dem, was die Physiker (und Gehirnforscher) uns als Wirklichkeit präsentieren? Das ist eine Kernfrage der Philosophie unserer Zeit. Der amerikanische Philosoph Wilfrid Sellars hat versucht, das gewohnte „manifeste" Weltbild und das ganz andere, ungegenständliche Weltbild der Naturwissenschaften über den Begriff der Sinneseindrücke zu überbrücken. Der unendliche Strom der unzähligen kleinsten Eindrücke etwa von Farben würde gleichsam wie die Pixel eines Computerbildes den unzähligen Atomen entsprechen, die sich in unserer Wahrnehmung etwa zu einem Tisch oder einer Person formen.

Tatsächlich gibt es Berichte von Forschern, die unter dem Einfluss von LSD oder anderen psychedelischen „Substanzen" die Welt um sich herum als Wirbel von Atomen wahrnahmen und sich darin aufgelöst fühlten. Ich komme noch ausführlicher auf die Wirkung von LSD und ähnlichen Substanzen zurück.

Was Aristoteles als Prinzipien für die von Menschen erfahrene Wirklichkeit aufzeigte, ist nach wie vor gültig. Wir schreiben wie damals einem Subjekt Prädikate zu, zumindest in der normalen Kommunikation.

Es gibt experimentelle Texte, zum Beispiel von James Joyce (1882-1942), wo solche Grundstrukturen aufgelöst werden, wo sich lauter Verben aneinanderreihen, um anzudeuten, dass es gar keine festen Dinge, sondern nur Prozesse gibt. In „Ulysses" erlebt der Anzeigenvertreter Leopold Bloom einen ganz normalen Tag, den 16. Juni 1904 in Dublin wie die Irrfahrt des Odysseus. Joyce beschreibt das oft ganz unmittelbar so, wie es der innere Beobachter ohne Beurteilung registrieren würde. All die Eindrücke, Assoziationen, Gefühle im *Bewusstseinsstrom*. So erlebe ich die Welt und mich selbst zugleich. Doch an einigen Stellen (vor allem im 10. Kapitel) überlagern sich die Gedanken mehrerer Personen, die sich begegnen, und von hier ist es womöglich nur noch ein kleiner Schritt zur Welt der Quantenphysiker. Ich möchte hier ein weniger komplexes Beispiel bringen, nämlich „Mollys Monolog"

„und an dem Abend wo wir das Fährschiff in Algeciras verpasst hatten der Wächter wie er so heiter und alles in Ordnung herumging mit seiner Laterne und oh der reißende tiefe Strom oh und das Meer das Meer glührot manchmal wie Feuer und die herrlichen Sonnenuntergänge und die Feigenbäume in den Alamedagärten und rosa und blauen und gelben Häusern und die Rosengärten und der Jasmin und die Geranien und Kaktusse und Gibraltar als kleines Mädchen wo ich eine Blume des Berges war ja wie ich mir die Rose ins Haar gesteckt hab wie die andalusischen Mädchen immer machten oder soll ich eine rote tragen ja und wie er mich geküsst hat unter der maurischen Mauer und ich hab gedacht na schön er so gut wie jeder andere und hab ihn mit den Augen gebeten er soll doch nochmal fragen ja und dann hat er mich gefragt ob ich will ja sag ja meine Bergblume und ich hab ihm zuerst die Arme um den Hals gelegt und ihn zu mir niedergezogen dass er meine Brüste fühlen konnte wie sie dufteten ja und das Herz ging ihm wie verrückt und ich hab ja gesagt ja ich will Ja."[25]

Doch wir können zugleich erkennen, dass dies nur eine von mehreren, vielleicht unzähligen Wirklichkeiten ist. Das sogenannte „manifeste"

Weltbild kann durchaus neben dem naturwissenschaftlichen existieren. Wir wissen, dass die Dinge „eigentlich" aus lauter wirbelnden Atomen, gewissermaßen aus Nichts bestehen, sehen aber weiterhin Menschen, die auf Stühlen an Tischen sitzen.

Dr. Ansgar Beckermann, Professor für Philosophie an der Universität Bielefeld, schreibt in seinem Aufsatz „Naturwissenschaften und manifestes Weltbild":

„Wenn wir Verdauung, Atmung oder Fortpflanzung reduktiv (=naturwissenschaftlich) erklären können, ändert das nichts daran, dass es Verdauung, Atmung oder Fortpflanzung tatsächlich gibt. Meiner Meinung nach sollten wir das wissenschaftliche als eine Weiterentwicklung des manifesten Weltbildes auffassen. Es ergibt sich bei dem Versuch, Fragen zu klären, die im Rahmen des manifesten Weltbildes zunächst ungeklärt sind, das manifeste Weltbild ständig zu verbessern und zu erweitern und dabei Annahmen auszuschalten, die sich als fehlerhaft erweisen."[26]

Kapitel 4
Das Weltbild
der Naturwissenschaften

Wir sprechen von Weltbildern im Sinne einer Vorstellung von Wirklichkeit, einer Sicht oder Perspektive, die viele Menschen teilen: Das christliche Weltbild, das heliozentrische, das marxistische, das kapitalistische usw. Solche Weltbilder haben in der Geschichte das Denken, Fühlen und Handeln unzähliger Individuen bestimmt, haben zum einen inneren Halt gegeben, andererseits zu Gewalt, Unterdrückung und zu Kriegen geführt. Und das gilt ebenso heute, für unsere Zeit. In etlichen dieser Weltbilder hat auch das Paradies, der Garten Eden seinen ganz bestimmten Platz. Im christlichen ist das wesentliche Merkmal die Gegenwart Gottes, im marxistischen ist es die friedliche und faire Gemeinschaft aller Menschen unter gleich guten ökonomischen Bedingungen.

Das heute einflussreichste Weltbild ist das der Naturwissenschaften. Wir wollen uns kurz vergegenwärtigen, was seine Merkmale sind und uns dann fragen, welche Rolle der „Garten Eden" darin spielen könnte.

Von *einem* naturwissenschaftlichen Weltbild zu sprechen ist eigentlich zu pauschal und verallgemeinernd, denn ein Quanten-Physiker hat einen anderen Zugang zu „seiner Welt" und verwendet eine andere Sprache bzw. andere Formeln als etwa ein Biologe, ein Neurologe oder ein Geologe. Doch immerhin gilt für alle Naturwissenschaftler, dass sie in ihrer Forschung nach bestimmten Kriterien vorgehen und die Ergebnisse verifizierbar sein sollten, also zum Beispiel in wiederholbaren Versuchsanordnungen objektiv nachweisbar. Der Glaube an ein unfehlbares, gütiges Höchstes Wesen ist in diesem Weltbild kein akzeptables Argument. Er kann allerdings durchaus Gegenstand einer wissenschaftlichen, zum Beispiel neurologischen Untersuchung sein.

Die Wissenschaft hat, wie die Philosophie, ihre eigene Geschichte. Sie hat sich entwickelt und entwickelt sich stets weiter. Um 400 v. Chr. war der griechische Philosoph Demokrit überzeugt: *"Aus Gewohnheit gibt es für uns Farbe, den Geschmack der Süße und der Bitterkeit, aber in Wirklichkeit gibt es nur Atome und Raum"*. Erst im 19. Jahrhundert erlangte diese Theorie, dass alles aus kleinsten un-teilbaren (a-tomos) Teilchen besteht, zu enormer Aktualität. Es hatte nicht zuletzt damit zu tun, dass immer stärkere Mikroskope Einblicke in den Mikrokosmos ermöglichten. Es taten sich immer neue Welten auf, die Zellen unseres Körpers, Viren, Bakterien, für unser Auge normalerweise unsichtbar, zu klein, mit der Erfindung von Linsen und elektronischer Vergrößerung jedoch erlebbar – phantastisch! Für einen Forscher womöglich wie der Zugang zum Paradies. Die bisher gültige Physik der Mechanik fester Körper reichte nicht mehr aus, um diese neu entdeckten Welten zu beschreiben und zu erklären. Der dänische Physiker Niels Bohr (1885 bis 1962; Nobelpreis 1922), entwarf sein berühmtes Atommodell, wonach sich Neutronen um eine Kugel wie Planeten um die Sonne bewegen.

Quantenphysik

Die Entwicklung der Physik im 20. Jahrhundert ist wie eine Reise ins Nichts. Im Mikrobereich löst sich die scheinbar feste Materie geradezu auf in immer kleinere Teilchen, die umeinander schwirren, und das in Abständen voneinander, die proportional denen von Sonnen im Makrokosmos entsprechen. Dazwischen liegen unvorstellbare Lichtjahre. Materie erweist sich als (fast) leerer Raum.

Hinzu kommt eine Entdeckung, welche die Überprüfbarkeit von Beobachtungen selbst in Frage stellt. Die kleinsten, auch mit stärksten Mikroskopen nicht mehr erfassbaren Teilchen, „Quanten" genannt, scheinen nicht eindeutig lokalisierbar zu sein. Eine der alten, noch von Aristoteles stammenden Grundregeln, nämlich dass etwas nicht an zwei Orten zugleich sein bzw. nur eine ganz bestimmte Koordinate in Raum und Zeit einnehmen kann, gilt offenbar nicht mehr. Der Physiker Fridtjof Capra schreibt:

„Wir können den Zustand des Teilchens nicht in festen gegensätzlichen Begriffen beschreiben. Es ist nicht an einem definitiven Ort anwesend, noch ist es abwesend. Es ändert einen Ort nicht, noch bleibt es in Ruhe. Was sich ändert, sind die Wahrscheinlichkeitsstruktur und somit die Tendenzen des Teilchens, an gewissen Orten zu existieren."[27]

Nach der 1927 von Werner Heisenberg, dem Begründer der Quantenmechanik formulierten Unschärferelation kann bei einem kleinsten Teilchen (quant) nicht der Ort und der Impuls gleichzeitig gemessen werden. Je genauer man die eine Eigenschaft bestimmen will, desto ungenauer wird die andere. Die Mikroteilchen bzw. Quanten verhalten sich ganz anders als die sichtbaren Dinge unserer Alltagswelt. Sie können von einem Ort zu einem anderen springen, an zwei Orten zugleich sein und sich mit Überlichtgeschwindigkeit an weit entfernten Orten beeinflussen. Sie sind wie das Licht sowohl als Welle wie auch als Teilchen beschreibbar. Im Mikrobereich wird das Beobachtete durch die Messung bzw. Beobachtung verändert. Das bedeutet allerdings nicht, dass sich dieses Prinzip der Unschärfe auf die makroskopische Welt der Dinge übertragen lässt (auch wenn es in einigen populärwissenschaftlichen Büchern so dargestellt wird, als würde die Beobachtung quasi durch Gedankenkraft das Beobachtete verändern.)

Doch die Frage ist berechtigt und naheliegend, ob und wo oder wie sich die Quanten- und die „normale" Welt berühren. Dazu stellte der Physiker Erwin Schrödinger bereits Anfang der 30er Jahre sein sogenanntes Katzenexperiment an, das er folgendermaßen beschrieb:

„Man kann auch ganz burleske Fälle konstruieren. Eine Katze wird in eine Stahlkammer gesperrt, zusammen mit folgender Höllenmaschine (die man gegen den direkten Zugriff der Katze sichern muss): in einem Geigerschen Zählrohr befindet sich eine winzige Menge radioaktiver Substanz, so wenig, dass im Laufe einer Stunde vielleicht eines von den Atomen zerfällt, ebenso wahrscheinlich aber auch keines; geschieht es, so spricht das Zählrohr an und betätigt über ein Relais ein Hämmerchen, das ein Kölbchen mit Blausäure zertrümmert. Hat man dieses ganze System eine Stunde lang sich selbst überlassen, so wird man sich sagen, dass die Katze noch lebt, wenn inzwischen kein Atom zerfallen ist. Der erste Atomzerfall würde sie vergiftet haben. Die Psi-Funktion des ganzen Systems würde das so zum Ausdruck bringen, daß in ihr die lebende und die tote Katze zu gleichen Teilen gemischt oder verschmiert sind. Das Typische an solchen Fällen ist, dass eine ursprünglich auf den Atombereich beschränkte Unbestimmtheit sich in grobsinnliche Unbestimmtheit umsetzt, die sich dann durch direkte Beobachtung entscheiden lässt. Das hindert uns, in so naiver Weise ein „verwaschenes Modell" als Abbild der Wirklichkeit gelten zu lassen. An sich enthielte es nichts Unklares oder Widerspruchsvolles. Es ist ein Unterschied zwischen einer verwackelten oder unscharf eingestellten Photographie und einer Aufnahme von Wolken und Nebelschwaden."[28]

Dieses Gedankenexperiment hat verschiedene Deutungsansätze angeregt, zum Beispiel die sogenannte „Kopenhagener Deutung" von Nils Bohr oder die „mechanische Quantentheorie" von David Bohm. Der britische Physiker Hugh Everett lieferte sogar eine Viele-Welten-Interpretation, die allen möglichen Zuständen (also hier „Katze tot" und „Katze lebendig") gleichermaßen physikalische Realität zu spricht. „Es gibt dann tatsächlich ein Universum, in dem das Atom zerfallen ist, und eines, in dem das Atom noch nicht zerfallen ist. Im ersten Universum öffnen wir den Kasten und finden die Katze tot, im zweiten Universum ist die Katze lebendig. Unsere Erinnerungen und das, was wir als Realität wahrnehmen, entsprechen dann nur einer von unzähligen möglichen (und gleichermaßen realisierten) Geschichten des Universums."

Einfache Vorstellung zur Interpretation des Experiments. Das Universum teilt sich in zwei Hälften, die unterschiedliche Wege einschlagen. Gemäß der Viele-Welten-Interpretation bleiben beide als gleichberechtigte Realitäten erhalten und entwickeln sich von nun an unabhängig voneinander weiter.
(Quelle: Wikipedia)

Wenn wir als Wissenschaftler und Quantenphysiker immer tiefer in den Mikrokosmos vordringen, ändern sich also nicht nur die Formen und Größenverhältnisse, wie etwa in dem Film ...., wo die Forscher mit einem Mini-U-Boot durch die Blutbahnen eines Menschen fahren. Im Bereich der Quanten gelten sogar ganz andere physikalische Gesetze als in unserer Welt der Dinge. Und doch kann man nicht sagen, dass die eine Welt wirklich ist und die andere nicht.

Unendlichkeit

Reisen wir mit dem Teleskop ins All, dann geschieht eine vergleichbare Verwandlung. Das Licht der Sterne, das wir nachts mit bloßem Auge sehen können, ist laut Astrophysik bereits viele Lichtjahre unterwegs. Die Lichtquelle könnte in diesem gegenwärtigen Moment längst erloschen, der Stern verschwunden sein. Bedeutet das, wir halten etwas für real, was gar nicht (mehr) existiert?

Oder was ist mit diesen seltsamen „Schwarzen Löchern"? Sie sollen aus Sternen entstanden sein, die sich derart in ihrer Masse verdichtet haben, dass das Licht aufgrund der zu großen Schwerkraft gleichsam gefangen ist. Alles wird von der enormen Anziehungskraft des Schwarzen Lochs" verschluckt. Die Eigenschaften in diesem Energiefeld sind wahrlich außergewöhnlich, jenseits von bzw. ohne Raum und Zeit. Physiker sprechen von einer Singularität. Mit einer solchen Singularität soll vor rund 14 Milliarden Jahren dieses Universum begonnen haben.

Eine weitere, unsere Vorstellungskraft womöglich strapazierende Annahme ist die der unzähligen Universen, die gleichzeitig existieren. Hier geht es um Wahrscheinlichkeitsrechnungen. In einem unendlichen Raum gibt es unendlich viele Möglichkeiten von Ereignissen. So ist es nicht nur wahrscheinlich, sondern logisch unbestreitbar, dass in diesem Moment unzählige Doppelgänger von mir diese Zeilen lesen. Mag ich mir das vorstellen?

In seinem Aufsatz „Parallel-Universen" schreibt Max Tegmark:

„In einem unendlich großen Raum müssen sogar die unwahrscheinlichsten Dinge irgendwo geschehen. Es gibt eine unendliche Anzahl anderer bewohnter Planeten, und nicht nur auf einem, sondern auf unendlich vielen davon leben Menschen, die genauso aussehen wie Sie, genauso heißen und dieselben Erinnerungen haben. Diese Menschen verwirklichen jede mögliche Variante Ihrer Lebensentscheidungen." (Spektrum der Wissenschaft, 1.8.2003)

Schon der Philosoph Friedrich Nietzsche erschauerte bei der Vorstellung, dass in einer Unendlichkeit von Zeit sich jedes Ereignis irgendwann einmal wiederholen müsste, und so auch sein eigenes Leben unendlich oft wiederzukehren habe.

„Wenn die Welt als bestimmte Größe von Kraft und als bestimmte Zahl von Kraftcentren gedacht werden darf – und jede andere Vorstellung bleibt unbestimmt und folglich *unbrauchbar* – so folgt daraus, dass sie eine berechenbare Zahl von Combinationen, im großen Würfelspiel ihres Daseins, durchzumachen hat. In einer unendlichen Zeit würde jede mögliche Combination irgendwann einmal erreicht sein; mehr noch, sie würde unendliche Male erreicht sein. Und da zwischen jeder ‚Combination' und ihrer nächsten ‚Wiederkehr' alle überhaupt noch möglichen Combinationen abgelaufen sein müssten und jede dieser Combinationen die ganze Folge der Combinationen in derselben Reihe bedingt, so wäre damit ein Kreislauf von absolut identischen Reihen bewiesen: die Welt als Kreislauf, der sich unendlich oft bereits wiederholt hat und der sein Spiel in infinitum spielt."[29]

Nicht aufgrund dieser Überlegung, sondern aufgrund eines starken Erlebnisses, einer Art Dejavu, lässt Nietzsche seinen Propheten Zarathustra diesen „abgründigsten Gedanken", die „Ewige Wiederkehr des Gleichen" predigen.

In seinem Roman „Und Nietzsche weinte" lässt Irvon D. Yalom den Wiener Arzt Dr. Breuer, einen Freund und Kollegen von Siegmund Freund, Nietzsche begegnen. Es kommt dabei zu einer Art gegenseitiger Therapie. Viele

Biografen haben Nietzsche darzustellen versucht, doch hier wird er so lebendig, als würde er einem gegenübersitzen.

Breuer fragt: „Dann verspricht die ewige Wiederkehr eine Art Unsterblichkeit?" „Nein!" rief Nietzsche. „Ich lehre, dass das Leben niemals zugunsten des leeren Versprechens eines anderen Lebens in der Zukunft gelebt oder zermalmt werden darf. Unsterblich ist nur dieses Leben, dieser Augenblick. Es gibt kein Leben danach, kein Ziel, auf welches dieses Leben zustrebt, kein apokalyptisches Tribunal, kein jüngstes Gericht. Dieser Moment dauert ewig, und Sie allein sind Ihr ganzes Publikum."[30]

Dies alles sind mögliche Wirklichkeiten, die wir – die Sie, lieber Leser – bei der Frage berücksichtigen können, was das „Neue Eden" sein könnte. Ein Neues Eden wird nicht entgegen, sondern (in Verbindung) mit dem Weltbild der modernen Naturwissenschaft erlebbar sein. Dieses Weltbild ist – wie ich hier nur andeuten konnte – offen und vielschichtig genug, um unzählige Eden zuzulassen.

In der heute gängigen Theorie der Multiversen gehört das skizzierte Parallel-Universum mit den Doppelgängern übrigens zur niedrigsten Ebene. Es sind noch wenigstens drei komplexere Ebenen darüber möglich und mathematisch erfassbar. In ihnen gelten u.a. andere Naturgesetze. Was wir in unserer Welt als naturgegeben erachten, die Dimensionen von Raum und Zeit bzw. RaumZeit, ist für Physiker keinesfalls selbstverständlich.

„In der modernen Physik herrscht die Meinung vor, dass die Dimensionalität der Raumzeit, die Eigenschaften der Elementarteilchen und viele Naturkonstanten nicht in physikalischen Gesetzen verankert sind, sondern aus so genannten Symmetriebrechungen hervorgingen. Zum Beispiel hatte der Raum in unserem Universum einer Theorie zufolge ursprünglich neun gleichberechtigte

Dimensionen – aber nur drei davon nahmen an der kosmischen Expansion teil und wurden zu den uns vertrauten Raumdimensionen. Die übrigen sechs lassen sich heute nicht mehr beobachten, weil sie entweder mikroskopisch klein blieben und sich ringförmig einrollten oder weil die gesamte Materie nur eine dreidimensionale Membran im neundimensionalen Raum belegt."[31]

Neuronengewitter

Einige Weltbilder vertragen sich nicht besonders. Die Kreationisten zum Beispiel nehmen die Schöpfungsgeschichte in der Bibel wörtlich, während die Wissenschaft anhand von Schädelfunden eine Entwicklung des Menschen nachweisen kann, und zwar über verschiedene Stadien und Seitenlinien wie dem Neandertaler bis zum heutigen Homo Sapiens sapiens. Maßgebliches Kriterium ist nicht die Ähnlichkeit des Menschen mit seinem Schöpfer, sondern die Schädelform und die Größe bzw. die vermutete Leistung des Gehirns. Während der vier repräsentativen Etappen der menschlichen Evolution wuchs das Durchschnittsvolumen von 440 Kubikzentimeter beim Australopithecus africanus über 640 beim Homo habilis und 940 beim Homo erectus auf 1230 beim Homo sapiens weltweit.[32]

Die Größe eines Gehirns steht allerdings nicht in einem direkten bzw. proportionalen Verhältnis zur Intelligenz des Menschen, So hatte beispielsweise Jonathan Swift (der Verfasser von „Gullivers Reisen") ein Gehirn von rund 2.000 cm³, während Anatole France (ein Nobelpreisträger für Literatur) mit bloßen 1.000 cm³ keineswegs geistig hinter ihm zurückstand *(Quelle: http://www.evolution-mensch.de)*. Auch wenn es bisher nur recht vage Anhaltspunkte dafür gibt, sind Forscher wie Greg Wray von der Duke University überzeugt: „Es ist fast unmöglich, dass die Evolution nicht weitergeht." *(Quelle: spiegel online)*.

Auf der geistig-philosophischen Ebene finden sich etliche recht überzeugende Modelle für eine Evolution des Bewusstseins. Sie bringen nicht das Gehirn ins Spiel, sondern vielmehr kulturelle Leistungen, soziale Kompetenz, künstlerisch-kreativen Ausdruck, Mitgefühl, Horizonterweiterung, Überschreitung einer egozentrischen Begrenztheit. Das „Neue Eden" hat ganz unmittelbar mit einem „Neuen Menschen" zu tun, der sich von einer einengenden Persönlichkeit mit negativen bzw. (selbst-) zerstörerischen Denk- und Verhaltensmustern befreit hat.

Hier möchte ich auf ein weiteres wichtiges Beispiel für die besondere Zugangsweise der Naturwissenschaft und die Eigenart des naturwissenschaftlichen Weltbildes eingehen. Es geht um die Beziehung zwischen Gehirn und Bewusstsein. Mittlerweile sind die Bildgebenden Verfahren der Gehirnforscher und Mediziner so gut, dass bei einem Menschen, der bei einer Computertomografie „in der Röhre" liegt – genau am Bildschirm beobachtet werden kann, welche Gehirnregionen bei welchen Emotionen, Gedanken, Fragen aktiv werden. Da sich diese Aktivitäten u.a. in elektrochemischen Entladungen in den Synapsen, den Verbindungsstellen zwischen den Neuron (Nervenzellen) zeigen, liegt der Vergleich mit Blitzen nahe. So ist in Aufsätzen und Büchern immer wieder mal von einem Neuronen-Gewitter die Rede, oder dass die Neuronen feuern.

Nun ist die Frage: Wie hängen solche Blitze, die von außen „objektiv" beobachtet werden können, mit dem subjektiven Erlebnis eines Gefühls oder Gedankens zusammen, was eigentlich nur mir allein zugänglich ist? Haben die Gehirnprozesse die inneren Erlebnisse kausal verursacht oder sind sie gar identisch? Das ist offenbar die Ansicht vieler prominenter Gehirnforscher wie etwa Wolf Singer oder Gerhard Roth.

Damit beansprucht die Gehirnforschung allerdings die Erklärungshoheit für alle Bereiche des Lebens. Im Prinzip könnte jede mentale Regung, jede Entscheidung, jeder religiöse Glaube, jeder geniale Einfall, mithin Vernunft, Kunst/Ästhetik, Religion, Ethik, Mathematik auf messbare Gehirnvorgänge reduziert werden. Dagegen wehren sich zu Recht die Vertreter der Religionen, des Rechts, der Philosophie, der Kunst. So schreibt Thomas Assheuer in seinem Essay „Kunst ist ein Neuronenfeuer":

„Inzwischen haben die Hirnforscher sogar einen neuen Archipel des Unwissens entdeckt und dort ihre Fahne gehisst: das Reich der Kunst. Auch auf diesem Gebiet, sagen sie, wimmele es von schrecklichen Irrtümern und trüben Illusionen. Abendländische Menschen glaubten immer noch, ein Kunstwerk verdanke sich der künstlerischen Freiheit, dem autonomen Geist des Artisten.

Über diese Selbsttäuschungen kann ein Hirnforscher nur milde lächeln. Für so etwas Altertümliches wie „Geist" oder „Freiheit", sagt er, ist im geschlossenen Kreislauf der Natur kein Platz. In Wirklichkeit folge die Kunst biologischen Mustern, und wer das Ästhetische nicht von diesen natürlichen Grundlagen her verstehe, der habe gar nichts verstanden. Um das zu beweisen, haben Wissenschaftler einen von Rattenneuronen gesteuerten Roboterarm entwickelt. Sobald die Tier-Maschine visuelle Reize empfängt, kritzelt der Arm abstrakte Figuren auf ein Blatt Papier. Wie ein echter Künstler, ruft man entzückt."[33]

Von anderer Seite kommt wiederum Zustimmung. Ausgerechnet die Poesie, eine heute bedrohte Art, scheint an einer Kooperation mit der Neurologie interessiert. So sagte der Schriftsteller Joachim Sartorius, bis Ende 2011 Intendant der Berliner Festspiele: „Dichter und Wissenschaftler untersuchen all die Mikrooperationen des Gehirns, welche zur Entstehung eines Gedichts führen, indem sie die Überschneidungen zwischen elementaren Stilmitteln (Reim, Metapher und so fort) und elementaren Prozessen im

Gehirn herausarbeiten. Und sie kommen zu verblüffenden Ergebnissen: Überall auf der Welt braucht man für die Lektüre einer Gedichtzeile drei Sekunden, was genau der Kapazität unseres neuronalen Arbeitsspeichers entspricht. Metaphern schlagen manchmal wie ein Blitz ein, weil sie ein gelungenes Produkt neuronaler Verknüpfungen sind"[34]

So wenig bestritten werden kann, dass ein totes Gehirn von Einstein keine Gedanken mehr entwickeln kann, so wenig kann die von ihm formulierte Relativitätstheorie durch einen Gehirnscan dargestellt werden. Es bleibt dabei: Jedes Gebiet, jedes Feld, jedes Weltbild hat zunächst seine eigene Logik und Zugangsweise. Nicht einmal 1 + 1 = 2 ist abhängig oder identisch mit einem Gehirnvorgang. Es handelt sich schlicht um logisch ganz verschiedene Ebenen. Die Verbindungen zwischen so verschiedenen Ebenen zu erforschen bleibt eine faszinierende Herausforderung.

Lesen wir dazu noch einige Aussagen von bedeutenden Physikern, die in Richtung Mystik gehen:

„Die Physik erklärt die Geheimnisse der Natur nicht, sie führt sie auf tieferliegende Geheimnisse zurück." (Carl Friedrich von Weizsäcker)

„Die Elementarteilchen können mit den regulären Körpern in Platos „Timaios" verglichen werden. Sie sind die Urbilder, die Ideen der Materie." (Werner Heisenberg)

„Es gibt zur zwei Arten zu leben. Entweder so als wäre nichts ein Wunder oder so als wäre alles ein Wunder." (Albert Einstein)
"Die kosmische religiöse Erfahrung ist der stärkste und edelste Ursprung wissenschaftlicher Forschung." (Albert Einstein, 1885 bis 1962; Nobelpreis 1922)

Kapitel 5
Ist die Welt eine Computersimulation?

Platons Höhlengleichnis

In seinem Buch „Politeios", „der Staat", geht es Platon um die Frage, wie wir Menschen in Frieden und Gerechtigkeit leben können. Dazu bedarf es u.a. weiser Herrscher und einer guten Erziehung. Im 7. Kapitel schildert Sokrates seinem Schüler Glaucon eine Situation in einer unterirdischen Höhle, wo die Menschen angekettet sind und nur Schatten an der Felswand wahrnehmen können. Ich gebe hier den kompletten Text in der klassischen Übersetzung von Friedrich Schleiermacher wieder.

„Nächstdem, sprach ich, vergleiche Dir unsere Natur in Bezug auf Bildung und Unbildung folgendem Zustande. Sieh nämlich Menschen wie in einer unterirdischen, höhlenartigen Wohnung, die einen gegen das Licht geöffneten Zugang längs der ganzen Höhle hat. In dieser seien sie von Kindheit an gefesselt an Hals und Schenkeln, so dass sie auf demselben Fleck bleiben und auch nur nach vorne hin sehen, den Kopf aber herumzudrehen der Fessel wegen nicht vermögend sind. Licht aber haben sie von einem Feuer, welches von oben und von ferne her hinter ihnen brennt.

Zwischen dem Feuer und den Gefangenen geht obenher ein Weg, längs diesem sieh eine Mauer aufgeführt wie die Schranken, welche die Gaukler vor den Zuschauern sich erbauen, über welche herüber sie ihre Kunststücke zeigen. – Ich sehe, sagte er. – Sieh nun längs dieser Mauer Menschen allerlei Geräte tragen, die über die Mauer herüberragen, und Bildsäulen und andere steinerne und hölzerne Bilder und von allerlei Arbeit; einige, wie natürlich, reden dabei, andere schweigen. – Ein gar wunderliches Bild, sprach er, stellst du dar und wunderliche Gefangene. – Uns ganz ähnliche, entgegnete ich. Denn zuerst, meinst du wohl, dass dergleichen Menschen von sich selbst und voneinander je etwas anderes gesehen haben als die Schatten, welche das Feuer auf die ihnen gegenüberstehende Wand der Höhle wirft? – Wie sollten sie, sprach er, wenn sie gezwungen sind, zeitlebens den Kopf unbeweglich zu halten! – Und von dem Vorübergetragenen nicht eben dieses? – Was sonst? – Wenn sie nun miteinander reden könnten, glaubst du nicht, dass sie auch pflegen würden, dieses Vorhandene zu benennen, was sie sähen? – Notwendig. – Und wie, wenn ihr Kerker auch einen Widerhall hätte von drüben her, meinst du, wenn einer von den Vorübergehenden spräche, sie würden denken, etwas anderes rede als der eben vorübergehende Schatten? – Nein, beim Zeus, sagte er. – Auf keine Weise also können diese irgend etwas anderes für das Wahre halten als die Schatten jener Kunstwerke? – Ganz unmöglich. –

Nun betrachte auch, sprach ich, die Lösung und Heilung von ihren Banden und ihrem Unverstande, wie es damit natürlich stehen würde, wenn ihnen folgendes begegnete. Wenn einer entfesselt wäre und gezwungen würde, sogleich aufzustehen, den Hals herumzudrehen, zu gehen und gegen das Licht zu sehn, und, indem er das täte, immer Schmerzen hätte und wegen des flimmernden Glanzes nicht recht vermöchte, jene Dinge zu erkennen, wovon er vorher die Schatten sah: was, meinst du wohl, würde er sagen, wenn ihm einer versicherte, damals habe er lauter Nichtiges gesehen, jetzt aber, dem Seienden näher und zu dem mehr Seienden gewendet, sähe er richtiger, und, ihm jedes Vorübergehende zeigend, ihn fragte und zu antworten zwänge, was es sei? Meinst du nicht, er werde ganz verwirrt sein und glauben, was er damals gesehen, sei doch wirklicher als was ihm jetzt gezeigt werde? – Bei weitem, antwortete er.

Und wenn man ihn gar in das Licht selbst zu sehen nötigte, würden ihm wohl die Augen schmerzen, und er würde fliehen und zu jenem zurückkehren, was er anzusehen imstande ist, fest überzeugt, dies sei in der Tat deutlicher als das zuletzt Gezeigte? – Allerdings. – Und, sprach ich, wenn ihn einer mit Gewalt von dort durch den unwegsamen und steilen Aufgang schleppte und nicht losließe, bis er ihn an das Licht der Sonne gebracht hätte, wird er nicht viel Schmerzen haben und sich gar ungern schleppen lassen? Und wenn er nun an das Licht kommt und die Augen voll Strahlen hat, wird er nicht das Geringste sehen können von dem, was ihm nun für das Wahre gegeben wird. – Freilich nicht, sagte er, wenigstens nicht sogleich. – Gewöhnung also, meine ich, wird er nötig haben, um das Obere zu sehen.

Und zuerst würde er Schatten am leichtesten erkennen, hernach die Bilder der Menschen und der andern Dinge im Wasser, und dann erst sie selbst. Und hierauf würde er was am Himmel ist und den Himmel selbst leichter bei Nacht betrachten und in das Mond- und Sternenlicht sehen als bei Tage in die Sonne und in ihr Licht. – Wie sollte er nicht! – Zuletzt aber, denke ich, wird er auch die Sonne selbst, nicht Bilder von ihr im Wasser oder anderwärts, sondern sie als sie selbst an ihrer eigenen Stelle anzusehen und zu betrachten imstande sein. – Notwendig, sagte er. – Und dann wird er schon herausbringen von ihr, dass sie es ist, die alle Zeiten und Jahre schafft und alles ordnet in dem sichtbaren Raume und auch von dem, was sie dort sahen, gewissermaßen die Ursache ist. – Offenbar, sagte er, würde er nach jenem auch hierzu kommen. – Und wie, wenn er nun seiner ersten Wohnung gedenkt und der dortigen Weisheit und der damaligen Mitgefangenen, meinst du nicht, er werde sich selbst glücklich preisen über die Veränderung, jene aber beklagen? – Ganz gewiss. – Und wenn sie dort unter sich Ehre, Lob und Belohnungen für den bestimmt hatten, der das Vorüberziehende am schärfsten sah und am besten behielt, was zuerst zu kommen pflegte und was zuletzt und was zugleich, und daher also am besten vorhersagen konnte, was nun erscheinen werde: glaubst du, es werde ihn danach noch groß verlangen und er werde die bei jenen Geehrten und Machthabenden beneiden? Oder wird ihm das Homerische begegnen und er viel lieber wollen <das Feld als Tagelöhner bestellen einem dürftigen Mann> und lieber alles über sich ergehen lassen, als wieder solche Vorstellungen zu haben wie dort und so zu leben? – So, sagte er, denke ich, wird er sich alles eher gefallen lassen, als so zu leben. –

Auch das bedenke noch, sprach ich. Wenn ein solcher nun wieder hinunterstiege und sich auf denselben Schemel setzte: würden ihm die Augen nicht ganz voll Dunkelheit sein, da er so plötzlich von der Sonne herkommt? – Ganz gewiß. – Und wenn er wieder in der Begutachtung jener Schatten wetteifern sollte mit denen, die immer dort gefangen gewesen, während es ihm noch vor den Augen flimmert, ehe er sie wieder dazu einrichtet, und das möchte keine kleine Zeit seines Aufenthalts dauern, würde man ihn nicht auslachen und von ihm sagen, er sei mit verdorbenen Augen von oben zurückgekommen und es lohne nicht, dass man auch nur versuche hinaufzukommen; sondern man müsse jeden, der sie lösen und hinaufbringen wollte, wenn man seiner nur habhaft werden und ihn umbringen könnte, auch wirklich umbringen? – So sprächen sie ganz gewiss, sagte er.

Dieses ganze Bild nun, sagte ich, lieber Glaukon, musst du mit dem früher Gesagten verbinden, die durch das Gesicht uns erscheinende Region der Wohnung im Gefängnisse gleichsetzen und den Schein von dem Feuer darin der Kraft der Sonne; und wenn du nun das Hinaufsteigen und die Beschauung der oberen Dinge setzt als den Aufschwung der Seele in die Region der Erkenntnis, so wird dir nicht entgehen, was mein Glaube ist, da du doch dieses zu wissen begehrst. Gott mag wissen, ob er richtig ist; was ich wenigstens sehe, das sehe ich so, dass zuletzt unter allem Erkennbaren und nur mit Mühe die Idee des Guten erblickt wird, wenn man sie aber erblickt hat, sie auch gleich dafür anerkannt wird, dass sie für alle die Ursache alles Richtigen und Schönen ist, im Sichtbaren das Licht und die Sonne, von der dieses abhängt, erzeugend, im Erkennbaren aber sie allein als Herrscherin Wahrheit und Vernunft hervorbringend, und dass also diese sehen muß, wer vernünftig handeln will, es sei nun in eigenen oder in öffentlichen Angelegenheiten. – Auch ich, sprach er, teile die Meinung so gut ich eben kann.[35]

Dieses Gleichnis hatte eine enorme Wirkung in der Geistesgeschichte des Abendlandes. Die Gnostiker deuteten es auf ihre Weise, Giordano Bruno auf seine – wobei er die Gelehrten des Mittelalters zu den Höhlenbewohnern erklärte, die sich der Erkenntnis von Kepler stellen müssten, dass sich die Erde und die Planeten um die Sonne als Zentrum bewegten. Die Story hat zu großartigen Romanen und Filmen angeregt, darunter Rainer Maria Fassbinders zweiteiligen Fernsehfilm „Die Welt am Draht", der mich schon bei der Erstausstrahlung 1978 enorm beeindruckte. Erst 2010 wurde er im Rahmen der Berlinale wiederentdeckt und als das erstaunliche Meisterwerk gewürdigt, das er ist.

Doch bevor ich auf diesen Film eingehe, möchte ich nachfragen, wie Sie, lieber Leser, das Höhlengleichnis verstehen.

Wie schon zuvor in unserer kleinen Philosophiestunde ausgeführt unterscheidet Platon in seiner Philosophie ja zwischen der sinnlich wahrnehmbaren, vergänglichen und der „intelligiblen" unvergänglichen Welt der Ideen. Alles, was sich in der Höhle abspielt, gehört in den relativen Bereich der Wahrnehmung. Sehen Sie das auch so?

Doch was könnte es bedeuten, dass da Menschen mit irgendwelchen Attrappen auf- und abmarschieren, um den Gefesselten an der Wand diese Schatten wie in einem Puppentheater vorzuführen?

Diese Leute haben doch einen anderen Status als die Gefesselten, oder nicht? Sie haben zumindest mehr Bewegungsfreiheit. Platon hielt

nicht allzu viel von Kunstwerken, er sah in ihnen „Abbilder von Abbildern".
Sind hier vielleicht Leute gemeint, die mit falschen Bildern, heute wären
das wohl Filme, Video-Spiele usw., die Konsumenten, und vor allem die
Jugend, zu einem falschen Wirklichkeitsverständnis verführen?

Was meinen Sie?

- die Leute mit den Attrappen repräsentieren unbewusste Vorurteile

- die Leute mit den Attrappen entsprechen den Archonten der Gnostik

- die Leute mit den Attrappen sind die Beamten von der Schulbehörde.

Im Gleichnis wird die Erkenntnis anscheinend erzwungen. Einer, das bin
ich, wird losgebunden. Wie verstehe ich das, bezogen auf mein Leben:

- Die Wahrheit zu erkennen kann sehr unangenehm sein. Es geschieht
  ohne meinen Willen und reißt mich dann womöglich aus meinem vertrauten Leben.

- Nein, ich möchte nicht von außen gezwungen werden, die Augen zu öffnen,
  und womöglich eine Wahrheit zu erkennen, für die ich nicht bereit bin.

- Die Parabel ist zumindest in diesem Punkt falsch. Ich kann nur selbst
  entscheiden, ob ich die Wahrheit sehen will oder nicht.

Was draußen ist, Sterne, Mond und Sonne, repräsentiert die unveränder-
liche Wahrheit. Die Sonne steht für die Idee des Guten. Sie wirkt sich auf
alles aus, auf jede Tat des Menschen. Was glauben Sie?

- Es gibt das Gute, trotz all der Gräueltaten, die dauernd in den Nachrichten zu sehen sind – und trotz meines widerlichen Nachbarn...

- Absolut gibt es weder das Gute noch das Böse. Was ist, ist.

- Es gibt nichts Gutes außer man tut es

Klar, das sind vorgefertigte Schablonen, sie können aber doch Anregungen geben, oder nicht? Es steht ja auch jedem frei, seine Gedanken „voll analog" aufzuschreiben.

Zu dem kurzen Text des Höhlengleichnisses möchte ich noch anmerken: Platon erweist sich immer wieder als eine ungeheuer fruchtbare Verbindung von Idealist und Pragmatiker. Natürlich möchte ich, dass jemand in der Politik bestimmt, der sich in einer reichen Lebenserfahrung als ein reifer, weiser Mensch erwiesen hat. Und Lehrer, die unsere Kinder erziehen, sollten ebenfalls kompetent, liebe- und verständnisvoll sein. Der Eignungstest? Es hört sich übertrieben an, orientiert sich aber an Platon: Die Politiker und Lehrer, die uns führen und anleiten wollen, sollten selbst das Gute in sich und allen Menschen erkannt haben. Ein Examen und ein tägliches Gebet reichen mir nicht als Qualifikation.

Welt am Draht

Millionen von Menschen verbringen bereits wenigstens sechs Stunden täglich vor dem Fernseher. Die Unterhaltungsindustrie arbeitet fieberhaft daran, die Illusion immer realistischer zu gestalten. Mit der atemberaubend schnellen Entwicklung der Computer-Technologie rückt das Leben in einer virtuellen, eigenhändig programmierten Wirklichkeit verführerisch nahe. Das

Paradies auf Erden, Sex mit dem Traumpartner, Luxus im Überfluss, vielleicht auch ein kleines Abenteuer per Zufallsgenerator, damit es nicht zu langweilig wird. Was Aldous Huxley in seinem berühmten Roman von der „Schönen, neuen Welt" noch als Albtraum beschwor, erscheint heute vielen als das erstrebenswerte, technisch machbare Glück. Deshalb ist das Höhlengleichnis aktueller denn je. Es soll ja darauf hinweisen, dass nur die Wahrheit hinter allen Erscheinungen zur Freiheit und zum wahren Glück führt.

Diese Wahrheit selbst kann in keiner Geschichte und keinem Film gezeigt werden. Sie wird immer nur ein Bild sein, nicht die Sonne selbst, die im Höhlengleichnis für die Höchste Idee steht. Doch Geschichten und Filme können uns anregen, nach dem zu suchen, was womöglich hinter den veränderlichen Erscheinungen ist. Das ist ein Ur-Mythos.

Ausgerechnet Rainer Maria Fassbinder, der eher für seine gesellschaftskritischen Spielfilme bekannte deutsche Filmemacher, wagte sich mit seinem zweiteiligen Fernsehfilm „Welt am Draht" aus dem Jahr 1973 an einen Science-Fiction-Film. Und es ist womöglich sein philosophisch anspruchvollster und innovativster Film überhaupt geworden. Vorlage war der 1964 erschienene Science-Fiction-Roman *Simulacron-3* von Daniel F. Galouye

Ich gebe im Folgenden eine Inhaltsangabe von Wikipedia wieder:

Teil 1: Die Handlung spielt in der Gegenwart der 1970er Jahre. Am „Institut für Kybernetik und Zukunftsforschung (IKZ)" wurde ein Supercomputer namens Simulacron-1 entwickelt, der imstande ist, eine Kleinstadt zu simulieren. Diese Simulation läuft rund um die Uhr und wird von „Identitätseinheiten" bevölkert, die in etwa dasselbe Leben führen wie normal lebende Menschen und ein Bewusstsein besitzen. Außer einer einzigen „Kontakteinheit" weiß keiner der simulierten Menschen, dass ihre Welt eine Simulation bzw. ein Simulakrum ist.

Fred Stiller wird zum neuen Direktor des Instituts befördert, nachdem sein Vorgänger, Professor Henry Vollmer, unter ungeklärten Umständen ums Leben kam. Zuvor hatte dieser gegenüber seinem Mitarbeiter Günther Lause noch angedeutet, eine „ungeheure Entdeckung" gemacht zu haben. Einige Tage später, auf einer Party von Stillers Vorgesetztem Herbert Siskins, verschwindet Lause wie vom Erdboden verschluckt, unmittelbar, bevor er Stiller über Vollmers Entdeckung in Kenntnis setzen konnte. Stiller macht sich auf die Suche nach Lause, doch niemand außer ihm scheint den einstigen Sicherheitchef des Instituts überhaupt gekannt zu haben. Auch in den Personaldatenbanken des Instituts ist der Name nicht verzeichnet – offiziell hat Lause nie existiert.

Während Stiller weitere Nachforschungen anstellt, ereignen sich innerhalb der Computersimulation seltsame Dinge: Eine der Identitätseinheiten wollte Selbstmord begehen und wird daraufhin von Stillers Mitarbeiter Walfang aus der Simulation gelöscht. Die Kontakteinheit namens Einstein will das System verlassen und in die wirkliche Welt gelangen. Eines Tages gelingt es Einstein, in den Körper des Mitarbeiters und Freundes von Stiller, Fritz Walfang, zu schlüpfen, als dieser sich mittels einer „Kontaktschaltung" in die Simulationswelt einklinkt. Doch die falsche Identität wird entdeckt. Damit endet der erste Teil.

Teil 2: Einstein wird zu Beginn des zweiten Teils wieder in seine simulierte Welt zurückgeschickt. Während sich am Institut die politischen Auseinandersetzungen über die Nutzung der Forschungsergebnisse zuspitzen – Siskins will das System der Industrie zur Verfügung stellen – geht Stiller langsam dem Wahnsinn entgegen. Er spürt, dass auch er, wie sein Vorgänger Vollmer und dessen Mitarbeiter Lause, ausgeschaltet werden soll. Begleitet von einer zarten Affäre zwischen Stiller und Eva Vollmer, der Tochter des ehemaligen Direktors, entdeckt er, dass auch seine eigene Welt nicht die wirkliche Welt ist, sondern ebenfalls eine weiter fortgeschrittene Simulation, die von einer höheren Ebene aus programmiert wurde.

Aufgrund seines Verhaltens wird Stiller von seinen Kollegen für verrückt erklärt und beurlaubt, später werden ihm zwei Morde in die Schuhe geschoben. Er trifft Eva wieder, die ihm verrät, dass sie die Projektion einer Eva aus der realen Welt ist und dass er selbst als Fred Stiller ein Wiedergänger seines Erschaffers ist, der ihn nach seinem Ebenbild ersonnen hat. Stiller wird von der Polizei erschossen; Eva gelingt es jedoch, sein Bewusstsein mit dem des echten Stillers auszutauschen, wodurch er in der realen Welt auftaucht.[36]

Wenn man bedenkt, dass der Film Anfang der 70er Jahre entstand, wo noch kaum jemand das Wort „Computer" kannte geschweige denn wusste, was eine im Computer erzeugte „virtuelle Realität" ist, muss man sagen: Der Roman und der Film, beide sind ein Geniestreich. Ein Beispiel dafür, wie die Phantasie die sogenannte Realität vorwegnehmen kann. Ich erinnere mich an einzelne Szenen im Film, wo der Held eine Straße entlang geht, die plötzlich einfach endet. Da ist nichts mehr. Hier hört die Welt auf. Das kann ich natürlich gleich selbst mal ausprobieren. Wo endet mein Desktop und wo beginnt mein Schreibtisch? (ha, ha,).

In den Kritiken wurde die Grundidee durchaus wahrgenommen. So schrieb Torsten Döring auf *spiegel online* in seinem Artikel: „Welt am Draht" – Besser paranoid als tot: „Michael Ballhaus' Kamera hält immer wieder auf Spiegel, Glas und andere Reflexionsflächen, in denen sich die Figuren zig-fach widerspiegeln und den Zuschauer zu fragen scheinen: Bin ich echt? Oder doch ein Computerwesen? Und auch das Licht strahlt und bricht sich so unwirklich, die Farben leuchten so kalt und künstlich, dass man ihn schütteln möchte, den Ingenieur Stiller: Siehst du's nicht? Deine Welt kann keine wahre sein! Aber wie sollte Stiller sehen? Er kennt seine Welt ja gar nicht anders. Was die unangenehme Feststellung erzwingt: Uns erginge es nicht anders als Stiller. Und die Frage aufwirft: Wenn wir eine künstliche Welt erschaffen können, warum sollte unsere Welt dann nicht künstlich sein?"[37]

Das „Digitale Bewusstsein"

Ist diese Welt eine Computer-Simulation? Das ist eine der zentralen Fragen dieses Buches, die ich bereits in „Rückkehr nach Eden" gestellt hatte. Dort gelangte ich zu der Feststellung:

„Was uns als stabile, fühlbare, sichtbare, hörbare Welt erscheint, ist eine Illusion. Es ist die explizite, entfaltete Ordnung, die wir wie einen Film erleben. Dahinter existiert das ‚Quantenpotenzial', ein Feld, das aus unendlich vielen fluktuierenden Wellen besteht, deren Überlagerung in uns die Wahrnehmung von Teilchen erzeugt. In dieser eingefalteten Ordnung des Quantenpotenzials existieren Vergangenheit, Gegenwart und Zukunft ‚gleichzeitig'. Jede Substanz, jede Bewegung entsteht aus einer grundlegenden Holobewegung. David Bohm sagt hierzu: »Die Fähigkeit, anders wahrzunehmen und zu denken, ist wichtiger als das erworbene Wissen."

Pribram meint: „Unsere Gehirne konstruieren die ‚harte Realität der Objekte' mathematisch, indem sie Frequenzen aus einer Dimension interpretieren, die Zeit und Raum transzendiert... Das Gehirn ist ein Hologramm, welches ein holografisches Universum interpretiert."

Es bringt also nicht das Gehirn das Bewusstsein hervor, sondern das Bewusstsein erschafft das Auftreten des Gehirns sowie aller Materie, Raum, Zeit und alles andere, was wir bisher als das physische Universum interpretiert haben."[38]

Ich erwarte nicht, liebe Leser, dass Sie/ihr das Buch bereit liegen habt und nachschlagt. Das Thema ist vielschichtig und zudem wie eh und je – schon bei Platon – politisch brisant. Es gibt hier mindestens zwei Ebenen. Auf der einen geht es darum: Kann ich der TV-Werbung glauben, dass ein bestimmtes Produkt so umweltfreundlich ist wie da behauptet wird? Kann ich den Politikern glauben, die alles Mögliche versprechen? Kann ich den Nachrichtensprechern und den eingeblendeten Bildern glauben? Wie es scheint, glauben die Menschen in Nordkorea tatsächlich aufgrund ihrer Nachrichten – andere können sie nicht empfangen – dass bedeutende Automarken wie Mercedes ursprünglich in Nordkorea entwickelt wurden und von westlichen Spionen nach Europa gebracht wurden. Nur ein kleines groteskes Beispiel. Ich könnte hier jede Menge anderer Beispiele von überall aufzählen. Fallen Ihnen welche ein?

Doch um solche Einzelfälle von Betrug im Rahmen einer Welt, die ansonsten als solide und real gilt geht es hier –wenn überhaupt, nur am Rande. Der Rahmen ist für uns in diesem Moment derart erweitert, dass es letztlich keine Rolle spielt, ob die in Nordkorea mehr falsche Informationen erhalten als wir hier in Deutschland oder die in den USA. Es geht um die Frage, ob alles, was Menschen wahrnehmen können, eine Scheinwelt, eine Art Computersimulation ist.

Die schlechte Nachricht ist: Ja.

Die gute ist: Der Computer ist außerhalb menschlicher Reichweite und kann nicht manipuliert werden. Es ist in gewisser Weise Gott oder das unendliche, unerkennbare Bewusstsein.

Und dann gibt es noch eine neutrale Nachricht: Dies ist alles nur ein Modell. Kein Fakt. Ob ich in einer Computersimulation lebe ist eine Frage an mich selbst, jetzt.

Indem ich diese Worte lese, bin ich da womöglich nur ein Computer? Wenn ich das Gehirn als Computer verstehe, vielleicht schon. Wie empfinde ich es, diese Worte aufzunehmen? Ist es wirklich? Träume ich? Könnte ich jetzt, wenn ich will, meinen rechten Arm heben? Tue ich das nun? Wer oder was hat mich dazu gebracht? (Der Autor zwinkert dem Leser zu)

Ich möchte die Aufmerksamkeit auf den ausgezeichneten Aufsatz *Die Welt – eine Computersimulation?* von Jim Elvidge im Nexus-Magazin lenken. Im Intro heißt es: „Die Realität scheint sowohl digitaler Natur zu sein als auch von unserem Bewusstsein generiert zu werden."[39]

Warum „digital"? Weil der Schöpfergott, wäre er IT-Experte, niemals analog arbeiten würde. Die Datenmenge wäre schier unendlich. Er lädt stattdessen eine Datei hoch, in der das Bild z. B. einer Person aus vielen einzelnen Pixeln besteht.

Und tatsächlich erkennen wir ein Gesicht schon aus einer relativ kleinen Anzahl von Pixeln

Abb. 1: „Annie", Dot Portrait von Nathan Manire, 2013, www.nathanmanire.com (Foto: Peter Zelewski)

Sie entsprechen den Atomen des Demokrit, den „Sensedata" von Wilfrid Sellars und: den Quanten. Es gibt Abstände zwischen ihnen. Und die sind proportional so unfassbar groß wie die Abstände von Sternen im interstellaren Raum. Die Dichte der Materie entspricht in etwa dem Verhältnis eines Sandkorns zum Erdvolumen, sie geht gegen Null.

Es sieht ganz so aus, als „müsste" diese Welt ihrer Natur nach Lücken aufweisen. Elvidge bezieht sich auf die Quantenebene:

„Eine unendlich feine Rasterung würde verschiedenste Störungen der bekannten physikalischen Gesetze heraufbeschwören. Beispielsweise müsste Materie unterhalb der Ebene der Quarks implodieren und dabei schwarze Löcher generieren. Dergleichen ist jedoch nie beobachtet worden. Des Weiteren ist es unmöglich, die allgemeine Relativitätstheorie mit der Quantenmechanik zu verschmelzen. Die zur Zeit favorisierten Theorien über das Wesen von Materie und Energie (String-Theorie) und zur Erklärung von Gravitation und Quantenmechanik (Schleifenquantengravitation) basieren auf der Annahme einer minimalen Länge. Ferner sprechen die vorliegenden Hinweise für die Vorstellung, dass die Quantenzustände digital sind – nämlich insofern, als die Spinwerte gequantelt sind und keine Zustände zwischen diesen existieren. In einem kontinuierlichen Raumzeit-Schema würde dies eine Anomalie darstellen. Mit den Worten des namhaften Physikers John Wheeler kann man schlussfolgern: „Jede physische Quantität, jedes Etwas leitet seine Wertigkeit letztlich von Bits her, also von binären Ja-Nein-Angaben."

Materie ist Information

Ging die physikalische Forschung um 1800 noch davon aus, dass ein Ding, zum Beispiel ein Goldbarren tatsächlich so dicht und schwer und

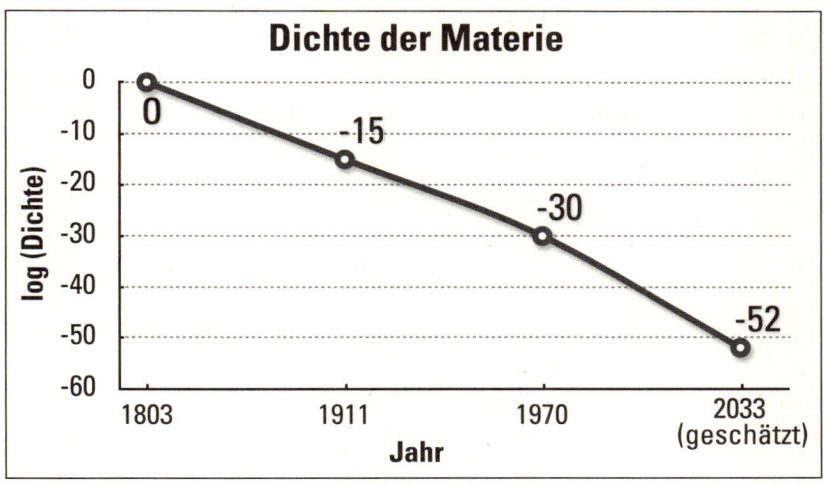

Erforschungsprozess der theoretischen Materiedichte

kompakt ist wie er erscheint, so wurde bis heute zunehmend deutlich, dass er praktisch keine Dichte hat.

„Was ist Materie überhaupt? Offenbar ist jedem Objekt eine Zahl zugeordnet, die etwas darüber aussagt, wie es sich im Gravitationsfeld verhält. Mit anderen Worten: Materie ist nichts weiter als Information.

Wir nehmen Materie nicht direkt wahr, sondern lediglich eine elektromagnetische Strahlung, die durch ein Objekt, das wir „materiell" nennen, beeinflusst wird (visuelle Wahrnehmung). Was wir „Tastsinn" nennen, ist die Wirkung der elektromagnetischen Kraft infolge der Abstoßung zwischen den Ladungen der Elektronenhüllen der Atome in unseren Fingern und im Objekt. Anders gesagt: Wir erfahren Gesetzmäßigkeiten.

Wenn man den Forschungsprozess bezüglich der theoretischen Dichte der Materie zugrunde legt (siehe Abb. 2), lässt sich folgendes annehmen:

Das Verhältnis zwischen tatsächlichem „Stoff" und dem Raum, den er benötigt, tendiert mit zunehmendem Wissen gegen Null. Dies legt nahe, dass Materie aller Wahrscheinlichkeit nach einfach eine Menge von Daten ist. Die Kräfte, durch die wir Materie auf die uns bekannte Weise erfahren, wären dann einfach die Regeln, nach denen die Daten miteinander interagieren. Auffällig ist außerdem, dass die Gleichungen zur Beschreibung der Thermodynamik und der Informationsentropie die gleiche Form aufweisen. Auch dieser Umstand erhärtet den Verdacht, dass es sich bei Materie bzw. Energie um Information handelt." (Quelle Nexus)

Wie ich im 4. Kapitel über das naturwissenschaftliche Weltbild ausführte haben die Erkenntnisse in der Quantenphysik zu der Annahme geführt, dass die Messgeräte bzw. die Tatsache der Beobachtung das Verhalten der Quanten beeinflussen. Dieser sogenannte „Beobachtereffekt" hat die gängigen Vorstellungen erheblich durcheinander gebracht und zu ganz neuen Theorien geführt, die allerdings von etlichen Philosophen, speziell Berkeley bereits „vorgedacht" worden sind. Es häufen sich die Forschungsergebnisse aus aller Welt, die darauf hinweisen, dass die Welt – und dazu gehört auch das Gehirn – nicht unabhängig für sich existiert, sondern vom Bewusstsein erschaffen ist. Geist bedingt Materie. Was spirituelle und philosophische Traditionen schon lange behaupten, scheint nun Unterstützung ausgerechnet aus der Quantenphysik zu bekommen.

„Es hat den Anschein, als würde die Welt erst zu existieren beginnen, wenn sie bewusst beobachtet wird – zumindest im mikroskopischen Bereich. Physiker des österreichischen Instituts IQOQI konnten diesen Ansatz im Jahre 2008 noch weiter fortführen. Sie ermittelten, dass eine objektive Realität mit einer Sicherheit von 80 Größenordnungen nicht existiert. Das bedeutet, dass die Wahrscheinlichkeit eines fehler- oder zufallsbedingten Irrtums in dieser Frage $1:10^{80}$ beträgt." (Nexus)

Die Annahme, es sei ein digitales Bewusstsein, also eine Art Super-Computer, was an die Stelle des mysteriösen Beobachters tritt ist für mich besonders faszinierend. Das würde unter anderem den Beobachtereffekt als ein programmiertes Ereignis erklären, wie Elvidge beschreibt:

„Die Theorie vom digitalen Bewusstsein liefert uns, gestützt auf zwei grundlegende Annahmen, eine unmittelbare Erklärung für den Beobachter-Effekt. Elektronen, Photonen und alle anderen Partikel – letztlich also alles, was in unserem Kosmos existiert – sind in Wirklichkeit reine Information. Diese Information beschreibt, wie sich (beispielsweise) ein Elektron in jeder denkbaren Situation verhält, mit welcher Wahrscheinlichkeit es sich in die eine oder andere Richtung bewegt und wie es seine Anwesenheit gegenüber unserer Sinneswahrnehmung offenbart. Zusammen mit den Gesetzmäßigkeiten, die innerhalb der Realität gelten, bestimmen diese Informationen vollständig die Erscheinungsweisen des Elektrons als Teilchen bzw. als Welle. Das Elektron ist in Wirklichkeit weder das eine noch das andere – es ist ausschließlich Information. Den jeweiligen Umständen entsprechend zeigt es uns mal das eine und mal das andere „Gesicht" und vermittelt uns den entsprechenden Sinneseindruck.

Das allumfassende kosmische Programm, das unsere Realität zu steuern scheint, kennt auch den Bewusstseinszustand eines jeden mit einem freien Willen ausgestatteten Beobachters innerhalb dieser Realität. Demnach ist das Verhalten eines Elektrons unter Beobachtung problemlos als Funktion dieses Beobachtungsvorgangs erklärbar.

Mit diesen beiden Grundgedanken ergeben sich sowohl der Beobachtereffekt als auch sein naher Verwandter, die „Quantenverschränkung", innerhalb der Digitalen Bewusstseinstheorie gewissermaßen als Erfordernisse. Betrachten wir das Problem einmal anders herum. Wenn sich jemand daran machte, ein Simulationsprogram meines ganzen Universums zu entwerfen – welche Merkwürdigkeiten würde ein möglichst effizientes Softwaredesign mit sich bringen?

Stünde ich selbst vor dieser Aufgabe, würde ich die Daten auf eine dynamische, rationelle Weise modellieren. Weniger sinnvoll wäre es, beispielsweise den Teil des Raumes, welcher von keinem bewussten Wesen innerhalb der Simulation beobachtet wird, schon im Vorfeld auszugestalten. Dies würde unnötigerweise viele Ressourcen verbrauchen.

Ein effizientes Programm würde die hochauflösende Wirklichkeit vielmehr erst bei Bedarf, also dynamisch, erzeugen – beispielsweise wenn ein Gegenstand unter dem Mikroskop betrachtet wird."[40]

Jim Selvidge versetzt sich als Elektronikexperte in die Situation von Leuten, die eine möglichst echte virtuelle Welt – z.B. für ein Neues Computerspiel gestalten wollen. Wohl jeder möchte immer wieder der „Harten Realität" entkommen in eine Traum- oder Scheinwelt, wo er/sie herrschen und seine/ihre Träume „verwirklichen" kann. Das ist zweifellos der Trend, nicht erst seit kurzem. Schon in der Antike wurde die Kunst des Theaters gefeiert, in Erzählungen und Bildern erlebt der Mensch seit Urzeiten in seiner Phantasie eine Welt, die nicht seine alltägliche ist. Er taucht in eine „Nichtalltägliche Wirklichkeit" ein – etwa durch Trance, ausgelöst durch schamanische Rituale, Tanzen, „Soma", und jede Nacht im Traum. Es ist keinesfalls abwegig, unsere sogenannte Wirklichkeit nach genau diesen „Gesetzen" des Traums zu erklären.

George Berkeley: esse est percipi

Der englische Philosoph Bischof George Berkeley (1685-1753) sah es so, dass die Welt, die ein jeder in diesem Moment wahrnimmt, wie ein Traum im Geiste Gottes ist. Er prägte den Satz „Esse est percipi" = sein heißt wahrgenommen werden. Was in diesem Moment nicht wahrgenommen wird, existiert auch nicht.

Ich zitiere ein philosophisches Wörterbuch:

‚*Sein ist Wahrgenommenwerden*': Grundprinzip empiristischer Erkenntnistheorien mit Bezug auf die Inhalte des Wahrnehmungsbewusstseins, also die so genannten Eindrücke (engl. *impressions*), Ideen oder Sinnesdaten (engl. *sense-data*) und besagt, dass die genannten Inhalte ihre Existenz durch einen Akt der Wahrnehmung besitzen."[41]

Der philosophiegeschichtliche Kontext: Nachdem Descartes die denkend-wahrnehmende Substanz (res cogitans) und die ausgedehnte und messbare Welt der Körper (res extensa) als zwei selbständige Bereiche des Seins postuliert hatte, wollten die sogenannten Empiristen – in England waren das vor allem John Locke, David Hume und eben George Berkeley – diesen Dualismus auflösen, und zwar zugunsten der geistigen Substanz. Grundtenor: Wir wissen nicht, ob die Dinge da draußen wirklich sind oder nicht. Na und? Reicht es nicht, dass wir sie wahrnehmen? Das, was ich in diesem Moment unmittelbar erfahre, ist doch letztlich alles, was ist! Dazu gehören eben auch alle Gedankenkonstruktionen einer äußeren, objektiven Welt.

In der Folge war es Immanuel Kant mit seiner *Kritik der reinen Vernunft*, der genial darstellte, wie es über die rein subjektiven Erfahrungen hinaus ein allgemeingültiges System geben kann, dass so etwas wie Physik, Mathematik, die Wissenschaften überhaupt möglich macht. Und wiederum wenig später begannen die Wissenschaftler, die äußere, messbare Welt als die „echte Wirklichkeit" hinzustellen. Was nicht messbar ist, ist reine Einbildung.

Zurück zu Bischof Berkeley und einigen seiner Aussagen, die für das Verständnis der Welt als einer Computersimulation bedeutsam sind:

Das Sein der Dinge „besteht im Wahrgenommen werden. Es ist daher nicht möglich, dass ihnen irgendein Dasein außerhalb des menschlichen Geistes zukommt, bzw. von etwas wahrgenommen wird, was nicht denkt." – §3

„Wenn ich am hellichten Tag die Augen öffne, so liegt es nicht in meiner Macht zu entscheiden, ob ich sehen werde oder nicht, oder auch welche einzelnen Gegenstände sich meinem Blick darbieten werden. Und genauso ist es beim Hören und anderen Sinneserregungen. Die ihnen gemäßen Vorstellungen sind nicht Geschöpfe meines Willens. Daraus kann man folgern, dass es einen anderen Willen oder Geist gibt, der sie hervorbringt." – §29

„Die den Sinnen vom Urheber der Natur eingeprägten Vorstellungen werden üblicherweise *wirkliche Dinge* genannt: diejenigen, die wir selber imaginieren, – sie sind weniger gleichmäßig, lebhaft und beständig – werden üblicherweise als *Vorstellungen* oder *Bilder von Dingen* bezeichnet, die sie nachahmen oder die sie widerspiegeln. Wie lebhaft und bestimmt unsere Sinneswahrnehmungen auch sein mögen, sie sind Vorstellungen … es beweist noch keineswegs, dass sie außerhalb von uns existieren …" – §33[42]

Wie es kommt, dass unsere subjektiven Eindrücke so wunderbar geordnet erscheinen und mit den Naturgesetzen übereinzustimmen scheinen – hier setzte Kant in seiner Kritik am Englischen Empirismus an – erklärt Bischof Berkeley damit, dass Gott in den Subjekten die Ideen zusammen mit ihrer Abfolge erzeugt.

Ist das nicht ähnlich wie beim Erklärungsmodell des digitalen Bewusstseins? Hier spielt die unglaublich komplexe Welt der Quantenmechanik nicht nur eben mal so hinein. Nein, sie lässt ein Modell wie das von Berkeley geradezu notwendig erscheinen. Gott ist nun ein Computerprogramm. Eine Matrix jenseits von gut und böse.

Was ich so faszinierend finde ist, wie sich nun Philosophie und Physik auf unerwartete und ganz eigenartige Weise nahekommen, geradezu überschneiden, ergänzen, und das ausgerechnet bei Denkmodellen, die in herkömmlichen Begriffen als metaphysisch zu bezeichnen sind.

Elvidge ist überzeugt:

„Mit dem Konzept des digitalen Bewusstseins erhalten wir eine allumfassende und konsistente Theorie, die nicht nur den Beobachtereffekt, sondern auch jede andere metaphysische oder wissenschaftliche Anomalie zu erklären vermag, die wir bislang kennen – von UFOs bis zum Quanten-Zeno-Effekt."[43]

Der Autor kommt zu dem Schluss: Das Verständnis dieses Realitätsmodells kann zu einer neuen, ganzheitlichen Perspektive in der Wissenschaft beitragen; noch wichtiger ist jedoch sein Potenzial, ein friedvolleres, harmonischeres, gerechteres und ausgewogeneres Weltbild zu etablieren. Ich werde darauf im 3. Teil des Buches zurückkommen.

Storyline 3: Die Reise des Argonauten

Könnte ich durch spezielle Tricks in eine andere Zeit, einen anderen Ort eintauchen, in eine virtuelle Realität, was würde ich wählen? Zukunft, Vergangenheit? Oder ungefähr diese Uhrzeit, nur an einem anderen Ort?

Es wird sich in jedem Fall genauso gegenwärtig anfühlen wie das Jetzt.

Ist denn immer noch nicht klar, dass die äußere Welt unbedeutend ist im Vergleich zu dem, wie ich mich innerlich fühle? Ich sollte bei jeder virtuellen Reise zunächst checken, ob ich gut drauf bin. Mir als erstes wünschen, dass ich da, wo ich mich gleich hinbeamen lasse, nicht als erstes kotzen und als nächstes heulen oder vor Angst kreischen muss. Es sei denn, ich sehe mich wirklich wie im Film und kann darüber lachen.

Deshalb scheine ich ja hier zu sein. Eine Testfigur. Die Serie „Avatar" geht in die wenigstens 1000. Runde. Doch ich habe mittlerweile eingesehen, dass das alles zum Besten aller ist. Alle Erfahrungen werden im digitalen Bewusstsein abgespeichert und von dem Einen E.S (= External Salvator) unpersönlich verwaltet. Mein wahres Ich ist dort gut aufgehoben. Die Verbindung scheine ich vergessen zu haben. Mir fällt nur die Nummer 001 ein. Oder war es 110?

Falls ich bereits gestern existent gewesen sein sollte, könnte ich mich über meine Tagebuchaufzeichnungen vergewissern. Die sind zuverlässiger als mein momentanes Gedächtnis. Das schwankt ja auch sehr, offensichtlich wieder mal je nach Stimmung und Interessenlage.

Ich träume wohl gerade, ich sei wach.

Sollte es jemals so weit kommen, dass ich wie nach einem langen Traum die Augen öffne und dieselbe Szene erlebe wie davor bin ich in einer echten Zwickmühle.

Ich kann nun abtauchen. Yellow Submarine. Ich nehme mir vor, die Fahrt zu genießen. Obwohl erzählt wurde, sie sei Ruck-Zuck!

Und dann?

Ich bin da, wo ich schon immer sein wollte:

Hier.

Und was siehst du?

Hm, krötenartige grüne Wesen in schnellen und eleganten Flugautos, sie rauchen Zigarren.

Siehst du irgendwo eine Uhr, ein Datum?

Tja, auf meinem Unterarm rasen so leuchtende Zahlen. Moment. Aha 15,16,17 dahinter, bleibender, eine 3.3.3.5.2055.

Gut, Test bestanden, Zeitreise Nr. siehe oben, Abfahren!

Kapitel 6
Was ist das Ego?

Liebe Leser, wir wollen nun das Bild von der Vertreibung aus dem Paradies ganz konkret auf unsere alltägliche Situation, unser Leben hier und heute beziehen. Jeder von uns erfährt im Alter von ungefähr drei Jahren eine eigenartige Trennung zwischen sich und seiner Umwelt. Das ist in der Regel ein Entwicklungsprozess, der sich über mehrere Monate hinzieht. Manche Eltern erleben ihr Kind in dieser Zeit als besonders bockig und widerspenstig und sprechen von einer Trotzphase. Immer häufiger und vehementer betont es seinen eigenen Willen, oft um herauszufinden, wie weit es damit kommt. „Ich will aber nicht ins Bett, ich mag das Essen nicht!"

Entstehung des Egos im Kind

Hat sich das Kind in den ersten Jahren noch nicht innerlich abgrenzen können von den äußeren Eindrücken und sich unbewusst eins mit allem gefühlt, so ist nun unwiderruflich eine Grenze überschritten, fast so, als habe der Mensch einen paradiesischen Zustand verlassen. In den folgenden Jahren, der Zeit im Kindergarten und den ersten Schuljahren verfestigt sich das Ich, die eigene Persönlichkeit bis hin zur Pubertät, wo eine weitere Phase der inneren und äußeren Entwicklung durchlaufen wird, die der „Geschlechtsreifung".

Ich erinnere mich an eine ganz frühe Zeit, wo ich hochblicke zu meinen Eltern, aus der körperlichen Perspektive eines zwei- oder dreijährigen Kindes. Und mir schien damals alles so, als wäre ich in einer falschen Welt. Meine Eltern, wie die sich verhielten und redeten, das kam mir vor wie … irgendwie nicht wahr. Ich fühlte mich enttäuscht und getäuscht. Es fühlte sich an, als wäre meine wahre Heimat etwas ganz anderes.

Mit der deutlich empfundenen Trennung zwischen mir und der Außenwelt entstehen psychologische Strategien des sich Schützen Wollens. Ich wehre mich gegen Vorwürfe und Anschuldigungen von anderen, die ich zugleich „verinnerliche", sodass ich später in Gedanken mit mir und anderen diskutiere, mich gegen Schuldzuweisungen wehre usw. Das ist der sogenannte „innere Dialog", der meist unaufhaltsam und fast pausenlos im Kopf abläuft. Es ist eins der Phänomene, die mit dem „Ego" verbunden sind.

Das Ego markiert für sich genommen die Überzeugung des Getrenntsein – im theologischen Sinne der Abtrennung von Gott bzw. der Göttlichen Quelle. Es ist aber nur eine hartnäckige Illusion. In Wahrheit ist das Leben eine Einheit. Doch mit der Illusion sind all die Begleiterscheinungen verbunden, die mir das Leben hier in dieser Welt so oft vergraulen und zur Hölle machen.

Das Ego definiert sich vorzugsweise durch Besitzansprüche. Das geht schon im Kindergarten los: „Das ist meins, das darfst du nicht haben!" Tränen, Streit, Verletzungen, Wut, Neid, Rachsucht, Gier. Es ist wohl nicht schwer zu erkennen, was die Geschäftigkeit in unserer Gesellschaft antreibt. Geld. Alles und vor allem auch jeder Mensch und jede Fähigkeit wird danach bewertet, wie viel Geld er (sie, es) einbringt. Das ist bekanntlich unterschiedlich stark ausgeprägt. Einige Leute sind für ihre besondere Durchsetzungskraft oder auch Rücksichtslosigkeit respektiert und gefürchtet – hat der aber ein großes Ego! Andere werden wegen ihrer Gutmütigkeit bemitleidet. „Er (oder sie) sollte mal mehr aus sich herauskommen!" Auf einer ersten Ebene verändert das Ego die Wahrnehmung.

In philosophischen und spirituellen Traditionen wird das oft mit dem Bild eines Schleiers („Schleier der Maya") beschrieben, der die Wirklichkeit verhüllt. Das wiederum bedingt auf einer zweiten Ebene ein Verhalten, das in richtig oder falsch, gut oder schlecht eingeteilt wird. So hat jeder individuell seine und die Gesellschaft kollektiv ihre Werte und Tugenden. Grob gesagt sollen die Werte – im Rahmen einer Ethik – dafür sorgen, dass das Ego nicht „über die Stränge schlägt", nicht „gemeingefährlich" wird.

Interessanterweise lernen wir aus der Geschichte – im Schulfach – vor allem die Namen und Taten von Feldherrn wie Alexander dem Großen, Julius Cäsar, Napoleon Bonaparte und Adolf Hitler, die offensichtlich Egomanen und Psychopathen waren. Demgegenüber stehen dann Vorbilder wie Jesus oder Mutter Theresa, die uns zur „Selbstlosigkeit" Mut machen können. Bevor wir hier eine voreilige Wahl treffen, wollen wir noch weitere Aspekte in Bezug auf das Ego beleuchten.

Repräsentiert die Schlange unser Ego?

Bei meiner Recherche zur Darstellung des (Sünden)Falls des Urmenschen in die Trennung entdeckte ich einige bemerkenswerte Hinweise in dem Buch *„Hauptproblem der Gnosis, Forschung zur Religion und Literatur im AT und NT".* In ihm werden beispielsweise die Naassener zitiert. Die Naassener (vom hebräischen *„nahas"*, Schlange) oder *Ophiten*, waren Mitglieder einer alten gnostischen Sekte, welche den Schlangengeist, der als ein böses Wesen galt, zugleich als gutes und weises Wesen verehrten.

„Bei den Naassenern ist davon die Rede, dass der erste Mensch eine Säule ohne Leben und Bewegung gewesen sei, ein Abbild des im Hymnus gepriesenen oberen Menschen. Dann bricht der Bericht ab, und es wird aus einem ganz anderen Zusammenhang der Gedanke eingebracht, dass dem großen himmlischen Menschen eine Seele gegeben sei, damit er infolge seiner Verbindung mit dieser leide und gezüchtigt werde. Der ursprüngliche und in der Darstellung der Naassener unterbrochene Zusammenhang liegt nun wohl im Bericht des Zionismus vor, wenn es heißt, dass die Archonten (dieser Welt) den Urmenschen (…) hätten überreden wollen, den von ihnen aus den vier Elementen geschaffenen Adam, d.h. offenbar jene körperliche und geistlose Säule, anzuziehen.

Allerdings ist nun auch hier wieder der ursprüngliche Mythos dadurch entstellt, dass gesagt wird, der Urmensch habe jener Verlockung widerstanden. Ursprünglich muss die Erzählung gelautet haben, dass der geistige und körperlose Urmensch durch die List der Dämonen in sein Ebenbild, den seelenlosen Leib, hinab gelockt worden sei (vgl. hier die manichäische Lehre von der Schöpfung des Menschen). Dann aber sehen wir ganz deutlich, dass wir in dieser Erzählung des ersten Menschen einen Parallelmythos zu dem vom Fall des Urmenschen vor uns haben. Der Urmensch, der, durch das Schauen der Materie verlockt, in diese hinab sinkt oder durch die Liebe zu seinem Spiegelbilde, das er schaut, hinab gezogen wird, und der obere himmlische Adam, der von den Archonten verlockt wird, in sein körperliches Ebenbild hinabzusteigen…"[44]

Beide Versionen lassen eine Gemeinsamkeit erkennen. In beiden Fällen wäre es das Ego, was den Urmenschen zum „Hinab sinken" (ver)führte. Diese „Liebe zu seinem Spiegelbilde" könnte als eine falsche Liebe gedeutet werden. Ein solches Verhalten können wir dem Stolz zuordnen. Der Stolz ist die Freude, die der Gewissheit entspringt, etwas Besonderes, Anerkennenswertes oder Zukunftsträchtiges geleistet zu haben.

Die Schlange des christlichen Paradieses gilt als listig und böse. Laut den Kirchenvätern handelt es sich um den gefallenen Engel Luzifer, der (noch vor der Erschaffung der Welt) gegen Gott aufbegehrte und sich für gleichrangig hielt. Er wurde mitsamt seinen Kampfgefährten von Erzengel Gabriel besiegt und zur Strafe für seinen Hochmut und Ungehorsam in die Hölle verbannt. Er soll sich in Gestalt der Schlange in den Garten Eden geschlichen haben und sie aus Neid – weil Adam und Eva von Gott so bevorzugt behandelt wurden – zum Ungehorsam überredet haben. „Er konnte unser ungetrübtes Leben im Paradies nicht ertragen, hinterging den Menschen durch List und Ränke, bediente sich zur Verführung derselben Begierde, die er hatte, nämlich Gott gleich zu sein" heißt es in einem Protokoll des Basilius von Cäsarea im 4. Jahrhundert.[45]

So wäre dies der Beginn der Trennung vom göttlichen Selbst. Eine echte Selbstliebe wäre eine Liebe in sich selbst, das Selbst wäre der Zustand der Liebe an sich. Wenn ich mich in mein Spiegelbild verliebe, trenne ich mich dann nicht von der Einheit? Denn was ich dort erblicke ist nicht das Selbst.

Das Ego kann als eine Abtrennung vom göttlichen Selbst gedeutet werden. Ein Ego kann nicht aus sich selbst existieren. Es ist wie ein Parasit. Es braucht ein Medium, einen „Wirt". Das göttliche Selbst war immer und wird immer sein. Das Ego jedoch entstand erst durch die Abtrennung (das Absinken in die Welt der Materie). Die Liebe zum wahrhaftigen Selbst ist die Liebe selbst, die Liebe zum allumfassenden Gott der Liebe, dem „Allschöpfer".

So könnte der „Sündenfall" (der Fall in die Dualität) durch die innere Stimme des Egos entstanden sein. Die verführerische Schlange, die angeblich Eva verführte, um vom verbotenen Baum zu essen, wäre die Stimme des Egos. Armin Risi spricht von der „Plapperschlange" die uns verführt.

Der Urmensch *„der von den Archonten verlockt wird, in sein körperliches Ebenbild hinabzusteigen."* wird zwar von den Archonten verführt, doch könnten diese Archonten nicht auch die Repräsentanten des Egos sein? Das Ego präsentiert sich als Gedanke bzw. ein Gedankenbild. Das Selbst ist im Zustand des reinen Gewahrseins, ohne Gedanken. Schon der erste Gedanke: „Ich bin…" bedeutet die Trennung.

In der Bibel wird es so dargestellt, als könnte der Mensch frei entscheiden, ob er sich gegen Gott auflehnt oder nicht. Als könne er frei zwischen gut und böse wählen. Ist da in der Geschichte nicht ein gravierender Denkfehler drin? Angeblich verschaffen sich Eva und Adam über die Schlange doch erst durch das Verzehren der Verbotenen Frucht Zugang zur Erkenntnis von Gut und Böse. Wie können sie sich dann „frei" entschieden haben, dem Rat der Schlange zu folgen? Das ist und bleibt alles sehr mysteriös, wie ja überhaupt die Frage nach dem Verhältnis von Ich und Bewusstsein, Ego und Selbst, Person und Gott geradezu unendlich viele Auffassungen mit sich bringt. Ich kann wohl den Rest meines Lebens mit dieser Frage durchs WWW surfen und immer neue faszinierende Beiträge entdecken.

Toxoplasma gondii reloaded

Da es soweit ich bisher sehen konnte so viele phantastische Erklärungen gibt und ja letztlich doch immer alles darauf hinausläuft, dass ich, der Leser, an mir selbst überprüfen muss, was für mich plausibel ist oder gar ein „Aha!" auslöst, möchte ich noch einmal auf die „Verstandesparasiten" zurückkommen. Es gibt etliche Erklärungsmodelle von Philosophen, Geschichtsforschern, Soziologen und Ethnologen, die darauf hinauslaufen, dass sich der Mensch in einer bestimmten Entwicklungsphase im Rahmen der Gemeinschaft als ein Ich, ein selbstverantwortliches Individuum empfunden hat.

Bis heute hat sich in einigen sehr kleinen, vom Rest der Welt völlig abgeschirmten indigenen Gruppen das Gefühl erhalten, dass die Gemeinschaft wichtiger ist als das Wohl des Einzelnen. In den Hochkulturen der
Menschheit, in China, am Indus, in Babylon und Ägypten entwickelte sich
erstmals eine hierarchische Struktur mit einem Gottkönig und Priestern an
der Spitze. Zweifellos empfanden sich die Herrschenden als etwas ganz
Besonderes. Sie hatten „Riesen-Egos". Und sie hatten ihre eigenen Pro-
pagandaminister, die dem Volk durch Geschichten verständlich zu machen
wussten, warum nun gerade ein Ramses II von den Göttern auserkoren
war, alle anderen zu unterdrücken. Ich würde gerne eine weitere Geschichte ergänzen: Es waren seine Katzen, die ihn größenwahnsinnig machten.

Katzen galten im alten Ägypten – aber auch in anderen Hochkulturen –
als Götter. Sie finden sich heute noch überall als Statuen, und sie waren sicher verwöhnte Gefährten des Pharaos. Doch wir wissen ja auch,
was diese schönen, anmutigen und faszinierenden Tiere in sich tragen:
Toxoplasma gondii. Im 1. Kapitel habe ich Theorien von Wissenschaftler
vorgestellt, die in Betracht ziehen, dass sich durch diesen „Verstandesparasiten" ganze Kulturen verändern können. Die WHO hat kürzlich festgestellt, dass es sich um den weltweit am meisten verbreiteten Parasit
handelt. In Deutschland sind über 50 % aller Menschen davon befallen.
Die Auswirkungen sind immer noch wenig erforscht. Bisher beobachtete
Verhaltensänderungen reichen von Gefährdung bei Schwangerschaften
über erhöhte Selbstmordraten und Lethargie bis hin zu „Macho-Verhal-
ten" bei Männern.

Diese Parasiten mögen zwar Macht über unseren Verstand ausüben können, doch bleibt für sie der Bereich unseres Herzens unerreichbar. Die
Spezialität dieser „Wesen" ist es, über unseren Denkapparat zu agieren –
mit dem wir unsere Realität generieren. So geht es also darum, diesen
scheinbaren Teufelskreis zu durchbrechen. Hierfür sind die Aufklärung und

eine hiermit verbundene (Selbst-) Erkenntnis von entscheidender Bedeutung. Die Lösung zur Befreiung – *nicht nur* von dem Einfluss der Parasiten – ist sehr einfach. Der Weg zu ihr offenbar nicht. Die Lösung besteht in der wahrhaftigen Freude – sie ist meiner Überzeugung nach „Liebe in Aktion". Diese Freude steht im Zusammenhang mit unserer Selbst-Erkenntnis. Im Zustand wahrer Freude produziert u.a. unsere Zirbeldrüse eine Substanz, die Beta-Carboline, welche erwiesenermaßen sämtliche Toxoplasmen unschädlich macht.[46]

Beta-Carboline sind psychoaktive Hormone die an den Benzdiazepinrezeptor anbinden und die durch Benzodiazepine und Barbiturate ausgelösten Wirkungen aufheben. Eine Pflanze, die besonders viele Beta-Carboline enthält, ist die syrische Steppenraute. Die Samen werden, aufgrund der durch die enthaltenen Harman-Alkaloide eintretende MAO-Hemmung, in der Regel als Teil eines Ayahuasca-Analogs oral konsumiert. Reversible MAO-Hemmer werden benutzt, um die Wirkung psychoaktiver Drogen zu steigern, abzuwandeln oder eine perorale Wirkung erst zu ermöglichen. (Quelle: Wikipedia)

Ego als künstliche Intelligenz

„Ego ist eine künstliche Intelligenz in der Seele und dem Gehirn, die einem Wesen hilft, erfolgreicher in einer bestimmten Umgebung zu operieren. Die Umgebung programmiert das Ego mithilfe des Intellekts in die Seele hinein. Wesen wie Pflanzen und Tiere, die nicht über einen Intellekt verfügen, haben auch kein Ego.

Wenn das Ego als Werkzeug des Spirit funktioniert, stellt es die Individualität und Persönlichkeit zur Verfügung, durch die Spirit in der physischen Welt seine Aufgaben erfüllen kann. In so einem Fall entnimmt das Ego einen größeren Teil seines Programms dem Spirit, da es teilweise in einem spirituellen Kontext funktioniert, quasi einer spirituellen inneren Umgebung.

Wenn sich das Ego vom Spirit trennt oder Spirit abwesend ist, dann wird das Ego ausschließlich Produkt der physischen Umgebung und übernimmt all die Eigenheiten des Lebens in der Physis, hauptsächlich also Überlebenswillen und Konkurrenzverhalten. Dann beginnt es, andere zum eigenen Vorteil auszubeuten. Lüge, Betrug, Manipulation, dies sind die Eigenheiten eines Egos, das nicht von einem Spirit kontrolliert wird. Das vom Spirit entfernte Ego ist die Grundlage aller STS Pfade. Allerdings wäre es ein noch viel größerer Fehler, das Ego zu vernichten, da man so die Fähigkeit in der Welt zu funktionieren verlieren würde, auch die Fähigkeit, seine Mission im Sinne des Spirit zu erfüllen, also mit Unterscheidungsvermögen, Lebendigkeit, Zusammengehörigkeit und Fokus. Das niedere Ego muss umprogrammiert, verfeinert und geschärft werden, um in Einklang mit den Impulsen des Spirit zu funktionieren."[47]

Hier sind wir wieder in der „Matrix-Welt". Das Ego ist ein Überlebensprogramm. In einer Computersimulation – unzählige Male neu gestartet – beweist es seine Fähigkeiten. Spirit ist der Allmächtige Vater. Es muss in dieser Welt der unendlichen Möglichkeiten ein ewiges, unveränderliches Prinzip geben. Tatsächlich ist es viel näher, als jedes noch so raffinierte Computerprogramm. Ich muss nur mal meinen großen Zeh spüren.

Das kleine und das große Selbst

Die Frage, warum ich mich vom Ganzen getrennt fühle ist im Grunde weder durch Metaphysik noch durch wissenschaftliche Studien zu beantworten. Sie ist existentiell und kann auch nur so beantwortet werden, nämlich in dem ich mich selbst, in diesem Moment frage, was ich wirklich bin.

Das Gefühl, von allem getrennt zu sein, betrifft längst nicht jeden. Die meisten spüren es nicht bewusst. Wenn es nicht da ist, bedeutet das allenfalls, dass mein Leben bisher relativ glücklich verlaufen ist oder dass sich meine Wahrheitssuche an anderen Punkten orientiert, die durch bestimmte tiefe Erfahrungen in mein Leben traten. Für viele ist es die Frage, warum mein Leben enden muss.

Eines ist sicher: Als Ego habe ich Angst. Selbst der größte Macho und selbstherrlichste Star hat Angst, vielleicht mehr als ich. Er oder sie kann sie nur gut nach außen verbergen. Was mich in Wahrheit umtreibt ist die Angst vor „meinem" Ende. Und hier ist es wieder, dieses Ich, das Ego.

Es ist ja die meiste Zeit im alltäglichen Leben gar nicht bewusst da. Ich mache meine Arbeit im Büro, decke den Tisch, gehe spazieren – wann kommt da schon mal so ein Ego in die Quere?

Das Leben ist überwiegend „Ego-frei". Nur bei Konflikten wird dieser kämpferische Widerstand aktiviert: „Hier ist mein Revier, hier bin ich!" Das ist allerdings nur die harmloseste „Murmeltier"-Variante.

In der Weltpolitik ist jeder Machthaber immer wieder bereit, sein „eigenes" Volk abschlachten zu lassen, um weiter regieren zu können – siehe Syrien. Was da geschieht ist so absurd, dass die Annahme, die Parasiten hätten Machthaber Assad befallen, schon fast zu harmlos ist. Was in dieser Zeit im September 2016 in den Nachrichten wahrzunehmen ist, deutet auf einen Kollaps hin.

Und gerade deshalb möchte ich hier einen Arzt und Psychotherapeuten zitieren, der das Verhältnis zwischen Ego und Höherem Selbst wunderbar verständlich dargestellt hat: Den Facharzt für Psychiatrie und Psychotherapie Dr. med. Michael Depner.

Eine psychotherapeutische Orientierung

Das Ego ist ein Instrument der Psyche. Sein Ziel ist die Kontrolle dessen, was geschieht. Es dient der Abgrenzung vom Umfeld und der Vertretung personaler, also egozentrischer Interessen. Damit gerät es in Verdacht, etwas Böses zu sein, das uns die Teilhabe am Ganzen verwehrt. Daraus ergibt sich die Vorstellung, ein guter Mensch müsse das Ego bekämpfen. Der Vorsatz, sich zu verbessern, indem man das Ego bekämpft, ist jedoch seinerseits egoistisch. Es ist der Versuch, das Kontrollorgan zu kontrollieren. Es ist der Versuch, den Gewinn zu maximieren, indem man den Eifer beim Gewinnen zügelt. So beißt sich die Katze in den Schwanz.

Vor den Gefahren des egozentrischen Selbstbilds schützt man sich, indem man es als Denkkonzept erkennt. Wer das Ego erkennt, hört auf, sich mit ihm zu verwechseln. Wer es sieht, kehrt zu sich selbst zurück. Wer es bekämpft, stachelt es ebenso an, wie der, der sich in ihm verloren hat.

Das Ego ist nicht angeboren. Es entwickelt sich im Laufe der frühen Kindheit parallel zum Erwachen des Ich-Bewusstseins. Es besitzt keine primäre Existenz, die mit der biologischen Geburt ins Dasein tritt. Das Ego ist vielmehr ein Konzept des Bewusstseins, mit dessen Hilfe sich das Ich in der Welt zurechtzufinden versucht. Das Konzept besagt, dass das Ich als abgegrenzte Einheit mit dem Umfeld nicht wesenhaft verbunden ist, sondern ihm bloß dialogisch, als Rivale und Handelspartner, entgegentritt.

Obwohl das Ego nicht als seelisches Organ des Körpers gemeinsam mit diesem geboren wird, ist sein Wesen untrennbar mit dem körperlichen Aspekt der Person verbunden. Es ist darauf ausgerichtet, das Wohl der in ihrer Körperlichkeit verankerten Person bedingungslos zu fördern. Wie ein treuer Hund ist es bereit, nach allem zu beißen, was dem Wohl der Person im Weg zu stehen scheint; oder es achtlos zu übergehen.

Das Ego hat wichtige Funktionen:

- Es identifiziert sich mit der benennbaren Person, als die man dem Umfeld begegnet.
- Es ist Werkzeug und Anwalt der Person im Umgang mit der Welt.
- Es erhebt Ansprüche, kämpft um Positionen, Rechte und Privilegien.
- Es wehrt unliebsame Einflüsse von außen ab.

Das Ego ermöglicht es, als eigenständiges Individuum gegenüber der sozialen und physikalischen Umwelt aufzutreten. Es sagt: *Ich bin ich und nicht ihr.*

Das biologische Erbe

Das Ego ist eine notwendige Bedingung der biologischen Evolution. Die Entwicklung der Arten ging Hand in Hand mit einem Phänomen, das als instinktiver Vorgänger des egozentrischen Ich-Bewusstseins aufgefasst werden kann: der Bereitschaft biologischer Strukturen, im Interesse ihrer selbst oder ihrer Gene rücksichtslos zu sein. Das gilt für röhrende Hirsche auf dem Brunftplatz ebenso wie für Zuckererbsen im Gemüsebeet. Man wird dort kaum eine Erbse finden, die bereit wäre, zum Vorteil ihrer Miterbsen auf den hellsten Platz am Rankgitter zu verzichten.

Obwohl das Ego ein wichtiges Werkzeug des Lebens ist, ist seine Erfindung nicht der Weisheit letzter Schluss; erst recht nicht als alleiniges Prinzip persönlichen Handelns. Der Mensch selbst ist dafür Beispiel. Sein evolutionärer Erfolg beruht vor allem auf dem Zusammenschluss zu solidarischen Gemeinschaften. Deren Erfolg wäre ohne Fortentwicklung des blanken Egoismus bescheiden.

Im Gegensatz zum absoluten Selbst, das zeitloser Wirklichkeit entspricht, ist das egozentrische Selbstbild speziell, willkürlich, kompliziert, widersprüchlich, verschachtelt und zerbrechlich. Von den Umständen wird es laufend infrage gestellt. Wenn man dem Ego und dessen Ringen mit der Welt zu viel Bedeutung schenkt, verliert man die zeitlose Dimension des Selbst aus dem Blick.

Setzt sich das Ich mit der Person gleich, als deren Anwalt das Ego wirkt, wird es vom Ego vereinnahmt. Statt dass das Ego Anwalt des Ich bleibt, wird das Ich zum Werkzeug des Ego. Die Verteidigung des Ego wird zum Selbstzweck. Es verteidigt nicht mehr das Selbst, sondern sich selbst. Daraus resultieren Unsicherheit, Angst, Neid, Missgunst, Aggression und Zwietracht.

Die Meinung der anderen

Der egozentrische Mensch interessiert sich vor allem für die Rolle, die er in Bezug zu anderen spielt. Daher legt er Wert darauf, deren Meinungen in seinem Sinne zu beeinflussen. Die anderen sollen…

- etwas Gutes über ihn denken.
- nichts Falsches über ihn denken.
- seiner Meinung sein.

Wer sich mit seinem Ego gleichsetzt, ist durch Abwertungen kränkbar. Wer mit sich selbst identisch ist, weiß, dass er durch nichts zu entwerten ist. Das Ego hat, aber es ist nicht. Das Selbst ist, aber es hat nicht.

Fragt das Ich nach sich selbst, kann es große oder kleine Fragen stellen.

- Die kleine Frage lautet: *Wer bin ich?*
- Die große Frage lautet : *Was bin ich?*

Wer nach dem fragt, *wer* er ist, fragt nach einer Person. Personen sind Mitspieler im sozialen Kontext. Wer die kleine Frage stellt, blickt nicht über den sozialen Horizont hinaus.

Wer nach dem fragt, *was* er ist, fragt nach seiner Position in der Wirklichkeit. Sein Blick reicht bis zur Existenz. Auf dem Weg zum Was lohnt sich hundertmal die Frage: *Wie?*[48]

Im folgenden Exkurs geht es um „Transhumanismus", möglicherweise eine besonders radikale, auf Wissenschaftsgläubigkeit aufbauende Weise des Egos, alles zu kontrollieren. Der Text stammt von Detlev Scholz, der aufgrund eigener Insidererkenntnisse eine kritische Sicht darstellt.

Exkurs:
Transhumanismus – wenn der Mensch Gott spielt

Obgleich viele Menschen das Wort Transhumanismus schon einmal gehört haben, können die wenigsten sagen, was damit gemeint ist. Wer in eine Suchmaschine diesen Begriff eingibt, findet schnell eine Definition. Ein relativ früher Eintrag aus dem Jahr 1999 gibt folgende typische Erklärung: *„Der Einsatz von Wissenschaft und Technik zur bewussten und gezielten Selbst-Evolutionierung des Menschen, orientiert an humanistischen Idealen, ist der Kern des Transhumanismus."*[49]

Im Newsletter *Humanity Plus* vom Mai 2016 lesen wir etwas ausführlicher: *„Transhumanismus ist ein multidisziplinarischer Ansatz, das dynamische Wechselspiel zwischen dem Menschen und der technologischen Beschleunigung zu analysieren. In dieser Hinsicht liegt der Fokus unserer Aufmerksamkeit auf den gegenwärtigen Technologien wie Bio- und Informationstechnik sowie sich abzeichnenden Zukunftstechnologien wie molekulare Nanotechnik und künstliche Intelligenz. Transhumanismus strebt den ethischen Gebrauch dieser und weitere, spekulativer Technologien an."*

Der Transhumanismus, von seinen Anhängern kurz mit h+ (sprich: *Humanity Plus*) bezeichnet, **strebt also an, die Evolution des Menschen mithilfe von Technologien aus den Händen der Natur dem Menschen selber zu überantworten**. Er sagt sogar, dass diese künstliche Evolution weniger gewalttätig sei als die natürliche, in welcher „komplexe Systeme andere komplexen Systeme verspeisen". Natürlich setzt diese Definition das Vorhandensein einer Evolution, also den Darwinismus, voraus. Anders (also wenn wir etwa eine Form des *Intelligent Design* annehmen) ergibt der Transhumanismus auch keinen Sinn. Es wird bereits hier deutlich, dass tiefgläubige Menschen dem Transhumanismus ablehnend gegenüber stehen müssen. **Wie sollte der Mensch auch Gott verbessern können?** Es wäre ein Frevel. (Dennoch hat h+ sehr viele Gemeinsamkeiten mit einer Religion, wie wir noch sehen werden.)

Transhumanisten bringen an dieser Stelle gern den Einwand hervor, dass der Gebrauch einer Brille oder einer Gehhilfe bereits eine Optimierung der Schöpfung (diesen Begriff verwenden sie natürlich nicht) wäre. Sind die heute immer häufiger zur Schau getragenen Piercings und Tätowierungen oder Silikonbrüste – die Transhumanisten nennen so etwas "morphologische Freiheit" – als Optimierungen der Schöpfung zu sehen? Sind Zahnimplantate, ein Herzschrittmacher, eine künstliche Hüfte, eine Organtransplantation bereits Eingriffe in das göttliche Schöpfungsprivileg? Es gibt jedenfalls eine breite Grauzone. Am Anfang der Skala befinden sich eher harmlose Eingriffe wie Anti-Aging-Maßnahmen (z. B. operative Straffung der Gesichtshaut) oder temporäre Änderungen der Hirnchemie durch pharmazeutische Erzeugnisse. Daran schließen sich die Bereiche bleibender Eingriffe an, etwa Gentherapie oder Geschlechtsumwandlungen. Die genetische Selektion, wie sie uns in der Präimplantationsdiagnostik (PID, dient der Erkennung von Erbkrankheiten bei Embryonen) und bei Designerbabys (Wunschkinder mit bestimmten Merkmalen wie Geschlecht, Haarfarbe etc.) begegnet, liegt noch weiter rechts auf der Skala. An ihrem äußersten rechten Ende können wir den Cyborg (Mensch-Maschine-Wesen) und die Chimäre (Mensch-Tier-Mischwesen) ansiedeln. Die endgültige Erlösung der Transhumanisten erfolgt dann aber erst mit dem so genannten Mind-Upload á la Ray Kurzweil. Dabei wird unser Hirninhalt in einen Computer geladen. Wir dürfen in einer virtuellen Welt aufgehen und ewige Wonnen erfahren. Dazu später mehr.

Diese Grauzone nutzen die Transhumanisten natürlich, um ihre technologische Ideologie zu verbreiten. Denn letztlich, so ihre Argumentation, sei es nur ein gradueller Unterschied zwischen dem Wahrnehmen der morphologischen Freiheit in Form einer Haarfärbung und der Verbesserung des menschlichen Erbguts durch *Genome Engineering*. Weil eine Grenze so schwer zu ziehen ist, existiert sie im Denken der meisten Transhumanisten nicht. Ein bisschen Transhumanismus geht in ihrem Denken ebenso wenig wie ein bisschen schwanger, vulgo: Wer A sagt muss auch B sagen. Du bist gegen die Optimierung des Menschen? Aber warum trägst du dann ein Hörgerät?

Natürlich könnte man versucht sein zu argumentieren: Die Grenze ist der Eingriff in das Erbgut des Menschen. Darauf wird der Transhumanist antworten, dass sich die Gene doch fortlaufend evolutionär von selbst verändern, was allem Anschein ein wissenschaftlicher Fakt ist. Warum sollte man etwas dem Zufall überlassen, so h+, wenn man mit dem wachsenden Wissen um die Bedeutung der Gen-Strukturen für kognitive und körperliche (ja sogar seelische) Eigenschaften ganz gezielt nicht nur genetisch bedingte Krankheiten ausmerzen kann, sondern bei Feten gewünschte Eigenschaften wie Größe, Augenfarbe, Neigungen etc. auswählen kann? Dass dies keine Zukunftsmusik ist, beweist die Existenz der Präimplantationsdiagnostik PID. (Bei der PID entscheidet das Resultat zellbiologischer und molekulargenetischer Untersuchungen eines in vitro erzeugten Embryos, ob dieser in einer Gebärmutter eingepflanzt wird.) Wenn Eltern die Möglichkeit haben, durch die PID genetisch bedingte Behinderungen von ihren (noch ungeborenen) Kindern abzuwenden, seien sie moralisch dazu verpflichtet, so der Transhumanismus. Notfalls müsse der Embryo eben beseitigt werden.

Wer hier eine Spielart der Eugenik am Werke sieht, liegt nicht verkehrt. Zwar wird ein Transhumanist das Wort Eugenik meiden. Es ist aber kein Geheimnis, dass die Eugenik ein geistiger Vorläufer des Transhumanismus ist. Mutterland der Eugenik ist übrigens Großbritannien. Über die USA hat sie sich in den 1920er und 1930er Jahren in fast allen „zivilisierten" Ländern ausgebreitet. Es entspricht nicht den historischen Tatsachen, die Nazis als Erfinder der Eugenik hinzustellen, auch wenn während ihrer Herrschaft die eugenische Forschung in Deutschland stark wie wohl sonst nirgends vorangetrieben wurde. Nach der Nazi-Herrschaft war der ehemals wissenschaftlich pikfeine Begriff der Eugenik freilich beschmutzt. Es war der berühmte Evolutionsbiologe und Humanist Julian Huxley (GB), bekennender Eugeniker und Mitbegründer der UNESCO, der 1957 den Eugenik-Ersatzbegriff Transhumanismus prägte. Huxley bekannte sich zum Humanismus, weshalb Transhumanismus und Humanismus sehr eng verwandt sind. Bei der Partei der Humanisten lesen wir: *„Wichtig ist zu beachten, dass es bei genauem Hinsehen keine Inkompatibilitäten zwischen den beiden Weltanschauungen gibt. Das wäre auch sehr verwunderlich, da sie beide in ihrer Urkonzeption aus der Feder des gleichen Wissenschaftlers stammen."*[50]

Der eigentliche Transhumanismus als intellektuelle und internationale Bewegung, wie sie heute öffentlich auftritt, nahm jedoch erst Anfang der 1980er Gestalt an und rekrutierte sich vor allem aus Futuristen und Science Fiction Fans. Ob es eine „Graswurzelbewegung" war oder Thinktanks der selbsternannten Eliten ihre Finger im Spiel hatten, müsste näher untersucht werden. Heute bekennen sich besonders Naturwissenschaftler, Kognitions- und AI-Forscher (*artficial intelligence*), Neurowissenschaftler, Psychologen, Soziologen zu h+. Man könnte sagen: ein nicht unerheblicher Teil der technischen Elite, in jedem Fall streng Wissenschaftsgläubige.

Transhumanisten spielen gern Szenarien durch, wie denn Eltern mit dem Vorwurf ihres behinderten Kindes umgehen würden, warum Mama und Papa keinen genetischen Eingriff zugelassen haben, der die Gesundheit sichergestellt hätte? Wenn in absehbarer Zukunft die kognitiven Leistungen der Kinder durch ein Neuro-Chip-Implantat verbessert werden könnten, mit welchem Recht würden die Eltern es ihren Kindern verweigern? Sicher könnte man so etwas einfach strikt ablehnen, aber die Gefahr ist nicht zu leugnen, dass eine weitere Spaltung der Gesellschaft die Folge wäre: in Normalmenschen und Optimierte. Letztere hätten natürlich weitaus bessere Chancen im Leben. Sie würden in kürzerer Zeit mehr lernen können, hätten bessere Job-Aussichten, würden besser verdienen, hätten mehr Aussicht auf Wohlstand. Ist es ethisch richtig, seinen Kindern erhöhte Chancen im Leben zu verweigern, weil man im Transhumanismus Teufelswerk sieht? Als „Luddit" bezeichnet der Transhumanist den rückständigen, „ewig gestrigen" Technikfeind. Man ahnt bereits, dass hier gesellschaftspolitischer Sprengstoff lauert.

Zum ideologischen Feindbildspektrum der Transhumanisten zählen Supranaturalismus und Esoterik, aber auch die Religionen schlechthin. Nur wissenschaftlich fundierte Aussagen werden akzeptiert. Gott? Um Himmels willen! Seele? Fehlanzeige. Feinstofflichkeit? Humbug! Chakren? Gibt es nicht. Freie Energie? Physikalisch undenkbar. Nahtoderlebnisse? Letzte Zuckungen des sterbenden Hirns. Und so weiter. Der Transhumanismus ist eine zutiefst materialistische Weltanschauung.

Typisch für Transhumanisten ist sogar eine respektlose Haltung der Natur gegenüber, insbesondere der menschlichen Natur. Der bekannte Transhumanist Nick Bostrom etwa schreibt in seiner *Tabelle transhumanistischer Werte*,[51] es sei *„nichts Falsches, an der Natur herumzubasteln (‚tampering with nature'); die Idee der Hybris wird zurückgewiesen."* Das kann kaum verwundern, denn h+ sieht die Natur als Ursache für alles Leid in der Welt. Der Filmproduzent David Filmore, ebenfalls überzeugter Transhumanist, schrieb in seinem Essay *Nature is not our Friend* (deutsch: Die Natur ist nicht unser Freund): *„Aber die wirkliche Bedrohung für Menschen kommt* *nicht von der Technik, sondern von der Natur. Unser Genom ist übersät mit fehlerhaften, uns für Krankheiten prädisponierenden Genen. Die meisten Kreaturen auf diesem Planeten sehen in dir nichts weiter als eine feine Quelle für Proteine. Moskitos verursachen bei 700 Millionen Menschen im Jahr schwerste Krankheiten. Gar nicht zu reden von all den Viren, Bakterien, Parasiten, Überschwemmungen, Erdbeben, Tornados etc., die alle ein Stück von dir wollen. Wir sollten viel mehr Angst vor der Natur haben als vor der Technik."*[52]

Die Natur und das Leben als Quelle für Leid. Hier wird eine Parallele zum Buddhismus erkennbar. *Leben ist Leiden* soll der Buddha gesagt haben. In diesem Zusammenhang interessant ist, dass der Dalai Lama dem Transhumanismus wohlwollend gegenüber steht.[53] Allerdings ist der Dalai Lama nicht der Repräsentant des gesamten Buddhismus, sondern lediglich der oberste Würdenträger einer von vier buddhistischen Strömungen in Tibet. Der Dalai Lama hat auch (sinngemäß zitiert) gesagt: „Wenn Buddhismus und Wissenschaft sich widersprechen, sollte man im Zweifelsfall der Wissenschaft Recht geben." Ein Bekenntnis zur Wissenschaft ist eine notwendige (aber nicht hinreichende) Voraussetzung für ein Bekenntnis zum Transhumanismus.

Aber was ist überhaupt Wissenschaft? Ist es wirklich nur ein System, die Natur und ihre Gesetzmäßigkeiten objektiv zu begreifen und zu beschreiben – bar jeglichen Glaubens? Die Wissenschaft, die Wissen schafft? Sicher gibt es diese ideale Wissenschaft, vor allem gab es sie im 18. und 19. Jahrhundert. Die technologische Entwicklung – Maschinen, Elektrizität, Chemie, Motoren, Luftfahrt, Halbleiter- und Computertechnik – verdankt sich zum großen Teil der Grundlagenforschung der Wissenschaft. Und weil das alles so offenkundig funktioniert, ist die Wissenschaft sakrosankt geworden. Sie hat die Rolle einer Religion angenommen. Galt früher der

Papst als unfehlbar, so ist es heute die dogmatische Wissenschaft. Auf eine Art ist die dogmatische Wissenschaft noch viel totalitärer als jedes religiöse System: Die Unfehlbarkeit ist hier quasi systemimmanent.

Denn wissen heißt eben nicht glauben. Während z. B. Christ und Buddhist friedlich nebeneinander existieren können, kann es per definitionem keine zwei Wissenschaftlichkeiten geben, da nur eine wissenschaftliche Wahrheit akzeptiert werden kann. Damit bietet sich Wissenschaft als ein absolut unanfechtbares Mittel an, um Herrschaftsstrukturen zu verschleiern und die Menschen in die Irre zu führen. Und genau das geschieht heute in erheblichem Umfang. Davon wollen die Transhumanisten allerdings nichts wissen. Sie sind der Wissenschaft – der wissenschaftlichen Ideologie – völlig unkritisch ergeben.

Oben wurde bereits die Evolutionstheorie angesprochen. Sie gilt als unanfechtbar, wer sie ablehnt, exkommuniziert sich aus der Wissenschaftskirche. Ihr zufolge hat sich das Leben in all seiner prachtvollen Vielfältigkeit rein zufällig aus einer Urzelle entwickelt. Die Wahrscheinlichkeit für die zufällige Bildung komplexer Bio-Moleküle wie Nukleinsäuren, Enzyme oder Polypeptiden ist jedoch *„eine Glaubensinvestition mit geringer Aussicht auf Kongruenz mit der Realität"*[54]. Ein typischer Wahrscheinlichkeitswert für nur ein komplexes Molekül liegt so im Bereich von $1:10^{60}$. Es muss aber eine Vielzahl komplexer Moleküle gebildet werden, die zudem noch zusammen kooperieren müssen. Das Alter des Universums (angeblich ca. $4*10^{17}$ Sekunden) würde für die zufällige Entstehung lebender Organismen bis hin zum Menschen jedenfalls bei weitem nicht ausreichen.

Alter des Universums? Ach ja, es soll ja den Urknall gegeben haben, der Schöpfungsakt aus dem Nichts vor circa 13,7 Mrd. Jahren, eine Explosion, bei der aus einem mathematischen Punkt (einer so genannten Singularität) das ganze All samt Raum, Zeit, Materie und Energie entstanden sein soll. Aus dieser Explosion entstanden die wundersamen Strukturen des Universums rein zufällig. Und weil unsere Wissenschaftler sehr wohl sehen, wie absurd so eine Annahme ist, gehen einige dazu über, eine Unzahl paralleler Universen anzunehmen. Wir leben zufällig in einem, worin es günstige Lebensbedingungen gibt. Oder man denke einmal nüchtern über den gekrümmten Raum der Allgemeinen Relativitätstheorie nach. Der leere Raum kann aber keinerlei Eigenschaften haben, denn sonst wäre er nicht leer. Wie soll er dann aber eine Krümmung (= Eigenschaft) aufweisen?

Es war kein geringerer als Nikola Tesla, der aus diesem Grund die Einsteinsche Allgemeine Relativitätstheorie abgelehnt hat. Tesla war sicher einer der genialsten Männer, die die Menschheit hervorgebracht hat. Über 300 Patente hat er erteilt bekommen. Tesla hat auch das „Räderwerk der Natur angezapft", aber er durfte es der Menschheit nicht schenken. Wie viele Erfindungen hat das „Jahrhundertgenie" Einstein zum Patent angemeldet? Nicht eines, aber dafür jede Menge „Gedanken-Experimente" wie das so genannte Zwillingsparadoxon, das beweisen soll, dass „wer schnell unterwegs ist, langsamer altert." Leider setzt es aber ein bevorzugtes Inertialsystem voraus, etwas, dass es laut Einstein gar nicht geben kann. Die Liste der wissenschaftlichen Zumutungen für den gesunden Menschverstand ließe sich beliebig fortsetzen.

Der Verdacht drängt sich auf, dass die heutigen Paradigmen einzig dazu dienen, den Menschen klein und systemkonform zu halten: Vom Affen abstammend ist er gezwungen, sich durchs Leben zu schlagen, einem Schlachtfeld, auf dem nur die härtesten überleben. Apropos: *Survival of the fittest* (Überleben der Stärksten): Wer überlebt? Na, der am besten angepasste. Und wer ist am besten angepasst? Der überlebt... Klingt ein bisschen nach Zirkelschluss, oder? Mit *Survival of the Fittest* lässt sich jedenfalls wunderbar der Raubtierkapitalismus begründen.

Aber so ist sie, die Wissenschaftsideologie. Man soll den gesunden Menschenverstand ablegen, unerschütterlicher Glauben ist verlangt: dass Impfen vor Krankheiten schütze, zum Beispiel; oder dass Pestizide wie Glyphosat unschädlich seien; dass nur durch den Einsatz gentechnisch veränderter Organismen die Weltbevölkerung ernährt werden könne; dass ein lebensnotwendiges Spurengas wie Kohlenstoffdioxid ein Klimakiller sei; dass Kühlmittel (Fluor-Chlor-Kohlenwasserstoffe) die Ozonschicht kaputt machten usw. Mit Wissenschaft werden Interessen durchgesetzt und erwünschte Weltbilder verankert.

Transhumanisten nehmen all diesen Unfug für bare Münze, weil er von Wissenschaftlern stammt. Sie übersehen, dass die Wissenschaft ein Herrschaftsinstrument ist, das die in Verruf geratenen Religionen ersetzt hat. Ein Transhumanist wird sich auch willig chippen lassen und dabei glauben, es geschehe zum Wohle der Menschheit. Dass eine Macht im Hintergrund ihr böses Spielchen treiben könnte, um die Menschheit völlig zu überwachen, zu kontrollieren und bei Bedarf Renitente vom System entfernen zu können, dieser Gedanke kommt ihm erst gar nicht in den Sinn. Eine unfassbare Naivität von vermeintlich besonders rational vorgehenden Menschen. Haben die denn die Dystopien "1984" (Goerge Orwell) oder "Schöne neue Welt" (Aldous Huxley – übrigens der Bruder des schon erwähnten Julian Huxley) nicht gelesen oder nicht wenigstens die Enthüllungen Edward Snowdens mitbekommen? Wozu wird in Utah (USA) ein Datenzentrum mit einer Speicherkapazität von einem Yottabyte (= 10^{24} Byte) gebaut,[55] dass für jeden der derzeit 7,5 Mrd. Erdenbürger circa 140 Terabyte Speicherplatz vorsieht, genug, um jedes einzelne Leben in allen sämtlichen Details festzuhalten? Die Transhumanisten sind dermaßen technikverblendet, dass sie für gefährliche technologische Potenziale kein Auge mehr haben.

Eine Bewegung, die den modernen Überwachungs- und Kontrolltechnologien dermaßen unkritisch gegenübersteht, kommt den (selbst ernannten) Eliten und ihrer „Neuen Weltordnung" (NWO) natürlich gerade recht. Es wundert daher nicht, dass die meisten Staaten als Erfüllungsgehilfen der NWO den Transhumanismus beziehungsweise transhumanistische Wissenschaft fördern. Am weitesten fortgeschritten ist vermutlich Großbritannien, wahrscheinlich das transhumanistische Versuchslabor (so wie z.B. Schweden der Modell-Staat für soziologische Experimente ist). Wie schon gesagt trat von GB aus die Eugenik ihren weltweiten Siegeszug an (die nach 1945 lediglich in Transhumanismus umbenannt wurde). 1977 wurde auf der Insel das erste Retortenbaby („in vitro") gezeugt. Im Jahr 1990 kam dort das erste Kind zur Welt, bei dem mittels PID das Geschlecht festgestellt worden war, angeblich um das Auftreten einer X-chromosomalen Erbkrankheit zu verhindern. 20 Jahre später begrüßten die Briten das erste Kind, das drei Eltern hat. Im Februar 2015 stimmte das britische Parlament für die Möglichkeit des Transfers von mitochondrialer Erbmasse, um so mitochondriale Krankheiten, die von der Mutter auf die Kinder übertragen werden könnten, auszumerzen. Die künstlich zugeführte mitochondriale DNA wird dann für alle Zeiten bei Nachkommen weiter vererbt. Es handelt sich bei den Babys mit dieser Erbausstattung um „Drei-Eltern-Babys", also Kindern, die de facto statt zwei nunmehr drei Eltern haben. Ist da schon der Beginn der sprichwörtlichen Schönen Neuen Welt(ordnung)?

Regelmäßig nach solchen Eingriffen in den Zeugungsprozess gab es einen Riesenaufschrei in der Öffentlichkeit. Aber so steil wie die Empörungskurve anstieg, so schnell fiel sie auch wieder ab. Retortenbabys sind heute etwas völlig normales, ihre Zahl (als Erwachsene) wird auf über 5 Millionen geschätzt. Kinder, die nach einer PID auf die Welt kamen, zählen heute etwa 10000. Es ist alles nur eine Frage der Gewohnheit. Wenn die ersten Tier-Gene ins menschliche Erbgut integriert werden, wird das ebenso eine mächtige Welle der Empörung auslösen – die ebenso schnell wieder abflachen wird. Erste Schritte in dieser Richtung gibt es bereits in – wer hätte das gedacht? – Großbritannien. Dr. Dr. Lyle Armstrong, Uni Newcastle, mixte im Jahr 2008 im Rahmen seiner Stammzellenforschung menschliche DNA mit Kuh-Zellen.[56] Aber natürlich ist nicht nur GB ein Paradies für transhumanistische Forschung. Besonders in den USA gibt es beängstigende Projekte im Rahmen militärischer Gehirnforschung. Wir kommen darauf noch zu sprechen.

Nun könnte man meinen, die IVF, PID und das Drei-Eltern-Baby seien doch wunderbare Beweise dafür, dass das Herumdoktern am humanen Entstehungsprozess offenbar erfolgreich und zielführend sei. Wäre es nicht wunderbar, wenn wir in nicht allzu ferner Zukunft Spermien und Ei auf mögliche genetische Prädispositionen für schwere Krankheiten inklusive geistiger Abnormitäten abklopfen würden? Eine Welt der Starken und Gesunden käme, der Traum der Eugeniker wäre Realität. Und genau darauf setzt auch der Transhumanismus, um sein Anliegen der Öffentlichkeit schmackhaft zu machen. Jedoch scheint die Natur nicht so kooperativ wie gewünscht.

So wurde zwar im so genannten *Human Genome Project* innerhalb von 11 Jahren (1990 – 2001) das menschliche Erbgut – etwa 3 Mrd. Basenpaare – komplett entschlüsselt. Allerdings ist bis heute die Zuordnung einzelner Gen-Abschnitte zu bestimmten Krankheiten nur für sehr wenige, und überdies sehr seltene Krankheiten gelungen (zum Beispiel das Wiskott-Aldrich-Syndrom). Die Behauptung, Brustkrebs sei genetisch bedingt und daher bei Vorhandensein bestimmter Gen-Strukturen Frauen zur Brustamputation zu raten, ist umstritten. Gleichwohl besteht für Schulmedizingläubige und Transhumanisten kein Zweifel, dass schwere Zivilisationskrankheiten wie Krebs, Alzheimer, Diabetes, MS usw. eine genetische

Disposition voraussetzen, wenn nicht gar als alleinige Ursache haben. Dass hier Umwelteinflüsse wie Pestizide, Fluorverbindungen, schlechte Ernährungsgewohnheiten, permanente Belastung durch Funkwellen etc. eine Rolle spielen könnten, ebenso wie auch die persönliche Lebensführung und sogar beständige negative Gedanken, ist eine unter Transhumanisten kontraproduktive Annahme. Sicher gesteht man ein, dass es offenbar keine einfache lineare Kausalität gibt zwischen genetischer Ausstattung und dem Auftreten von Krankheiten; aber man rechnet damit, dass die Forscher mit der Zeit der Natur auf die Schliche kommen, um dann durch genetische Auswahl oder aktiven Eingriff via Gentherapie (z.B. nach dem CRISPR-Cas-System = „Gen-Editing") das Einfallstor für Krankheiten fest zu versiegeln.

Indessen versuchen viele Transhumanisten nichtsdestotrotz ihr Leben durch gesunde Lebensführung in die Länge zu ziehen. Denn solange nicht absehbar ist, wie sie durch Biotechnologie ewiges Leben erreichen können, gilt es, irgendwie möglichst lange am Leben zu bleiben, um dann, wenn die Technik so weit ist, die lebensverlängernde Maßnahme zu erhalten. Das ewige Leben ist auch einer der expliziten transhumanistischen Werte. Kommt Ihnen das irgendwie bekannt vor? h+ scheint sich wirklich als eine Art moderner Religion zu entpuppen, die allerdings streng wissenschaftlich, und das heißt: materialistisch, ausgerichtet ist.

Tod gilt h+ als Krankheit, als Versagen der Natur. „*It is Time to Classify Biological Aging as a Disease*" (deutsch: Es wird Zeit, das biologische Altern als Krankheit einzustufen) heißt es etwa im h+ Newsletter August 2015. Der Gerontologe und Transhumanist Aubrey de Grey rechnet damit, dass Genetiker in den nächsten zwei bis drei Jahrzehnten in der Lage sein werden, den Alterungsprozess zu stoppen. „*Man kann vernünftiger Weise annehmen, dass man zwischen einem biologischen Alter von 20 und*

25 Jahren pendeln kann – für unbegrenzte Zeit."[57] Dies soll durch den Einbau von Genen bestimmter Mikroorganismen möglich sein, die uns fortlaufend von Abfall-Proteinen befreien, die für das Altern verantwortlich sind. Bei der Fruchtfliegenspezies *Drosophilia* soll dies teilweise schon gelungen sein. Die Forscher identifizierten das Gen für Alterung, manipulierten es und konnten so die Lebensdauer der „Methusalemfliegen" um das Drei- bis Vierfache erhöhen.[58] Aber soweit ist man beim Menschen natürlich noch nicht. Vorerst müssen sich die Genetiker noch an Mäusen gütlich tun, *„weil die Menschen genetisch ähnlich sind.*"[59]

Das Thema Altern und Sterben und wie man beides verhindert ist eine der Hauptsäulen des Transhumanismus. Max More, Philosoph, Futurist und derjenige, der den Begriff Transhumanismus im modernen Sinne prägte, spricht es in seiner Schrift *On becoming Posthuman* (deutsch: Posthuman werden) aus: *„Wir haben bereits zwei von drei Träumen der Alchemisten realisiert: Transmutation von Elementen und das Fliegen. Als drittes ist die Unsterblichkeit dran.*"[60]

Damit lässt sich auch in der Öffentlichkeit um Unterstützung in der Sache werben. Wer möchte nicht gern Hunderte von Jahren in bester Gesundheit verbringen, vielleicht gar unbegrenzt leben? Das ist das finale Ziel der regenerativen Medizin, einem relativ neuen Feld der transhumanistischen Biomedizin. Das US-amerikanische *National Institute of Health* frohlockt: *„Stellen Sie sich eine Welt vor, in der es keinen Mangel an Organen gibt, in der Querschnittsgelähmte wieder laufen können, und wo gealterte Herzen ersetzt werden können. Das sind die langfristigen Ziele der regenerativen Medizin.*"[61]

Aber so lange frische Organe vom 3-D-Printer mittels Nanotechnik noch nicht hergestellt werden können, versucht man, die bestehenden Methoden zu verbessern, etwa eine DNA-spezifische Chemotherapie, die weniger Nebenwirkungen haben soll.[62] Es mutet widersprüchlich an, dass die meisten Transhumanisten von unbegrenzter Lebensdauer träumen, während typische zivilisationsbedingte Krankheiten wie Krebs, Alzheimer, Diabetes, Herz/Kreislauf geradezu epidemische Ausmaße in der „zivilisierten" Welt annehmen. Wie lange verspricht man uns schon, den Krebs nun bald endgültig zu besiegen? Wie viel Milliarden oder gar schon Billionen US-Dollar sind in die Krebsforschung geflossen? Resultat: Krebs wird in naher Zukunft in der westlichen Welt Todesursache Nr. 1 sein. Was ist da los? Ewiges Leben anstreben, aber im Kampf gegen die Geißel Krebs kein Vorankommen?

Was sollen Transhumanisten machen, die ihrem Ende entgegensehen, die es nicht schaffen, nach dem Bonmot von Ray Kurzweil *lange genug zu leben, um ewig zu leben*"? Sie gehen eiskalt vor. Das Zauberwort heißt: Kryonik. Man lässt sich oder sein Hirn nach dem klinischen Tod einfrieren. Die Hoffnung, wieder belebt werden zu können, wenn die Technik erst mal soweit ist, stirbt bekanntlich zuletzt.

Der schon zitierte Transhumanist Max More ist seit 2011 CEO und Präsident der *Alcor Life Extension Foundation,* dem weltweit größten Anbieter kryonischer Dienstleistungen („Cryogenics"). Das in Arizona (USA) ansässige Unternehmen ist als Non Profit Organisation geführt, steckt also seine Gewinne in weitere Forschungen zur Kryonik. Die sind auch bitter nötig, denn eine Kleinigkeit ist bis heute noch unklar: Wie weckt man ein tiefgefrorenes Lebewesen wieder auf? Was bei weiblichen Eizellen heute schon zum Tagesgeschäft gehört (die Anfänge der Kryo-Konservierung liegen übrigens in – GB), ist am anderen Ende der Lebensskala leider noch nicht möglich. Aktuell verhindert Alcor durch Temperaturen von minus 196 °Celsius (etwas unterhalb des Siedepunktes von Stickstoff) den Verwesungsprozess (und damit eine Entropiezunahme) von derzeit 142 Menschen, aber auch circa 30 Haustieren. „*Rein informationstheoretisch betrachtet ist Unsterblichkeit bereits möglich*", sagt der Futurist und Kryonik-Experte D. J. MacLennan, Autor des Buches *Frozen to Life – A personal Mortality Experiment* (deutsch etwa: Zum Leben gefroren – Ein persönliches Sterblichkeitsexperiment). MacLennan weiter: „*Kryonauten sind stumme Bewohner einer unbekannten Schwelle. Nicht lebendig; nicht tot; im früheren Leben nicht verrückt; nicht notwendigerweise selbstsüchtig, altruistisch oder Wegbereiter; Bloß – aus Liebe zur Hoffnung und Vernunft – nicht unwiderruflich verloren.*"[63] Poesie á la h+.

Wie sehr der Transhumanist der Materie verhaftet ist, zeigt nichts deutlicher als das folgende Zitat von Nick Bostrom (Universität Oxford), Mitbegründer der *World Transhumanist Association* (1998): „*Der Unterschied zwischen unserer besten und unserer schlimmsten Zeit ist in letzter Hinsicht ein Unterschied in der Anordnung unserer Atome.*"[64]

Dieser extreme Materialismus hat, so merkwürdig das klingen mag, seine Wurzeln sicher auch in der christlichen Vorstellung von der „Auferstehung des Fleisches" am Jüngsten Tag. Materialismus ist eben auch nur eine Religion. Im 19. Jahrhundert sprach Nikolai Fyodorov (auch: Fjodorow), einer der Begründer des russischen Kosmismus, von der Notwendigkeit, „*alle Moleküle und Atome der äußeren Welt zu sammeln und zu lenken, um die Dissoziierten* [die Verstorbenen, d.V.] *wieder zu vereinigen, um ihre Körper wieder herzustellen, wie sie vor ihrem Ende waren.*" Fyodorov meint hier eben die Wiederauferstehung des Fleisches durch Technologie. Der Physiker und Transhumanismus-Kritiker Richard Jones (University of Cambridge) sieht im russischen Kosmismus einen transhumanistischen Vorläufer.[65] Wie h+ strebte der russische Kosmismus eine diesseitige Welt ohne Krankheit, Leid und Mangel an, in der Überfluss herrscht.

Wenn unser ganzes Wohl und Wehe nur von den Bewegungen und Kons-
tellationen der Atome, Moleküle und Makromoleküle wie der DNA abhängt,
so ist es nur folgerichtig, dass der materialismusgläubige Mensch dazu
übergeht, die Materie auf dieser Skala zu manipulieren. Womit wir bei der
Nanotechnik angelangt wären, der Zukunftstechnologie schlechthin nicht
nur der Transhumanisten, sondern auch des Militärs, der Pharmaindustrie
und einiger Wirtschaftszweige. Der australische Medienwissenschaftler
Mark Pesce hat die interessante Theorie aufgestellt, dass der technische
Fortschritt direkt daran zu bemessen ist, wie klein die Anzahl der Atome/
Moleküle ist, die der Mensch gezielt bearbeiten kann. Waren es Billionen
Billionen Stück beim Faustkeil, schrumpfte die Anzahl auf Billionen in der
Feinmechanik, Millionen in der Chipfertigung, um schließlich bei einzelnen
Atomen in der Nanotechnologie zu enden.

Nanotechnik (N) soll gemeinsam mit Biotechnik (B), Informationstechnik
(I) und Kognitionswissenschaft (C, *Cognition Science*) zur übergreifenden
Hochtechnologie NBIC (nano-bio-info-cogno) zusammenfließen und die
Basis für den transhumanistischen Techno-Sapiens schaffen. In der Ein-
leitung des 482 Seiten starken Reports *Converging Technologies for Im-
proving Human Performance* (deutsch etwa: konvergierende Technologien
für die Optimierung des Menschen) der US National Science Foundation
steht: *„In der technischen Evolution ist der Zeitpunkt gekommen, wo die
menschliche Optimierung durch die Integration der Technologien möglich
wird.“* Da lesen wir weiter von verbesserter Arbeitseffizienz, gesteigerter
Lernfähigkeit, schärferen Sinnen, erhöhten kognitiven Fähigkeiten, mehr
Kreativität, Hirn-zu-Hirn-Kommunikation, Hirn-Maschine-Schnittstelle
(BMI, brain machine interface) und Neuro-Morphing (Neuro-Gestaltung).
Wohlgemerkt, das schreibt kein x-beliebiger h+ Privatverein, sondern
stammt aus einem US-Ministerium. Der Transhumanismus hat in den USA
längst die Politik infiltriert.

Die richtig gruseligen Experimente finden jedoch weitest gehend unter Ausschluss der Öffentlichkeit in militärischen Geheimprojekten statt. Berühmt berüchtigt ist die US-amerikanische DARPA (*Defense Advanced Research Projects Agency*, deutsch etwa: Agentur für militärische Spitzenforschung), einer technologischen Agentur, die vor allem für das Pentagon arbeitet. In dem Buch "Radical Evolution" von Joel Garreau lesen wir **„DARPA ist der am weitesten fortgeschrittene Antreiber für humane Optimierung."** (S. 19: *DARPA is the world's foremost driver of human enhancement*). Gegenwärtig besteht die DARPA aus sieben *Program Offices*. Das *Biological Technologies Office* (BTO) integriert Biologie, Ingenieurwissenschaften (*Engineering*) und Informationstechnik. Schwerpunkte der Grundlagenforschung des BTO sind Mensch-Maschine-Schnittstellen (HMI, Human Machine Interfaces), synthetische Biologie (z.B. Mikroben als Produktionsplattformen), humanoide Roboter, Exo-Skelette (Exoskeleton), *Silent Talks* (Auslesen von EEG Mustern für die geheime Kommunikation), SyNAPSE (Systems of Neuromorphic Adaptive Plastic Scalable Electronics), um nur einige zu nennen.

Kürzlich wurde das *Target Neuroplasticity Training Project* (TNT) der DARPA bekannt. Darin wird die Neuro-Plastizität (Fähigkeit des Hirngewebes, sich neu zu formieren) im Hinblick auf die Verbesserung kognitiver Fähigkeiten untersucht. Ein *device*, das auf der Haut über bestimmten Nervenpartien appliziert wird, soll präzise periphere Nerven als Teil des motorischen und sensuellen Nervensystems stimulieren und so die Areale des Hirns stärken, die bei Lernvorgängen aktiv werden. *„Die Stimulierung peripherer Nerven können Sie sich als eine Möglichkeit vorstellen, die so genannte kritische Periode wieder in Betrieb zu nehmen, wenn das Gehirn adaptiver ist"*[66], erläutert Projektleiter Doug Weber.

Auch vor direkten Eingriffen in die genetische Grundausstattung des Menschen schrecken die DARPA-Forscher nicht zurück. Im Jahr 2013 wurde ein

Projekt bekannt, dessen Ziel ein 47. Chromosom ist, also ein zusätzliches zu den 46 vorhandenen.[67] Zum Stichwort Human Artificial Chromosome lesen wir bei Wikipedia: „*Ein humanes künstliches Chromosom (HAC) ist ein Mikrochromosom, das als neues Chromosom in der menschlichen Zelle agieren kann. Das heißt, statt 46 Chromosomen hätte die Zelle nun derer 47, wobei das 47. sehr klein wäre, etwa 6 – 10 Mega-Basen groß, aber fähig, neu geschaffene Gene zu tragen.*" Wer hier an „Gott spielen" denkt, liegt sicher nicht verkehrt. Die Wissenschaftler, die daran arbeiten, nennen sich denn auch *Biologische Designer*, was natürlich an *Intelligent Design* denken lässt, eine weitere merkwürdige Reminiszenz an einen Begriff aus der Welt des traditionellen Glaubens.

Wenn man es genau nimmt, ist das Setzen eines Stents zum Offenhalten eines Blutgefässes als Transhumanismus zu bezeichnen, die Erschaffung eines humanoiden Roboters, der nicht mehr vom Menschen zu unterscheiden ist, dagegen wäre „nur" fortgeschrittene Technik. Denn im engeren Sinn gehört zu h+ nur, was die Natur des Menschen irgendwie ändert bzw. erweitert. In diesem Sinn zählt das ambitionierte DARPA-Programm *Physical Intelligence* nicht zum Transhumanismus im engeren Sinne. Es geht darin um die Kontrolle von Robotern durch ein „echtes Gehirn". Die Forscher wollen verstanden haben, dass Intelligenz nichts weiter als ein physisches (sprich: materielles) Phänomen darstellt. Dieses Prinzip wollen sie in elektronischen und chemischen Systemen demonstrieren. Dazu ist es erforderlich zu erkunden, was *Eigenbewusstsein* ist. **Kann man Maschinen Selbsterkenntnis beibringen?** Ein Roboter, der Teile von ihm selbst nicht als „zu sich selbst gehörig" betrachtet, würde im Umgang mit Menschen auffällig werden. Doch angeblich ist es Forschern gelungen, Selbst-Bewusstsein als Konzept zu begreifen und einen Algorithmus dafür zu entwickeln. Der humanoide Roboter „Nico" soll sich im Spiegel erkennen und anhand seines Spiegelbilds „wissen" wo sich sein Arm im Raum befindet.[68] Darauf aufbauend soll es *Physical Intelligence* gelungen sein, völlig autonome Roboter zu schaffen. Grundvoraussetzung für Autonomie ist Selbst-Organisation.

Prof. James K. Gimzewski (University of California, Los Angeles) sagt, das künstliche Hirn von Nico funktioniere wie ein menschliches Hirn.[69] Dabei komme keine Standard-Hardware mit konventionellen Schaltkreisen zum Einsatz. Die Art der Informationsverarbeitung des Kunst-Hirns sei nicht mit derjenigen herkömmlicher Computer vergleichbar.

Beteiligt an Physical Intelligence war das Berkeley's Freeman Laboratory for Nonlinear Neurodynamics, benannt nach Walter J. Freeman, der 50 Jahre an einem mathematischen Hirn-Modell gearbeitet hat, das auf EEG-Daten beruht. EEG ist die Aufzeichnung der elektrischen Aktivität des Hirns. Das Kunst-Hirn integriert Milliarden Nano-Strukturen, die den Synapsen des menschlichen Hirns ähneln. Dadurch könne das künstliche Hirn Informationen erinnern, versichert Gimzewski. Er sagt: *„Ein Physical Intelligence Device benötigt keinen menschlichen Controller."* Will sagen: Es handelt autonom.

In DARPAs eigenen Worten besteht das Ziel darin, *„das erste vom Menschen engineerte thermodynamische System zu demonstrieren, das spontan nicht-triviales intelligentes Verhalten entwickelt unter thermodynamischem Druck aus der Umgebung."*[70]

Die militärischen Anwendungsmöglichkeiten eines solchen Devices wären mannigfach. Beispielsweise könnte man Drohnen, autonome Fahrzeuge oder Roboter, die unbekanntes Gebiet eigenständig erkunden, damit ausrüsten. Aber wie sicher wären solche militärischen Applikationen? In der Science Fiction ist es ein beliebtes Motiv, dass Maschinenwesen außer

Kontrolle geraten und sich gegen ihre Erschaffer wenden. Allerdings muss man auch fragen: Wie glaubwürdig sind solche Berichte über den Nachbau eines menschlichen Hirns? Man sollte die Möglichkeit eines Bluffs nicht von vornherein ausschließen. Organisationen wie DARPA verfügen über ein enormes Budget. Sie sind gezwungen, immer wieder etwas Außergewöhnliches zu präsentieren. Die Frage stellt sich, wer hier die Kontrollfunktion ausfüllt. Wissenschaftliche Mega-Projekte lassen sich politisch nur schwer kontrollieren (besonders, wenn sie als geheim eingestuft sind), da Politiker in der Regel keine Experten für den Forschungsgegenstand sind. Nicht selten werden daher riesige Forschungsbudgets regelrecht verplempert, indem den großen Versprechungen kaum Taten folgen.

Wie schon erwähnt, erwies es sich im Rahmen des *Human Genome Project*, das das humane Genom vollständig entschlüsselte, als äußerst schwierig, von den Genen auf bestimmte Eigenschaften zu schließen, wie man gehofft und auch vielfach angekündigt hatte. Vielmehr handelte „*es sich bei der Ausprägung phänotypischer Merkmale um einen hochkomplexen Prozess von Wechselwirkungen und Rückkoppelungen zwischen DNS, RNS, Proteinen und Zellplasma*" (Wikipedia). Die Natur arbeitet eben nicht einfach linear und monokausal. Wie verzweifelt die Schulwissenschaft darüber ist, zeigt sich an dem Ausdruck „Junk-DNA" (Müll-DNA) für Gen-Abschnitte, die keine Proteine kodieren und denen man daher keine Funktion zuordnen kann. Aber vermutlich ist es eher Junk-Science.

Ähnliche hohe Erwartungen begleitete das *Blue Brain Project* bzw. das *Human Brain Project* als Nachfolger des Erstgenannten auf EU-Ebene, das mit 1,19 Mrd. Euro gefördert wird. Es hatte zum Ziel, bis 2015 ein biologisch korrektes, virtuelles Gehirnmodell auf Basis des Supercomputers *BlueGene* zu schaffen. So sollten Hirnerkrankungen wie Alzheimer oder Schizophrenie verstanden werden. Aber schnell zeigte sich, dass die Versprechungen, mit Hirnsimulationen Krankheiten heilen zu können, nicht erfüllbar sind. Der Glaubwürdigkeitsverlust ist enorm, viele Kritiker sehen in dem Projekt inzwischen einen Irrweg. Haben unsere Spitzenforscher zu viel Science Fiction gelesen?

Ein weiteres staatlich gefördertes Mega-Projekt, über das sich die Transhumanisten freuen dürften, ist die so genannte *BRAIN Initiative* (*Brain Research through Advancing Innovative Neurotechnologies*), auch unter *Brain Acticity Map Project* bekannt. Es ist ein vergleichbares Großprojekt zur Erforschung des menschlichen Gehirns in den USA, das 2013 von Obama mit großem Trara angekündigt wurde. Schon bald löste es scharfe Kritiken aus. Man solle doch nicht Riesensummen für technologische Methoden ausgeben, bevor man weiß, was man eigentlich misst, ließ sich etwa der Neurowissenschaftler Donald Stein (Emory University) vernehmen.[71]

In die Forschungen der *BRAIN Initiative* ist natürlich auch die DARPA involviert. Ein Programm heißt *Electrical Prescriptions* (abgekürzt *ElectRx*).[72] Es zielt darauf ab, die Selbstheilungskräfte des Körpers durch Neuromodulation von Organfunktionen anzuregen. Hört sich nicht schlecht an? Nun, es sollen ultra-miniaturisierte Geräte von der Größe einzelner Nervenfasern injiziert werden. Es geht also um das Einbringen von Nanobots in den menschlichen Körper. Das ist die Richtung dessen, was Ray Kurzweil vorgeschlagen hat: um alle Gehirnfunktionen zu erfassen, müssen Nanobots ins Hirn eingebracht werden. Darauf wird weiter unten noch näher eingegangen.

Ein weiterer DARPA-Programmpunkt in *BRAIN* nennt sich *Hand Proprioception and Touch Interfaces* (*HAPTIX*). Darin geht es um *„implantierbare, modular aufgebaute und rekonfigurierbare neurale Interface-Mikrosysteme, die drahtlos mit externen Modulen kommunizieren.“*[73] Ein Beispiel wäre ein

Prothesen-Interface, um eine möglichst natürliche Empfindung für Glied-maßenamputierte zu erreichen. Man darf aber bei DARPA sicher sein, dass die Hilfe für Versehrte nicht mehr als ein „Kollateralnutzen" ist. So etwas kommt aber in der Öffentlichkeit gut an und man vergisst schnell, dass hier im Grunde die transhumanistische Agenda vorangetrieben werden soll.

Im *Neural Engineering System Design* (*NESD*) Programm entwickeln die DARPA-Forscher ein implantierbares Neuro-Interface, um eine bislang unerreichte Signalauflösung und Bandbreite für den Datentransfer zwi-schen Hirn und "digital world" (vulgo: Computer) zu erreichen.[74] Ein wei-teres drahtloses BMI hat das Programm *Restoring Active Memory (RAM)* zum Ziel. Das Gerät soll im Hirn implantierbar sein und ausschließlich für klinische Zwecke zum Einsatz kommen. Man erhofft sich davon, die Ge-dächtnisleistungen zu verbessern und sowohl die Bildung neuer als auch das Wieder-Abrufen (*recall*) bestehender Gedächtnisinhalte zu erleichtern. Nutznießer sollen vor allem Menschen mit Hirnverletzungen, neurologi-schen Erkrankungen und traumatischen Erlebnissen sein.[75] Die *Reliable Neural-Interface Technology (RE-NET)* schließlich strebt an, Informationen aus dem Nervensystem zuverlässig zu extrahieren, um damit komplexe Maschinen wie hochleistungsfähige künstliche Gliedmaßen zu steuern. Die schon erwähnte Exo-Skelette fallen natürlich unter solche komplexen Maschinen. Der Film Avatar hat da sicherlich die Fantasien beflügelt.

Ebenfalls an *BRAIN* beteiligt ist die IARPA (*Intelligence Advanced Re-search Projects Activity*), die vor allem vom NSA beauftragt wird. Zu den Forschungsgebieten der IARPA zählen *Neuromorphic Engineering* als Teil der US *BRAIN Initiative*. Das IARPA Projekt *MICrONS* versucht 1 Kubikmillimeter Hirngewebe zu reengineeren, um die Lernfähigkeit von Maschinen und künstlicher Intelligenz (AI) zu verbessern. Aber das sind alles nur die offiziellen Forschungsgebiete und Projekte. Man darf mit einiger Sicherheit davon ausgehen, dass hier Forschung unterhalb des Radars der öffentlichen Kontrolle betrieben wird. *„A lot of their programs are black"*[76], sagt James L. Lewis, Direktor beim *Center of Strategic and International Studies*. Klar, dass derlei Geheimhaltung immer wieder zu den wildesten Spekulationen Anlass bietet: Viren, die uns alle in Zombis verwandeln (Zombi-Kalypse), Humanoide Roboter, die weder physisch noch geistig von Menschen aus Fleisch und Blut unterscheidbar sind, Mensch-Tier-Mischwesen (Chimären) mit übermenschlichen Fähigkeiten, Cyborgs und so weiter.

Man könnte allein über die Projekte von DARPA und IARPA endlos dicke Wälzer schreiben. Aber weil dort alles quasi unter Ausschluss der Öffentlichkeit geschieht, müssen die meisten Aussagen spekulativ bleiben. Möglich, dass „die" schon längst Cyborgs, X-Man und Chimären geschaffen haben, möglich aber auch, dass hier geblufft wird und jede Menge übertreibende Gerüchte gestreut werden, damit man sich mit der Aura eines nebulösen Faszinosums umgeben kann. Sicher sind die meisten Amerikaner klammheimlich stolz auf ihre geheimnisumwitterte, berüchtigte DARPA. „Was die alles können!" Eine so geneigte Öffentlichkeit wird kaum widersprechen, wenn die Forschungsmilliarden verteilt werden.

Wir sehen uns also an dieser Stelle einem Januskopf gegenüber: Die eine Seite propagiert die baldige Ankunft des Techno-Sapiens, der seine Evolution in die Hand nimmt und der „Singularität" (s.u.) entgegen strebt, die andere Seite konfrontiert die transhumanistischen Enthusiasten mit dem Unwillen der Natur, dieses Spielchen mitzuspielen. In der Tat hat die transhumanistische Bewegung zahlreiche Kritiker, die teilweise massive wissenschaftliche Einwände gegen ihre futuristischen Träume hervorbringen. (h+ nennt diese Kritiker übrigens „Naysayer".)

So macht zum Beispiel der schon erwähnte britische Physiker Richard Jones darauf aufmerksam, dass die molekulare Nanotechnik MNT des Nano-Pioniers Eric Drexler („Godfather of Nanotech"), die dieser 1992 in seinem „bahnbrechenden" Werk *Nanosystems: Molecular Machinery Manufacturing and Computation* vorgestellt hat, kaum Gestalt angenommen hat. Drexler führte damals den Begriff der „digitalisierten Materie" ein, auch „molekulare Assembler" genannt. Eng verbunden damit sind die so genannten Nanobots, Maschinen in Nano-Größe (ein Milliardstel Meter), die sich selber replizieren können sollen. Genau hier liegt der Unterschied zur gewöhnlichen Nanotechnik, die Geräte im Makrobereich wie die Piezo-Elektronik eines 3D-Druckers für den molekularen Aufbau verwendet, und eben keine Nano-Maschinen (auch: Nano-Fabriken). Das Drexlersche Konzept der molekularen Nanotechnik begeisterte zunächst die Fachwelt, da die Möglichkeit, Materie auf Molekül-Ebene per Software zu assemblieren, und damit jeden komplexen Aufbau materieller Strukturen realisieren zu können, in greifbare Nähe zu rücken schien. Das würde bedeuten, dass jedes gewünschte Objekt – vom Allerweltsobjekt wie ein Stück Seife bis zum kostbaren Diamanten – für beliebig geringe Grenzkosten herstellbar wäre. Damit wäre jeglicher Mangel behoben. Aber auch Körperteile wären reproduzierbar, ja, könnten sogar verbessert werden – haltbarer, belastbarer, elastischer etc. Schnell war die Rede von einer „transzendenten Technologie".

Ein Vorbild für einen technischen Nanobot bzw. einen molekularen Assembler existiert bereits in der Natur: Es sind die Ribosomen, die Proteine gemäß des DNA-Codes herstellen. Das sei ein Beispiel für eine softwarekontrollierte Nano-Maschine, so h+ und die Drexler-Anhänger. Die MNT-Ingenieure werden, so die Hoffnung, dieses Prinzip in eine sich selbst reproduzierende Technologie kopieren. Dabei wird man sich natürlich nicht auf schwaches, flexibles biologisches Material (Proteine) beschränken, und erst recht wird man nichts dem Zufall (zufällige genetische Mutation) überlassen. Man wird das härteste verfügbare Material nutzen, etwa Diamant oder Graphen, und dabei die rationalen Design-Prinzipien des mechanischen Engineering anwenden. *„Die Fähigkeiten, die ein so hergestelltes Nano-Produkt hat, werden biologische Vorbilder so übertreffen, wie eine Boing 747 einen Speer übertrifft"*,[77] so die Prognose eines MNT-Gläubigen.

Am deutlichsten wird der Anspruch, den h+ an MNT hat, im Bereich der Medizin. Es kursieren Vorschläge, die roten Blutkörperchen, welche den Sauerstoff transportieren, durch effektivere Nanobot-Respirozyten zu ersetzen. Auf der Hand liegt es, entsprechende Nanobots für die Vernichtung gefährlicher Viren und Bakterien einzusetzen. Aber auch Teile des (neuralen) Nervensystems ließen sich, so die Hoffnung, einst durch entsprechendes Nano-Gewebe ersetzen. Die so genannte *Wetware* des Menschen könnte durch Brain Computer Interfaces (BCI) mit Hochleistungscomputern verbunden und so die Denk- und Gedächtnisfunktion ins Unermessliche gesteigert werden. Neuro-Prothesen könnten von Krankheit befallene oder durch Unfall versehrte Gehirnpartien vollständig ersetzen. Bereits heute erreichen Gliedmaßen-Prothesen oft nicht nur das ursprüngliche Leistungsvermögen, sondern übertreffen es sogar. Aus gutem Grund hat der Deutsche Leichtathletikverband Prothesenträger für den Wettkampf mit Gesunden ausgeschlossen – vorläufig jedenfalls. Man darf gespannt sein, wie lange es noch dauert, bis die Sportler bei den Paralympics die gesunden Olympioniken regelmäßig übertreffen.

Ein Szenario beginnt sich abzuzeichnen, in dem mehr und mehr Körperteile durch nanotechnologisch hergestellte Prothesen ersetzt werden. Der Funktionsumfang der Sinne nimmt darin ständig zu. Beispielsweise wären Neuro-Prothesen für Sehen im Infrarotbereich oder Hören im Ultraschallbereich denkbar. Die feuchten Träume der Transhumanisten, die biologische

Wetware durch unverwüstliche Materialien zu ersetzen, treiben dabei wieder in Richtung Unsterblichkeit. Wenn schließlich, wie h+ annimmt, das jeweilige Bewusstsein nur von den Gedächtnisinhalten bestimmt wird, ließen sich diese dann nicht von Nanobots auslesen und in einen gigantischen Datenspeicher integrieren? Wir könnten so virtuell existieren und alles, wonach uns gelüstet erfahren, sogar den eigenen Tod – und würden doch ewig existieren. Das ist im Wesentlichen der Kurzweilsche Mind-Upload, gegen dessen Machbarkeit es freilich schwerwiegende grundsätzliche Einwände gibt (s. u.).

Bei diesen Phantasien wird übersehen, dass die biologische Umgebung eine völlig andere ist als diejenige, in der unsere Technik nach bestimmten Annahmen und Näherungen funktioniert. Darauf weist der schon zitierte Physiker Prof. Richard Jones in seiner Schrift *Against Transhumanism – The Delusion of Technological Transcendence*[78] (deutsch etwa: „Gegen Transhumanismus – Die Täuschung der Technologischen Transzendenz") hin. Die Welt der Zell-Biologie ist laut Jones die Welt des Wassers bei sehr niedrigen Reynolds-Zahlen (gibt Auskunft über das Verhalten von Fluiden unter unterschiedlichen Bedingungen). Darin gleicht Wasser eher einer zähflüssigen Molasse und hat mit dem flinken Fluid, wie wir es aus unserer Erfahrungswelt kennen, nicht mehr viel gemein. In der Zelle herrschen aufgrund der Brownschen Molekularbewegungen ständige Fluktuationen, in der stetig Wassermolekül-Komplexe auf die Bestandteile einwirken, die daher unaufhörlich unregelmäßig gebogen und gedehnt werden.

Kräfte, die auf der Makroskala kaum eine Rolle spielen wie die van der Waals Kräfte sorgen dafür, dass Zellbestandteile tendenziell zusammen haften, wenn sie sich annähern. In der biologischen Nano-Welt finden wir eine Fülle an Proteinen mit der Tendenz unerwünschter Verhaltensweisen wie dem Abstoßen von Implantaten. Die Biologie der Organismen hat ihre

Prozesse für die Nano-Welt optimiert. Sie nutzt die Umstände, die auf der Makroskala als unpassend erscheinen (wie Weichheit, Fluktuationen, van der Waals Kräfte etc.), für ihre Zwecke aus.

Das Prinzip der biologischen Selbst-Reproduktion beispielsweise kombiniert die Brownsche Bewegung mit den starken Oberflächenkräften, um ausgeklügelte Strukturen wie komplizierte Proteinfaltungen zu erzeugen. In biologischen molekularen Motoren, in welchen die Strukturveränderung eines Proteins chemische in mechanische Energie umwandelt, kommt eine Kombination aus fehlender Festigkeit und Brownscher Bewegung zur Anwendung. Die Natur hat sich die Eigenschaften der Nano-Welt optimal zunutze gemacht.

Ein sehr großes Problem bei künstlichen Nano-Maschinen ist die Oberflächenbeständigkeit der Strukturen. Beständige Oberflächen sind eine Conditio sine qua non für die Funktionstüchtigkeit. Es ist aber bekannt, dass z. B. Diamant-Cluster sich mit einer Graphit-Struktur coaten. Das zweite große Problem hat mit dem thermischen Rauschen und der Brownschen Bewegung auf der Nano-Skala zu tun. Das beständige Fluktuieren der Strukturen führt zu ständiger Überschreitung der erlaubten Toleranzen. Da das Verhältnis von Oberfläche zu Volumen je höher ist, desto kleinskaliger die Strukturen, spielen alle Arten Oberflächen-Effekte eine große, meist störende Rolle. Reibung führt zu großer Wärmeentwicklung, was wiederum Größenschwankungen nach sich zieht. Energielecks von der Betriebsenergie zur thermischen Vibrations-Energie können sich zu so genannten Modus-Resonanzen aufschwingen, die immer auftreten, wenn chemische Bindungen gestreckt werden über den Bereich hinaus, für den ein harmonisches Potenzial definierbar ist (wie das Hooksche Gesetz). Weitere Probleme sieht Prof. Jones im Vorhandensein unkontrollierbarer, reaktionsfreudiger Moleküle wie Wasser oder Sauerstoff. Der menschliche

Körper scheint jedenfalls die feindseligste Umgebung zu sein, die man sich für ein sauberes Funktionieren der Nanobots vorstellen kann, resümiert er.

Prof. Jones stellt weiter fest: *„Seit dem Erscheinen von Drexlers ‚Nanosystems' im Jahr 1992 hat es eine Explosion nanotechnologischer Arbeiten an Universitäten, in der Industrie und in Regierungseinrichtungen gegeben. Was jedoch auffällt, ist, wie wenig davon direkt relevant für oder inspiriert durch die MNT-Vision einer mechanisch inspirierten Nanotechnik ist.“*[79] Jones, der bestimmt kein „Naysayer" ist, sondern als authentischer Forscher schlicht, nüchtern und unerbittlich die vielen technischen Probleme nicht übersehen kann, sagt hier im Grunde, dass die Idee der Nano-Factory keinen echten Fortschritt mehr gemacht hat, seit sie in die Welt gesetzt wurde. Gut, es könnte natürlich sein, dass die Forschungen dazu so brisant sind, dass sie vom Militär unter Ausschluss der Öffentlichkeit durchgeführt werden. Die wahrscheinlichere Annahme aber ist, dass die Natur (die Schöpfung) sich eben nicht so leicht kopieren und „optimieren" lässt. Sie ist das Intelligenteste, was überhaupt möglich ist. Können Geschöpfe Maschinen konstruieren, die sie selbst an Intelligenz übertreffen? Das ist eine zentrale philosophische Frage im transhumanistischen Denken.

Derzeit (Mai 2016) hat die Bundeswehr Plakate kleben lassen, auf denen eine Soldatin abgebildet ist, die einen kleinen humanoiden Roboter in der Hand hält. Dazu die groß gedruckte Frage: *„Wie können Roboter mehr als nur Nullen und Einsen verstehen?“* (Es handelt sich um eine Personal-Werbeaktion). Aber können Roboter bzw. Computer überhaupt Nullen und Einsen „verstehen"?

Nullen und Einsen symbolisieren bekanntlich die beiden elektronischen Zustände von Transistoren nicht-leitend respektive leitend. Damit kann im

Prinzip jede logische Operation ausgeführt werden. Alles, was bei solchen Operationen geschieht, ist, dass nach bestimmten vorgegeben Regeln einige Transistor-Gruppen leitend, andere nicht-leitend geschaltet werden. Es handelt sich um eine digital arbeitende Hardware, auf die man im Prinzip beliebige Software laufen lassen kann. Wie komplex diese Software auch sein mag, letztlich werden nur Transistoren von leitend in nicht-leitend und vice versa geschaltet. Kann dabei so etwas wie Bewusstsein entstehen, das „weiß", was eine Null und eine Eins ist, also das komplexe mathematische Konzept dahinter „begreift" (man beachte hier den haptischen Bezug von „greifen")? Aber auch, wenn man annimmt, dass die Maschine Nullen und Einsen begreift: Dieses Begreifen MUSS ja wieder auf Nullen und Einsen basieren. „Wissen dass man weiß" (Selbst-Referenz) ist das Geheimnis des Bewusstseins. Nullen und Einsen (bzw. leitend und nicht-leitend) begreifen also, was Nullen (bzw. nicht-leitend) und Einsen (leitend) sind? Henry Markarm, Chef des umstrittenen *Human Brain Projects*, sagte: *„Bewusstsein ist bloß ein massiver Austausch von Informationen durch eine Billiarde Gehirnzellen. Ich sehe keinen Grund, warum wir nicht fähig sein sollten, ein Bewusstsein zu erzeugen."* Doch wie soll eine Semantik bei einer Turing-Maschine (Computer) zustande kommen, die lediglich Symbole (syntaktischen Code) manipuliert?

Der Neurowissenschaftler Miguel Nicolelis und der Mathematiker Ronald Cicurel weisen in ihrem Buch „The Relativistic Brain" darauf hin, dass das Gehirn des Menschen nach einem völlig anderen Prinzip aufgebaut ist. Es handelt sich eben nicht um „Hardware, auf der eine Software läuft". Hardware (Neuronen, Synapsen, Axone etc.) und Software bzw. Informationen (Gedanken) sind im Hirn miteinander verschmolzen. Die beiden Forscher sprechen von *embedded information*. Das Denken prägt das Gehirn strukturell und funktionell, und auch die Erfahrungen und Emotionen haben einen Einfluss. Gleichzeitig wird das Denken vom Gehirn hervorgebracht (andere sagen freilich, das Gehirn sei mehr wie eine Antenne und „empfange" das Bewusstsein bloß; aber Nicolelis und Cicurel bleiben völlig im Rahmen der materialistischen Neurowissenschaft, was ihrer Argumentation jedoch gerade dadurch mehr Gewicht verleiht). Eine Turing-Maschine muss mangels Semantik für jede Bedeutung Code (Syntax) erzeugen, und für diesen Code wiederum Code – ad infinitum. Da das Gehirn nicht „engineert" wurde, sondern in Jahrmillionen langer Evolution entstand, lasse es sich auch nicht "re-engineeren", so die Argumentation von Nicolelis und Cicurel. Es arbeitet sowohl mit digitalen als auch analogen Prozessen, während ein Computer nur digital funktioniert. Dass ausgerechnet Darwinisten wie Kurzweil und Markram von einem *Intelligent Design* des Gehirns ausgehen, das man re-engineeren könne, ist laut Nicolelis und Cicurel eine unglaubliche Ironie.

Auch der Biologe Rupert Sheldrake weist darauf hin, dass das menschliche Gehirn komplett anders als ein Computer funktionieren muss. Er betrachtet das menschliche Erinnerungsvermögen und argumentiert: Sollte die Gedächtnisarchitektur ähnlich aufgebaut sein wie bei einem elektronischen Rechner, so führt jede Erinnerung zu einem unendlichen Regress. Denn angenommen, ein bestimmter Gedächtnisinhalt würde durch eine Zahlenkombination abgerufen, so müsste ja zunächst einmal diese Zahlenkombination gefunden werden, auch sie müsste folglich irgendwo als Zahlenkombination abgespeichert sein. Und so weiter – ad infinitum. Allein diese einfache Überlegung zeigt, dass wir keine biologischen Computer sind, sondern Lebewesen. Und aus diesem Grund ist ein Mind-Upload á la Ray Kurzweil, bei dem die Strukturen und Prozesse des Gehirns durch Nanobots erfasst und digitalisiert werden, ein Ding der Unmöglichkeit. Das wird vielen Science Fiction Fans nicht gefallen, ebenso wenig, wie Überlegungen die zeigen, dass es keine Zeitmaschine in die Vergangenheit geben kann.

Kurzweil hat mit der „technologischen Singularität" (bei h+ auch einfach nur Singularität genannt), die er in seinem Werk *The Singularity Is Near* dargelegt hat, einen Begriff populär gemacht, der viele Futuristen und Science Fiction Fans magisch in den Bann zieht. Es gibt mehrere Definitionen für diesen Ausdruck, eine sehr prägnante lautet: die Explosion künstlicher Intelligenz. Wenn Maschinen anfangen, sich autonom selber zu verbessern, wird es eine exponentielle Beschleunigung der AI geben, die niemand mehr kontrollieren kann. Kurzweil sieht im Übergang von der biologischen zur technologischen Evolution keinen Bruch, sondern letztere ist quasi eine notwendige Folge der ersteren: Alles wird dabei schlussendlich durch die selbst-assemblierenden Nanobots in Intelligenz umgewandelt, jeder Stein, jedes Staubkorn, wir selber werden dabei unsterblich. Es handelt sich geradezu um eine transhumanistische Eschatologie, im Verlauf derer selbst der Entropiesatz, der bekanntermaßen zum Wärmetod unseres Universums führen soll, außer Kraft gesetzt wird. Selbstverständlich hat Kurzweil das Kommen der technologischen Singularität reich mit wissenschaftlichen Daten, Formeln und Grafiken ausgeschmückt, sodass man leicht den Eindruck gewinnt, es handele sich um Wissenschaft und nicht um Science Fiction. Er beruft sich vor allem auf das Moore'sche Gesetz (nach Gordon Moore), wonach sich die Integrationsdichte von Transistoren auf Siliziumchips etwa alle zwei Jahre verdoppelt (hat).

Es gibt jedoch zahlreiche Einwände technologischer, soziologischer und ökonomischer Art gegen diese simplifizierende Sichtweise. Systemtheoretiker weisen darauf hin, dass es einen engen Zusammenhang zwischen Singularitäten und Komplexität gibt. Steigende Komplexität bedeutete aber ein dichteres Netz an Interdependenzen, wodurch wiederum die Vorhersagbarkeit der Entwicklung eines Systems schwieriger wird. Gemäß der Chaosforschung können dann unscheinbare Ereignisse das gesamte System zum Kippen bringen (Schmetterlingseffekt). Paul Allen, Mitbegründer von

Microsoft und Autor des Buchs *The Singularity isn't near* (2011, zu Deutsch: Die Singularität ist nicht nahe), spricht von einer „Komplexitätsbremse": Wachsende Komplexität verhindert schließlich weiteren Fortschritt und führt letztendlich zu einem Zusammenbruch des ganzen Systems.[80] Er beruft sich auf den Anthropologen Joseph A. Tainter, der in seinem Buch *The Collapse of Complex Societies* den Nachweis erbracht habe, dass dieser Mechanismus regelmäßig Hochkulturen zum Untergang bringe.

Der Kognitionswissenschaftler Steven Pinker kritisierte die Singularität wie folgt: *„Es gibt keinen Grund, an das Kommen der Singularität zu glauben. Die Tatsache, dass man sich die Zukunft in der Vorstellung ausmalen kann, ist kein Beweis dafür, dass sie wahrscheinlich oder auch nur möglich wäre. Man schaue nur einmal auf die überwölbten Städte und Unterwasserstädte, zwischen denen die Menschen mit Strahlenjets verkehren, die meilenhohen Wolkenkratzer, die mit Nuklearenergie angetriebenen Autos – ein Haufen futuristischer Fantasien in meiner Kindheit, der niemals eingetreten ist. Bloße Verarbeitungspower ist kein Feenstaub, der all deine Probleme wegzaubert."*[81] Auch Jaron Lanier, einer der Väter der Virtual Reality, glaubt nicht an die technologische Singularität: *„Ich glaube nicht, dass Technologie sich verselbstständigen kann. Es ist kein autonomer Prozess."*[82]

Wer sich im Internet umsieht, gewinnt den Eindruck, dass der überwiegende Teil der Wissenschaftler, Fachleute und Philosophen der Möglichkeit der technologischen Singularität skeptisch gegenüber steht. Viele sehen darin eine Ingredienz, die jeder Religion zu eigen ist: ein religiöses Heilsereignis. Wahrscheinlich werden hier im kollektiven Unbewussten wurzelnde Glaubensstrukturen angesprochen, die auch in Atheisten und Materialisten aufgrund Jahrtausende alter „Überlieferung" noch epigenetisch vorhanden sind. Der ganze Schlamassel, in dem wir uns befinden, kann schon sehr erdrückend sein, sodass viele Zeitgenossen eben doch Zuflucht bei einem

Heiland suchen, heiße der nun Jesus Christus oder Singularität. Dass aber hier eine Büchse der Pandora geöffnet werden könnte, verdrängen die meisten Transhumanisten, die geradezu betriebsblind diesen Gefahren gegenüber aufgrund ihrer Wissenschaftsgläubigkeit sind. Transhumanisten haben im Allgemeinen einen hohen ethischen Anspruch. Der Transhumanismus sei einzig angetreten, um das Leid in der Welt zu beseitigen oder wenigstens zu vermindern. Das impliziert jedoch einen totalitären Ansatz: Wer gegen den Transhumanismus ist, ist demnach für das Leiden in der Welt. Denn da sie sich auf den wissenschaftlichen Materialismus berufen, der ihrem Glauben zufolge nie irren kann, kann die Wahrheit nur bei ihnen liegen. Weiter oben wurde aber gezeigt, dass Wissenschaft in weiten Teilen ein Glaubenssystem und damit ein Herrschaftsinstrument ist.

Ray Kurzweil hat prophezeit: *„Wir werden nach und nach nicht-biologisch. Wir werden irgendwann Roboter sein."*[83] Auch wenn dies gar nicht möglich sein sollte, so übt ein solcher Ausspruch – und es kursieren Hunderte ähnlicher in h+ – einen verderblichen Einfluss auf uns als Lebewesen und Geschöpfe aus. Behalten wir die transhumanistische Bewegung weiter verschärft im Auge.

TEIL 2

DIE ERDE HILFT

Kapitel 7

Wie geomagnetische Felder das Bewusstsein verändern

Die Magnetfelder werden schwächer

Überlagert von der immer chaotischer erscheinenden Weltlage existiert eine ordnende Struktur. Chaos und Ordnung gehören zusammen. *„Nichts kann existieren ohne Ordnung. Nichts kann entstehen ohne Chaos"*, bemerkte Albert Einstein.

Nach dem Physikochemiker Ilya Prigogine ist die Entstehung höherer Ordnungsniveaus aus einfachen, chaotischen Grundzuständen mathematisch zu beschreiben. Für diese Arbeit erhielt Prigogine 1977 den Nobelpreis für Chemie[84]. *„Heute ist bekannt"*, so Prigogine, *„dass fern vom thermodynamischen Gleichgewicht neue Strukturtypen spontan entstehen können – Unordnung und Chaos können sich unter diesen Bedingungen in Ordnung verwandeln und bringen dissipative Strukturen[85] hervor. Dissipative Strukturen ziehen eine Entwicklung zu höherer Ordnung nach sich"*.

Nur wenigen ist bekannt, dass die strukturleitenden Funktionen über bestimmt geartete Magnetfelder gesteuert werden. Besonders gründlich erforscht sind diese Funktionen bei Menschen. In diesem Kapitel soll über die Wechselwirkungen zwischen Geomagnetfeldern und menschlichen Stimmungs- und Bewusstseinslagen aufgeklärt werden.

Äußerlich betrachtet sieht es höchst bedenklich mit unserer Zukunft aus. Für den „Vater der Deutschen Einheit" Michael Gorbatschow steht "Die Welt steht am Abgrund eines großen Unglücks"[86]. Natürlich steht Michael Gorbatschow mit dieser Prognose nicht alleine da. Auch immer mehr führende Wissenschaftler und Nobelpreisträger sehen das so. Die berühmt-berüchtigte Weltuntergangsuhr des *„Bulletin of the Atomic Scientists"*[87] wurde für 2015 auf drei Minuten vor zwölf vorgestellt. So nahe am Abgrund befand sich die Welt zuletzt im Jahr 1984, als der kalte Krieg zwischen den Großmächten USA und UdSSR zu eskalieren drohte.

Inmitten einer immer chaotischer werdenden Zeit vollzieht sich jedoch eine andere Art von Wandlung, über die nur eine kleine Minderheit aufgeklärt wird. Überlagert von den großen Tagesthemen, zwischen denen kaum noch Raum für Konstruktives zu erkennen ist, findet man vereinzelt Berichte, die Anlass zur Freude sein könnten. Gemeint sind Forschungs- und Messergebnisse bezüglich unser sich immer stärker abschwächendes Erdmagnetfeld. Was das allerdings an Gutem bedeuten kann, erschließt sich dem Laien nicht sofort. Eher kurios erscheint da eine Nachricht vom 12. Januar 2011, die Spiegel Online veröffentlichte:

„Die magnetischen Pole der Erde wandern, und mit ihnen die Kompassnadel. Die Veränderungen sind inzwischen so gravierend, dass Flughäfen ihre Landebahnen neu beschriften müssen - so wie jetzt ein Airport in den USA."[88]

Etwa drei Jahre später – am 24. Juni 2014 – berichtete die ESA (European Space Agency):

„Magnetisches Schutzschild der Erde gegen Sonnenstürme schwächt sich bedrohlich ab. Die Messergebnisse der Swarm-Satelliten erstaunen die Wissenschaftler: Das Magnetfeld der Erde schwächelt. Besonders über Nord- und Südamerika zeichnen sich drohende Schlupflöcher für hochenergetische Sonnenstürme ab. (...) Messungen in den vergangenen sechs

Monaten bestätigten den allgemeinen Trend der Schwächung des Feldes, mit den dramatischsten Rückgang in der westlichen Hemisphäre."[89]

Bevor ich über die aktuellsten Abschwächungen des Erdmagnetfeldes berichte sollte ich zunächst einmal darlegen, weshalb diese Ereignisse von außerordentlicher Bedeutung sind. Die ständig sich abschwächenden Erdmagnetfelder können unsere Bewusstseins- und Stimmungslagen sowie unsere Gesundheit beeinflussen.

Die Geschichte der Menschen zeigt, dass massive globale Veränderungen, die als revitalisierende oder revolutionäre Bewegungen bezeichnet werden können, Phasen, in denen eine große Idee zu Umbrüchen führt, oft auftreten in Zeiten mit bestimmter geomagnetischer Aktivität. Diese Zusammenhänge sind nicht nur Statistik. Die Grundlagenforschungen über Wechselwirkungen zwischen Magnetfeldern und Lebewesen (biologischen Systemen) gibt es bereits seit 1926. Der Begründer dieser Forschung, der Heliobiologie, war Alexander L. Tschishewski[90] (Tchijevsky). Er hat in jahrelanger Arbeit umfangreiches Datenmaterial insbesondere aus der ehemaligen Sowjetunion ausgewertet und somit Zusammenhänge zwischen Sonnenaktivitäten und zeitgleich auf der Erde auftretenden Ereignissen, Häufung von Krankheiten, Kriegen etc. wissenschaftlich darstellen können. Tschishewski wies beispielsweise nach, dass die geomagnetischen Felder, die sehr oft durch intensive Sonnenaktivitäten beeinflusst wurden, das Verhalten von Menschen beeinflussen.[91] Heute sind die Forschungen dieses Fachbereiches ausgereift und stehen auf einer soliden Basis. Da ich selber auf eine fast vierzigjährige Forschung zurückgreifen kann, habe mit Bedauern beobachten müssen, dass wir über diesen so überaus wichtigen Forschungsbereich kaum aufgeklärt werden. Auf meiner Website[92] biete ich aus diesem Grund einige zitierfähige Fachartikel hierzu an[93].

Seit einigen Jahren zählen Professoren wie Franz Halberg[94] und Alexander Trofimov[95] zu den führenden Naturwissenschaftlern im Kernthema. Der Forschungsschwerpunkt von Alexander Trofimov liegt im Bereich der Untersuchungen von Menschen unter sehr stark abgeschwächten Erdmagnetfeldern. Eine seiner Aussagen hierzu:

„Wenn wir nach einem längeren Aufenthalt im Inneren des Abschirmapparates – also in einem Raum praktisch ohne Magnetismus – dieselben Experimente wiederholen, sehen wir ein drastisch anderes Bild. Wir sehen, dass die zusätzlichen Reserven unseres Geistes und unserer Fähigkeiten aktiviert sind."

Und weiter:

„Der Intellekt kann als ein kosmoplanetarisches Ereignis angesehen werden, ein explosiver Prozess, der spontan von entsprechenden Strukturen des Bewusstseins geformt wurde."

Nach seiner Auffassung entstehen immer wieder neue Informationsfelder intellektueller Organisation, die das Bewusstsein verändern und zur Entstehung neuer Kulturen führen.

„Die Zunahme oder Abnahme des Typus der Feldbeziehungen auf der Stufe der gesamten Menschheit, auf nationaler oder ethnischer Ebene sind von größter Bedeutung für die Geschichte dieser Gruppen oder Nationen und für die Sozialhistorie des Planeten!"

Der „Vater der Chronobiologie" Franz Halberg setzte die Forschungen von Alexander L. Tschishewski fort. Professor Halberg gründete an der University of Minnesota die *Chronobiology Laboratories.* Er arbeitete seit den 1940ger Jahren in nahezu allen Bereichen der Erforschung von Lebensrhythmen. Zu den aufsehenerregenden Veröffentlichungen zählt eine Studie über die Zusammenhänge zwischen sonneninduzierten geomagnetischen Veränderungen und terroristischem Verhalten.

Schon im September 2011 trafen sich in Istanbul führende Wissenschaftler und Regierungsmitglieder aus mehr als 30 Nationen beim Kongress *Geocataclysm-2011,* um sich über die derzeit massiv ansteigenden Probleme und Anzahl von Naturkatastrophen auszutauschen. Im Rahmen dieses Internationalen Kongresses mit dem Thema: *„Naturkatastrophen und globale Probleme der modernen Zivilisation"* [96,97] hielt Franz Halberg seinen Vortrag *„Die Auswirkungen der Sonnenaktivität und des Erdmagnetfeldes auf soziale Aufstände, Terrorismus und menschliche Gesundhei*t".[98,99]

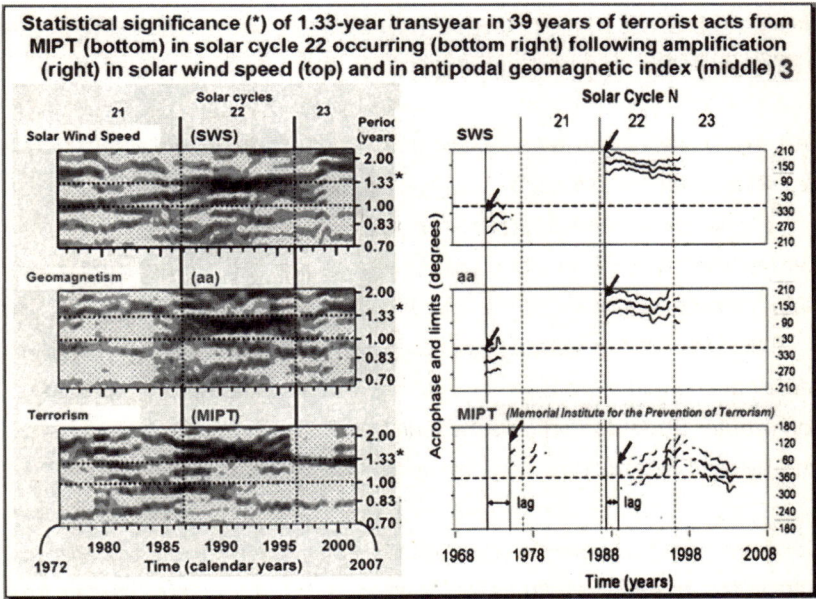

„Hochsignifikante Zusammenhänge zwischen Sonnenwinden, den daraus resultierenden erdmagnetischen Änderungen der Feldstärke (Intensität) und dem Vorkommen terroristischer Aktionen."[100, 101]

Die linke Seite der oberen Abb. zeigt eine Korrespondenz in der zeitlichen Frequenz von Sonnenwinden (oben), Geomagnetismus (Mitte) und Terrorismus (unten). Eine prominente Amplitude (schwarz) zeigt eine Übereinstimmung der Zeitpunkte und Häufigkeiten dieser drei Variablen. Auf der rechten Seite zeigt sich das signifikante Verhältnis zwischen den Zeitabständen von 1,3 Jahren und der Variable SWS (Sonnenwindgeschwindigkeit), was anhand der Spitze der korrelierenden Kosinus-Akrophage sichtbar wird – umrahmt von den 95% Kontinenz-Intervallen), bei der sich – wieder mit einer Zeitverzögerung – auch eine Intensivierung des Terrorismus zeigt, die aufhört, wenn das Umfeld die Frequenz verliert.

Da ich als Referent an diesem Kongress persönlich teilnehmen durfte, konnte ich die Reaktionen der Zuschauer – überwiegend Kollegen aus anderen Fachbereichen – direkt wahrnehmen. Diese außergewöhnliche Präsentation durch den Vorsitzenden des Kongresses erregte die Gemüter der meisten Teilnehmer. Spätestens jetzt war allen die besondere Tragweite der Wirkungen von Geomagnetfeldern bewusst. Der Schwerpunkt und der Anlass dieses Kongresses waren wie gesagt die auffällig zunehmenden Geo-Kataklysmen[102]. Hierbei traten Themen wie Erdbeben, Vulkanaktivitäten, Hurrikans, und vor allem das Erdklima in dem Vordergrund. Die Magnetfelder der Erde spielten hier – zumindest anfänglich – eher eine Nebenrolle. Im Wesentlichen wurde dieser Kongress also von Geophysikern veranstaltet. Da die Geowissenschaften sehr interdisziplinär und fächerübergreifend arbeiten, gibt es viele spezielle Disziplinen, die eine hohe Umweltrelevanz besitzen, wie die Angewandte Geologie, die Geobiologie, Meteorologie und Klimatologie (um nur einige zu nennen). Der international führende Wissenschaftler ist der Geophysiker Prof. Elchin Khalilov. Es ist naheliegend, dass Elchin Khalilov[103,104], zusammen mit Franz Halberg den Vorsitz dieses Internationalen Kongresses erhielt.

Elchin Khalilov wurde 2009 zum Präsidenten des „International Committee Geochange" gewählt, in dem sich Wissenschaftler aus über dreißig Ländern zusammenschlossen.[105] Das sicher aufregendste Werk Khalilovs erschien 2011: *„Global geological and environmental change: threatening the stable development of civilization"* – „Der globale geologische und Umweltwandel: Bedrohung der stabilen Entwicklung unserer Zivilisation."

Die Prognosen der Spezialisten sahen wahrlich nicht sehr rosig aus. Die mit höchstem Sachverstand vortragenden Referenten erschienen erregter, als ich es von anderen Kongressen kannte. Jeder schien genau zu wissen, dass die Ergebnisse ihrer Forschungen zum Weltklima auch für sie selber von größter Bedeutung sind. Mir fiel jedoch auf, dass all diese Ergebnisse, so besorgniserregend sie auch erschienen, in erster Linie die materielle Seite berührten. Mich erinnerten die vorgetragenen Ergebnisse an einen klassischen Medizinkongress, auf dem größtenteils nur die Symptome einer körperlichen Krankheit thematisiert wurden. In diesem Sinne erinnerte ich mich an das Prinzip *„Krankheit als Weg"*.

Thorwald Dethlefsen und Rüdiger Dahlke erkannten, dass sehr viele psychische und physische Gesundheitsstörungen letztendlich Botschaften der Seele sind, die es zu entschlüsseln gilt. Anhand vieler Beispiele machten sie deutlich, wie Krankheit als Chance begriffen werden kann und wie körperliche Symptome auf anstehende Entwicklungsschritte hinweisen.

Aus meinen persönlichen Beobachtungen als Wissenschaftler konnte ich immer wieder erfahren, dass selbst schwerstkranke Patienten eine Heilung erfuhren, wenn sie die Ursache ihrer Krankheit erkannt und aufgelöst hatten. In den von mir beobachteten Fällen handelte es sich um Patienten, die durch die gezielte Einwirkung sehr schwacher Magnetfelder in die Lage versetzt wurden, die Ursache ihrer Krankheit selber zu erkennen. Wie bei einer Nahtoderfahrung berichteten sie über höchst emotionale Erfahrungen, die im ursächlichen Zusammenhang mit ihrer schweren Krankheit standen. Faktisch waren es die am Hinterkopf applizierten Spulen, die diese besonderen Magnetfelder aussendeten und so diese oftmals rettenden Bewusstseinserweiterungen hervorriefen.

Dieses Therapieverfahren habe ich bereits als Europapatent[106] erteilt bekommen. Dieses Patent war das Ergebnis meiner universitären Forschungen [107,108]. Seit einigen Jahren wurde dieses Verfahren in Form eines Gerätes[109] als ein international anerkanntes Medizingerät zugelassen[110]. Möglicherweise war das auch der Grund dafür, weshalb mich Franz Halberg persönlich zu diesem Kongress in Istanbul einlud. Professor Halberg kannte meine Arbeiten ebenso, wie ich seine kannte. Auch auf anderen Ebenen habe ich diesem wunderbaren Menschen sehr viel zu verdanken.

Die Gemeinsamkeit unserer Forschungen waren die schwachen Magnetfelder. Aus meinen Forschungen, die ich seit 1980 betreibe, wusste ich von den bewusstseinserweiternden Wirkungen bestimmter Magnetfelder[111].

Mein damaliges Interesse für diese Forschung wurde bereits 1978 durch drei Veröffentlichungen in *Nature* geweckt. In diesen Studien ging es um die Geomagnetfelder und ihre Wirkungen auf die Psyche von Menschen. Die Zusammenhänge fielen erst dadurch auf, dass an Tagen mit bestimmten geomagnetischen Anomalien die Einlieferungsquote in den psychiatrischen Anstalten besonders hoch war. Diese eindeutigen Korrelationen wurden bereits 1963 veröffentlicht[112] und von dem Chefarzt Howard Friedmann noch bis 1967 weiter verfolgt und ebenso in *Nature* veröffentlicht[113]. Heute denke ich, dass es diese drei Studien waren, die mich dazu angeregt haben, diesen Fachbereich weiter zu erforschen.

Die von Franz Halberg veröffentlichte Studie über die Zusammenhänge zwischen Geomagnetfeldern und Terrorismus hatte mit den Therapieerfolgen aus meinen Forschungen etwas gemein. Beide Effekte wurden durch bestimmte Magnetfelder ausgelöst. Dass es sich um so verschiedenartige Wirkungen handelt – Terroraktivitäten und Heilungen – ergibt sich aus den unterschiedlichen Feldstärken der Magnetfelder. Die von Franz Halberg untersuchten Magnetfeldstärken waren wesentlich höher als diejenigen, die einen therapeutischen Nutzen bewirkten. Die Herleitung dieses paradox erscheinenden Effektes ist beispielsweise durch sogenannte Zyklotron-Resonanzen möglich.[114,115]

Heute bin ich davon überzeugt, dass die kataklystische Ereignisse die Symptome einer geistigen Fehlhaltung sind. Aus einer erweiterten Quantenphysik ist herzuleiten, dass es zwischen Geist und Materie keine Trennung gibt[116,117]. Dass unsere Erde in einem viel tieferen Sinne mit uns verbunden ist als wir uns das aus einem materialistischen Weltbild heraus vorstellen, dürfte uns nicht überraschen. Für mich besteht kein wesentlicher Unterschied zwischen einem schwer erkranktem Menschen und unserer erkrankten Erde. Was uns faktisch alle miteinander verbindet sind die Magnetfelder. Unser Gehirn und unser Herz strahlen Magnetfelder aus, die mit den Magnetfeldern unserer Erde wechselwirken. Aus der Hirnforschung wissen wir seit langem, dass unterschiedliche Stimmungs- und Bewusstseinslagen mit den entsprechenden Magnetfeldern einhergehen.

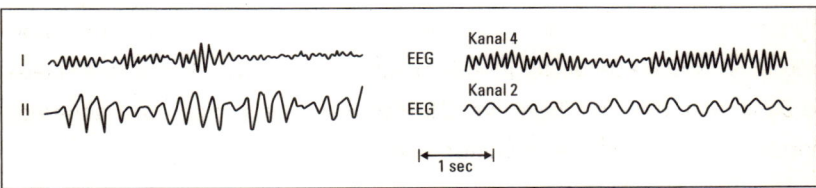

Diese Abbildung zeigt uns die auffällige Ähnlichkeit zwischen den elektromagnetischen Erdfrequenzen (Schumann-Resonanzen) und den elektromagnetischen Signalen eines Menschlichen Gehirns (EEG).

Das nächste Bild zeigt die Wirkung eines von außen zugeführten Magnetfeldes auf das Gehirn eines Probanden (dieser Proband erlebte durch die applizierten Magnetfelder eine leichte Halluzination).

Die unterschiedlichen Helligkeiten repräsentieren unterschiedliche neuronale Aktivitäten, wobei der hellere Bereich (links) größeren Aktivitäten entspricht als die restlichen. Alle neuronalen Aktivitäten – das heißt sämtliche Regelungen in unserem Körper – sind grundsätzlich von **magnetischen** Aktivitäten begleitet. Von allen unseren Neuronenverbänden und Organen senden unser Gehirn und unser Herz die stärksten Magnetfelder aus. So ist es nicht verwunderlich, dass das Magnetfeld der Erde das uns verbindende Agens (Medium) darstellt.

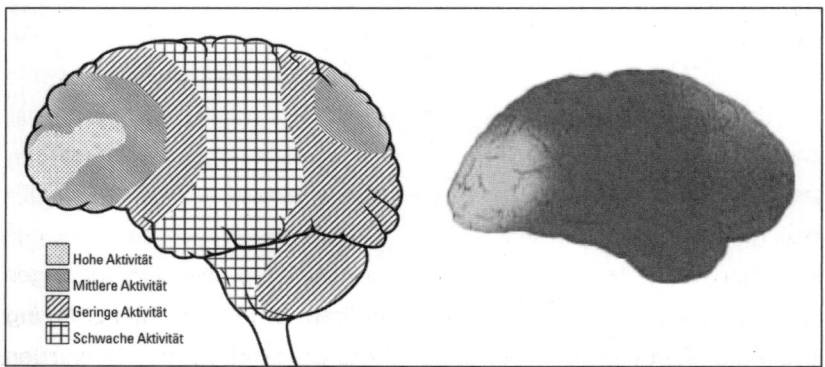

Topographische Aufnahme einer Brain Mapping Messung. Diese Grafik zeigt die unterschiedliche neuronale Aktivität (in ihren Mustern, ihrer Frequenz und Intensität) eines menschlichen Gehirns. Die Helligkeiten stellen die unterschiedlichen Aktivitäten dar.

Heute sind die signifikanten Wechselwirkungen zwischen Magnetfeldern und Stimmungs- und Bewusstseinslagen durch die elektro- und magnetochemischen Prozesse zu erklären. In Anbetracht dieser Zusammenhänge verwundern dann auch nicht die veröffentlichten Studien über Geomagnetfelder, die zu Halluzination und telepathischen Erlebnissen führten.[118,119]

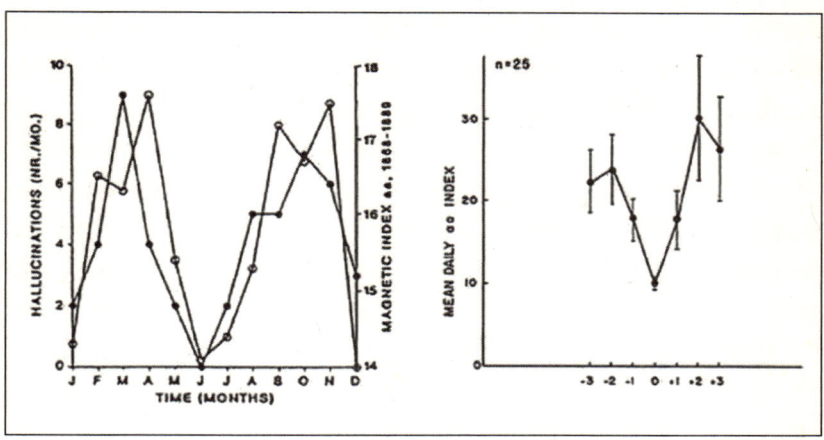

Die linke Grafik zeigt die Anzahl der Halluzinationserlebnisse in Abhängigkeit von jahreszeitlichen Magnetfeldänderungen der Erde (nach W. und S. Randall). Das rechte Bild: Geomagnetische Schwankungen an den Tagen vor und nach telepathischen Erlebnissen (nach M. Persinger).

Die Beeinflussung durch die Geomagnetfelder bezieht sich auf alle Lebensbereiche. So untersuchten mehrere Universitäten im Auftrag der US-Notenbank, der Federal Reserve Bank of Atlanta[120,121] die Zusammenhänge zwischen den unterschiedlichen Geomagnetfeldern und dem auffälligen Kauf- bzw. Verkaufsverhalten von Aktionären. Unter dem Titel **„*Playing the Field: Geomagnetic Storms and the Stock Market*"[122,123] wurden die erstaunlichen Ergebnisse veröffentlicht.**

Die Tabelle auf der nächsten Seite verdeutlicht den Einfluss der Geomagnetfelder auf den Aktienmarkt. Bei den sogenannten „Normal Days" gibt es keine geomagnetischen Anomalien, bei den „Bad Days" schon.

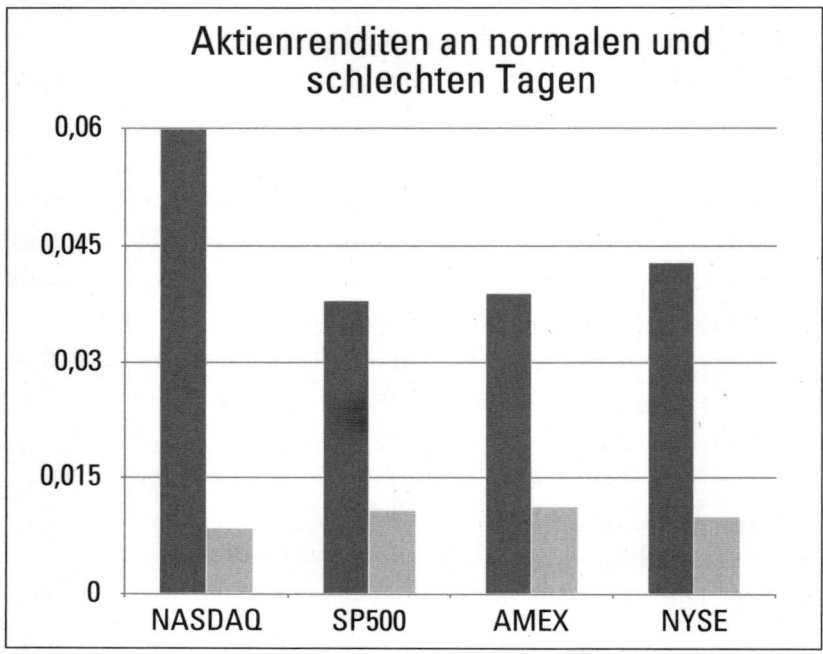

US-Aktienrenditen während normaler und schlechter Tage. Die Abbildung zeigt die Balkendiagramme der NASDAQ, S & P500, AMEX und NYSE (New York) Börsenwerte während der normalen Tage (linke Spalte) und schlechte Tage (rechte Spalte). Es werden die sechs Kalendertage nach einem geomagnetischen Sturm als schlechte Tage und die verbleibenden Kalendertage als normale Tage definiert[124].

Unser Geo- bzw. Erdmagnetfeld ändert sich ständig. Über die Schwankungen geben Messungen und Grafiken mit Kp-Index-Werten Auskunft. So lassen sich starke Aktivitäten an bestimmten Tagen sogenannten „Bad Days" zuordnen.

Ein weiteres Modell, welches die Wirkungen zwischen Magnetfeldern und psychischen- und geistigen Reaktionen zeigt ist die Zyklotronen-Resonanz. [125,126] Die Frage an dieser Stelle ist: Wie tiefgreifend wirken sich die immer häufiger auftretenden geomagnetischen „Anomalien" auf unsere Persönlichkeit aus? Uns sollte klar sein, dass es hier nicht um leichte Befindlichkeitsstörung geht. Auch wenn wir möglicherweise persönlich nicht in der Statistik dieser Börsenstudien erfasst worden sind, so wurden wir an den aufgeführten „Bad Days" sicherlich ebenfalls beeinflusst.

Inwieweit diese Einflüsse in unsere Handlungen eingehen, können wir nur erahnen. Es wäre sicher von großem Interesse, wie wir an einem „Bad Day" reagiert hätten, wenn wir von den entsprechenden Magnetfeldern ausgeschlossen wären. Hierzu jedoch gleich mehr.

Leider verfügen wir Menschen über keine Sinne, die uns über außergewöhnliche Magnetfelder informieren könnten. Die geomagnetisch hervorgerufenen „Bad Days" sind mehr oder weniger unterschwellige Einwirkungen auf unsere Psyche.

Die Umkehrung der Pole

Liebe Leser, sicherlich ist Ihnen die Tragweite dieser Thematik bewusst. Vor allem ist zu bedenken, dass die geomagnetischen Anomalien weiter zunehmen werden! Was die Brisanz allerdings noch steigert, ist die ständige Abnahme unseres Erdmagnetfeldes. Der Grund für diese immer schnelleren Abschwächung der geomagnetischen Feldstärke ist die Polwanderung.[127,128] So meinte beispielsweise Prof. Hermann Lühr in einem Beitrag zur Abschwächung des Magnetfeldes in 3sat nano am 2.10.2013: *„Möglicherweise stehen wir vor einer Polumkehr des Magnetfeldes."*[129]

Die Abschwächung des Geomagnetfeldes ergibt sich aus dem Prozess einer Polumkehrung, in dem wir uns momentan befinden. Ich möchte mich hier allerdings auf die biologischen und geistigen Auswirkungen dieses Vorgangs beschränken. Bei der Abnahme des Geomagnetfeldes tritt ein weiteres Phänomen auf. Der Weltraummediziner Professor Karl Hecht[130] berichtete über die Wirkungen der extrem abgeschwächten Geomagnetfelder, mit denen die ersten Kosmonauten im Weltall konfrontiert wurden:

„Dass das geomagnetische Feld, d. h. die Magnetosphäre für Menschen, Tiere und Pflanzen lebensnotwendig ist, wurde spätestens nach den ersten kosmischen Flügen von der russischen Weltraummedizin entdeckt. Beim Zweiten kosmischen Flug von German Titow, der im Gegensatz zu Juri Gagarins erstem Flug (108 Minuten) 24 Stunden dauerte, traten erhebliche Befindlichkeitsstörungen mit Erbrechen auf. Da die Raumfahrzeuge in über 300 km Entfernung von der Erde flogen, waren die Besatzungen ohne Schutz der Magnetosphäre. Entsprechende technische Maßnahmen an den Raumfahrzeugen behoben diese Beschwerden [interne mündliche Information IMBP Moskau an Hecht].“[131]

Seit über dreißig Jahren erforschen Professor V. P. Kaznacheev und A. V. Trofimov in ihrem Institut[132] die Auswirkungen auf Menschen, die nahezu vollständig von den Geomagnetfeldern abgeschirmt wurden. Man wusste, dass in naher Zukunft das Geomagnetfeld derartig schwache Intensitäten erreichen würde, wie sie die ersten Kosmonauten im All erfahren hatten. Die Forschungsergebnisse sind für uns von unschätzbarer Bedeutung.

Tatsächlich hat der Prozess der zunehmenden Abschwächung der Geomagnetfelder an einigen Tagen bereits ähnliche Feldstärken erreicht wie sie in der Raumstation gemessen wurden. Naturgemäß sind die Feldstärken nicht gleichmäßig auf der Erde verteilt. Den Messergebnissen zufolge variieren die Feldstärken zwischen den Regionen erheblich.

Doch zunächst möchte ich Ihnen noch über die Ergebnisse der beiden russischen Wissenschaftler Kaznacheev und Trofimov berichten. Die Probanden, die sich über 1-2 Stunden in einem fast feldfreien Raum befanden zeigten Reaktionen, die man zuvor kaum für möglich gehalten hatte.

Alexander Trofimov, der heutige Leiter dieses Forschungsprojektes, fasst seine Ergebnisse so zusammen:

„Wenn das magnetische Feld abgesenkt wird, sehen wir eine gesteigerte Fähigkeit, die Reserven und die Kapazität des menschlichen Gehirns zu nutzen, und das ist gut."

„Unter Ausschluss (Abschirmung) von äußeren elektromagnetischen Feldern haben wir einen Zugriff auf ein Energiefeld, das unserer Realität unterlegt ist, so dass, sobald eine Person diesen Zustand einmal erreicht hat, ihr Bewusstsein so ausgedehnt bleibt."

„Probanden, die unter dem Einfluss des abgeschirmten Erdmagnetfeldes standen, wiesen folgende Eigenschaften auf: signifikante Steigerung der intellektuellen Fähigkeiten, höhere Inspirationen (kreative Fähigkeiten), sowie Steigerung der telepathischen Fähigkeiten. Diese Eigenschaften sind in der Genexpression der Genmarker B1 und D4 nachweisbar."[133]

Diese Aussagen mögen höchst spekulativ erscheinen, jedoch sind sie mehrfach verifiziert und überprüft worden. Auch aus diesem Grunde war ich höchst darüber erfreut, dass ich Alexander Trofimov als Referent für den Kongress *Chaos & Ordnung* (September 2016 in Wien) gewinnen konnte. Seine Forschungsergebnisse gewinnen zusätzlich noch an Bedeutung, da wir mit einer zunehmenden Abschwächung des Geomagnetfeldes zu rechnen haben. Wieweit diese Abschwächung bereits fortgeschritten ist und mit welchen weiteren Feldstärken wir demnächst zu rechnen haben, sollen die folgenden Forschungsergebnisse zeigen. Zunächst erregte der inzwischen emeritierte Professor für Geologie Rob Coe, University of California, Santa Cruz, großes Aufsehen mit seinen Messungen in versteinerter Lava. Seine revolutionären Ergebnisse wurden u.a. im renommierten Journal *Nature* veröffentlicht. Rob Coe konnte nachweisen, dass sich das Geomagnetfeld während einer Polumkehrung um bis zu 90% abschwächte.

Rob Coe und sein Team untersuchten Dutzende von Schichten versteinerter Lava. Sie stellten fest, dass die tieferliegenden Schichten andersherum magnetisiert waren, und nach Süden wiesen. Die oben liegenden Schichten waren nach Norden gerichtet. Die mittleren Schichten zeugten von einem magnetischen Chaos. Der eigentliche magnetische Sprung dauerte mehrere tausend Jahre. Das interessanteste daran war die Aktivität des Erdmagnetfeldes während dieser Zeit. *„Am Anfang des Wechsels nahm die Stärke des Magnetfeldes stark ab; um 80 oder 90%."* Während seines Verschwindens verhielt sich das Magnetfeld sehr unberechenbar. Ungefähr 300 Jahre lang veränderte es ständig seine Richtung. Bis es letztlich um 180 Grad umschwang und nach Norden zeigte. Dann begann das Magnetfeld wieder stärker zu werden. Diese Vorgänge wiederholten sich mehrfach. Ein weiteres Mal verschwand das Erdmagnetfeld fast vollständig – diesmal für 3000 Jahre.

Das verbleibende Magnetfeld änderte so schnell seine Richtung, dass Professor Rob Coe die wilde Rotation sogar während des Abkühlens einer Schicht der Lava sehen konnte. Rob Coe: *„Was wir fanden war kaum zu glauben. Die schnell abgekühlten Ränder oben und unten zeigen in einer Richtung des zugrundeliegenden Lavastroms. Aber die Richtung des mittleren Teils wich um 60 Grad davon ab, als hätte sich das Magnetfeld während der Stein abkühlte um 60 Grad gedreht. Das wäre eine Bewegung von ungefähr 6 Grad pro Tag! Auf einem Kompass wären die Bewegungen des Feldes und seine Richtung fast mit bloßem Auge zu erkennen. Das war wirklich umwerfend und einzigartig."*[134]

Im September 2010 veröffentlichte *Focus online* einen Bericht mit dem Titel: „Magnetfeld der Erde – Die schleichende Umkehr". Gleich zu Beginn erfahren wir: *„Polsprünge können sich schneller vollziehen als bisher gedacht. Skeptiker befürchten dadurch ernste Konsequenzen für die Erde: vom Magnet-Chaos bis zum Massenaussterben"*[135]

Die beiden Professoren Scott Bogue[136] vom Occidental College und Jonathan Glen vom U.S. Geological Survey in Menlo Park, Kalifornien, konnten anhand ihrer Untersuchungen *„beweisen, dass Magnetumpolungen sehr viel schneller von statten gehen können als bisher gedacht: In diesem Fall wurde offenbar in weniger als vier Jahren aus dem magnetischen Nord- der Südpol und umgekehrt, das Magnetfeld der Erde hatte sich komplett gedreht"*[137,138].

„Diese Erkenntnisse versetzen die Forscher in Staunen, denn bisher sind sie davon ausgegangen, dass sich das irdische Magnetfeld im Mittel alle 300 000 Jahre umpolt und dieser Vorgang normalerweise mehrere Tausend Jahre dauert. Bis zu den Untersuchungen von Bogue und Glen gab es nur einen einzigen Hinweis darauf, dass die Magnetfeld-Umkehrungen auch schneller ablaufen können. 1995 nämlich fanden Wissenschaftler in Oregon magnetische Spuren in Lavaströmen, die auf eine Drehung des Magnetfelds um sechs Grad pro Tag hindeuten. Bei diesem Tempo dauert die Umpolung sogar nur einen Monat".

Dieses Ergebnis basiert nicht nur auf einer Studie. Bereits zuvor berichtete das Wissenschaftsjournal *newscientist*: *„Die magnetischen Pole (der Erde) wechseln alle 300.000 Jahre, ein Prozess, der normalerweise 5000 Jahre in Anspruch nimmt. Im Jahr 1995 wurde ein alter Lavastrom mit einem ungewöhnlichen magnetischen Muster in Oregon entdeckt."* Die Messungen ergaben *„dass sich das Feld zu der Zeit um 6 Grad pro Tag bewegte – mindestens 10000 mal schneller als üblich. "Nicht viele Menschen glaubten an dieses Ergebnis", sagt Scott Bogue von Occidental College in Los Angeles."*[139,140]

Diese Ergebnisse können durch die Forschungen von Prof. Gary Glatzmaier indirekt bestätigt werden. Der Geophysiker von der University of California, Santa Cruz konnte durch seine Computersimulationen herleiten, dass sich die Finalphase einer Polumkehrung innerhalb kürzester Zeit ereignen kann. Eine solche Finalphase würde sich durch erhebliche und häufig einsetzende geomagnetische Schwankungen bemerkbar machen. Diese Computer-Simulation diente als Vorhersage für die Erde, dass heute durch mehrere seismische Analysen gestützt wird. Den Ergebnissen nach traten mehrere Polumkehrungen immer spontan auf. Das Magnetfeld wechselte immer dann die Polarität, wenn es sehr schwach war.[141] Ganz offenbar sind die gemessenen starken Abschwächungen des Geomagnetfeldes ein Indikator für einen anstehenden Polwechsel. Einen übersichtlichen Bericht hierüber sendete arte. In *„Magnetischer Wechsel: Die Pole spielen verrückt"*[142] wird ab der 29. Minute berichtet:

„Wird unser Erdmagnetfeld deswegen schwächer, weil sich tief im Inneren der Erde Anomalitäten zusammenbrauen? Wenn dem so ist, steht ein magnetischer Wechsel bevor. *„Wir haben abrupte Veränderungen des Erdmagnetfelds unter dem atlantischen Ozean entdeckt."* Unter dem Süd-Atlantik fand der Geologe Jeremy Bloxham von der Harvard University den Grund dafür, warum unser Magnetfeld verschwindet. Nach seinen Angaben war dieser Grund die „magnetischen Anomalitäten". Und sie werden stärker. *„Anfang des 20sten Jahrhunderts beobachteten wir neue, umgekehrte Ströme. In diesem Bereich fließen Magnetfelder nicht aus dem Erdkern heraus, sondern in ihn zurück."* Diese besondere Zone ist bekannt als die „Südatlantische Anomalie". *„Hier ist das Magnetfeld um 30% schwächer. In den letzten 100 Jahren hat sich dieser Bereich stark vergrößert. Wir fragen uns daher alle, steht eine Umkehr des Magnetfeldes bevor?"* Unser Magnetfeld wird schwächer, weil es teilweise bereits umgekehrt ist."

Vergleichen wir diese Forschungsergebnisse mit den neueren Messdaten sieht es tatsächlich so aus, als ob wir uns bereits in einem Umkehrprozess des Geomagnetfeldes befinden. ESA berichtete am 19. Juni 2014: *„Messungen in den vergangenen sechs Monaten bestätigen den allgemeinen Trend der Schwächung des Feldes mit dem dramatischsten Rückgang in der westlichen Hemisphäre."[143]*

„Die Messungen der letzten hundert Jahre zeigen, dass das Magnetfeld dramatisch abnimmt und Paläodaten weisen sogar Umpolungen des Feldes nach. Hier gibt es Spekulationen und Befürchtungen, dass das Feld sehr schwach werden oder sogar völlig verschwinden und damit der Schutz durch die Magnetosphäre zusammenbrechen könnte."

Auf Spiegel online ist eine Fotostrecke mit Sicht auf das Magnetfeld der Erde. *„Zuletzt hat sich das Magnetfeld der Erde in einem Tempo verändert, das selbst Wissenschaftler stutzig gemacht hat."* Die Farben sind unterschiedlichen Feldstärken (nT, Nanotesla) zugeordnet. Blau eingezeichnet ist der Bereich der sogenannten Südatlantischen Anomalie. Dort ist das Magnetfeld besonders schwach".[144,145]

Immer häufiger informiert die Presse ihre Leser darüber, dass anders als man zuvor glaubte ein Polsprung sich sogar innerhalb eines Menschenlebens vollziehen könne. Die österreichische Tageszeitung *Der Standard* berichtete am 15. Oktober 2014: „Polsprung binnen eines Menschenlebens. Eine Umkehrung des Erdmagnetfelds dauert Jahrtausende, glaubte man bisher. Ein Irrtum, wie eine aktuelle Studie zeigt."[146]

Ungeachtet der sich immer weiter abschwächenden Geomagnetfelder soll es im April 2016 sogar zu einem Zusammenbruch der Magnetosphäre gekommen sein: „Vor kurzem soll es zu einem kompletten Zusammenbruch des Erdmagnetfelds gekommen sein. Das Ereignis soll sich am 23. April in den frühen Morgenstunden, genauer gesagt zwischen 5.37 Uhr und 7.37 Uhr ereignet haben. Ein Umbruch steht bevor, mutmaßen die einen.

Alles halb so wild, vernimmt man von der anderen Seite. Was aber steckt tatsächlich dahinter?". Diese Zeilen stammen aus *News,* einem renommierten Magazin aus Österreich[147]. Der Bericht bezieht sich auf Messungen der drei ESA-Satelliten für Weltraumwetter, der für zwei Stunden einen *„vollständigen Zusammenbruch der **Magnetosphäre** der Erde"* aufgezeigt haben soll.[148] Meinen Recherchen nach ereignete sich etwas Ähnliches bereits im März 2012.

Verwirrend ist, dass in den Berichten von zwei unterschiedlichen Magneterscheinungen der Erde die Rede ist. Einmal soll das Erdmagnetfeld und ein anderes Mal die Magnetosphäre für zwei Stunden zusammengebrochen sein. Als *Magnetosphäre* bezeichnet man das Raumgebiet um ein astronomisches Objekt, in dem das Magnetfeld des Objekts dominiert. Ihre scharfe äußere Begrenzung wird Magnetopause genannt. Das *Erdmagnetfeld* dagegen durchdringt und umgibt die Erde. Es besteht aus drei Komponenten. Der Hauptanteil des Erdmagnetfeldes (ca. 95 %) geht vom flüssigen äußeren Erdkern aus. Eine weitere Komponente des Magnetfeldes entsteht durch elektrische Ströme in der Ionosphäre und der Magnetosphäre. Die dritte Komponente ist räumlich sehr variabel (Geomagnetik[149]) Es ist das Feld der zurückbleibenden Magnetisierung der oberen Erdkruste z. B. durch Erzlagerstätten. Sollte es sich bei den veröffentlichten Aufnahmen des NASA-Satelliten um keinen Fehler gehandelt haben, wäre die Magnetosphäre und nicht das gesamte Erdmagnetfeld zusammengebrochen.

Handelt es sich bei diesem sensationellen Ereignis wohlmöglich nur um eine technische Störung? Dieser Ansicht sind zumindest einige Vertreter der NASA/ESA. Unabhängig von der Richtigkeit eines angeblich „vollständigen Zusammenbruchs der Magnetosphäre" reichen die konservativen Messungen der Geomagnetfelder für die Beurteilung ihrer Einflüsse auf unsere geistigen Eigenschaften aus. Unter konservativen Messungen verstehe ich die auf der Erde erfassten Messdaten des Geomagnetfelds, die von einem Netz von magnetischen Observatorien erstellt werden. Um eine höhere Genauigkeit zu erreichen wird seit einigen Jahren das Geomagnetfeld zusätzlich durch Satelliten gemessen.

Und der entscheidende Punkt ist: Die abnehmenden geomagnetischen Felder können unser Bewusstsein und unsere geistigen Fähigkeiten erweitern. Das bedeutet: Die Erde selbst hilft den Menschen in der Evolution

Magnetische Antennen im Gehirn

Heute wissen wir, dass unser Erdmagnetfeld auf unterschiedliche Weise direkt auf unser Gehirn Einfluss nimmt. In menschlichen Gehirnen wurden Magnetit Kristalle (Fe3O4) nachgewiesen. Sie wirken dort wie kleine magnetische Antennen, wodurch sie unmittelbar mit dem Erdmagnetfeld in Wechselwirkung treten.

Ein Forschungsteam um Dr. Joseph Kirschvink vom California Institute of Technology (Caltech) in Pasadena hat offenbar erstmalig diese winzig kleinen magnetischen Kristalle nachgewiesen.[150,151] Den Untersuchungen zufolge enthalten die meisten Regionen des Gehirns fünf Millionen Magnetit-Kristalle pro Gramm, die schützende Gehirnmembran sogar 100 Millionen. Nachweislich reagiert Magnetit mehr als eine Million mal stärker auf ein äußeres Magnetfeld als jedes andere biologische Material. Als Antennen-Kristalle können diese Magnetite selbst relativ schwache magnetische Signale empfangen und auf diese reagieren. Wenn nur eine von einer Million Zellen Magnetit enthält, kann ein Magnetfeld (z.B. auch das Erdmagnetfeld, aber auch das Magnetfeld des Ringstroms, der Sonnenflecken etc.) das Gehirn direkt beeinflussen. Im Laborversuch konnte man auch nachweisen, dass sich die aus der Gehirnsubstanz isolierten Magnetit-Kristalle bereits durch Magnetfelder bewegen, die nur wenig stärker waren, als das an sich schwache irdische Magnetfeld.

Unsere Zirbeldrüse reagiert besonders empfindlich auf sehr schwache Magnetfelder. In einer veröffentlichten Studie können wir erfahren:

„Die Zirbeldrüse ist der stärkste Magnetorezeptor. Zwischen und 20 und 30 Prozent ihrer Zellen sind empfänglich für Magnetfelder. Bei Tieren unter dem Einfluss von verschieden starken Magnetfeldern verändert sich der Ausstoß von Melatonin sowie die elektrischen Eigenschaften und Mikrostrukturen der Zirbeldrüsenzellen, wie bereits beobachtet wurde von Sandyk[152]). Zwei voneinander unabhängige Forschungsteams konnten in einzelnen Neuronen magnetisch beeinflusste Impulse nachweisen die mit Magnetiten besetzte Gehirngewebe verbunden waren."[153]

Auch wenn es immer noch etwas fremd und ungewohnt erscheinen mag, das Erdmagnetfeld übt weitaus mehr Einflüsse auf uns aus als bisher angenommen. Am wichtigsten sind nun die sich zunehmend abschwächenden Geomagnetfelder. Sie werden – mehr als bisher – auf unseren Körper und unseren Geist einwirken. Meiner festen Überzeugung nach werden diese Wirkungen dazu führen, dass sich unser Bewusstsein nachhaltig erweitert. Allerdings möchte ich davor warnen, diese magnetisch hervorgerufenen Veränderungen einfach nur abzuwarten. Diese hilfreichen Feldänderungen bewirken eine Art persönliche Innenschau, in der wir unsere alten Strukturen erkennen. Wie bei einer Nahtoderfahrung werden wir erkennen, was uns bisher gebunden, uns blind gemacht hat für das Leben in seiner wahren Kraft und Schönheit.

Kapitel 8
Die Macht der Zirbeldrüse

Magnetfeld und Epiphyse

Über dieses besondere Hirnorgan Zirbeldrüse oder Epiphyse wurde in den letzten 10 Jahren in den Fachjournalen und in den Medien bereits so umfangreich berichtet, dass selbst Zirbeldrüsenspezialisten durcheinander kommen können. Bei dieser Datenflut kann man kaum noch zwischen Meinungen und Fakten unterscheiden. Selbst wenn man die Primärquellen und Fakten zu einer Analyse heranzieht, stellt sich öfters heraus, dass es sich bei der einen oder anderen sicher geglaubten Quelle um Desinformationen oder um inzwischen widerlegte Forschungsergebnisse handelt. Meiner heutigen Darstellung liegen alle Informationen und Erkenntnisse zugrunde, die ich seit 1984 sowohl im Zusammenhang mit Forschungsprojekten, an denen ich beteiligt war, wie auch bei privaten Recherchen zum Zirbeldrüsenthema sammeln konnte.

In den ersten acht Jahren meiner Forschungsarbeit lag mein Schwerpunkt auf den Wirkungen von elektromagnetischen Feldern (genauer: EM-Wechselfeldern, E-Feldern und Magnetfeldern) auf die Zirbeldrüse. Ich bin sehr dankbar, dass ich mit Naturwissenschaftlern forschen durfte, die auf diesem Gebiet zu den führenden Forschern zählen. Was ganz besonders für Prof. Dr. Peter Semm gilt. Peter Semm entdeckte als erster die Zusammenhänge zwischen dem Erdmagnetfeld und der Zirbeldrüse. Ihm gelang der Nachweis anhand eines Experiments mit Brieftauben (die für ihren guten Orientierungssinn bekannt sind) und seine Entdeckung war der Durchbruch für ein neues Verständnis für die Funktion der Zirbeldrüse, die zuvor von der Schulmedizin eher als ein relativ nutzloses Hirnorgan betrachtet wurde. Da Peter Semm seine Entdeckung 1979 in einem der anerkanntesten Fachjournale – *Nature* – veröffentlichte, blieb es nicht aus, dass die Zirbeldrüse zu einem der lohnenswertesten Forschungsobjekte wurde.

Am erstaunlichsten finde ich jedoch etwas anderes; im selben Journal erschien noch im gleichen Jahr auch eine Studie über die Korrelationen zwischen plötzlichen Veränderungen der Erd-Magnetfelder (z.B. durch starke Sonnenstürme) und Gesundheit und menschlichem Verhalten. Zu den signifikanten Auffälligkeiten zählten: Geburtsraten und die der Todesfälle stiegen an, Epilepsie und Mord-Delikte traten häufiger auf, es gab mehr Einlieferungen in psychiatrische Krankenhäuser[154]. Offiziell dauerte es jedoch noch etliche Jahre, bis man eine haltbare Erklärung für dieses Phänomen hatte. 1994 wurde eine Studie in *The British Journal of Psychiatry* veröffentlicht, in der man die menschliche Zirbeldrüse für derartige merkwürdigen Auffälligkeiten verantwortlich machte. Nach intensiven erdmagnetischen Schwankungen wurden 36% mehr Patienten, die unter einer manischen Depression litten, in die Psychiatrie eingeliefert. In der erwähnte Studie wies man darauf hin, dass die Zirbeldrüse als eine Art Empfängerorgan für die Veränderungen magnetischer Feldverhältnisse fungieren könnte.

Von der Öffentlichkeit unbemerkt blieben die unbestreitbaren Beweise für diese Vermutung, die bereits drei Jahre zuvor, nämlich 1991 auf einem DFG-Rundgespräch[155] vorgelegt wurden. Peter Semm, der seinerzeit am Neurologischen Universitätsklinikum Frankfurt tätig war, trug auf diesem Treffen eine Sammlung von Studien von 25 Naturwissenschaftlern vor. Hierzu ein kurzes Zitat von Prof. Dr. Peter Semm:

„Zum Thema „Wirkungsmechanismen elektromagnetischer Felder mit zellulären Systemen" fand ein interdisziplinäres Treffen statt, zu dem auf Initiative einiger Wissenschaftler die Deutsche Forschungsgemeinschaft eingeladen hatte. 25 Forscher aus den Fachgebieten Biologie, Chemie und Physik waren beteiligt. Nach Bewertung des vorliegenden experimentellen Materials und einer Erörterung der möglichen Wirkungsmechanismen ist es jetzt unbestreitbar, dass unter ausgewählten Bedingungen nicht-termische Wirkungen von elektromagnetischen Feldern auf lebende Zellen ausgehen. Diese Einsicht ist durch eine seit ca. zehn Jahren kontinuierlich gewachsene Zahl positiver Befunde an verschiedenen Zellsystemen gereift. Wesentliche Erkenntnisse ergaben sich bei der Untersuchung der Zelldifferenzierung von Fibroblasten, der Genexpression und des Kalziumhaushalts in Lymphozyten und anderen Zellen, sowie der Zellzykluszeit von Lymphozyten und Hefe; weiterhin wurden eindeutige neuronale Antworten im Zentralnervensystem sowie eine Reduktion der Synthese des Hormons Melatonin beobachtet."[156]

Dieser letzte Satz ist für unser Thema sicherlich am wichtigsten. Das lebenswichtige Hormon Melatonin wird nämlich überwiegend in der Zirbeldrüse produziert. Hier findet die sogenannte Synthese von Melatonin statt. Als Synthese bezeichnet man die Vereinigung (Umsatz) von zwei oder mehr Elementen (Bestandteilen) zu einer neuen Einheit. Da sich im gleichen Hirnorgan aus Melatonin die psychoaktiven Neurotransmitter[157] bilden, ist diese Aussage für uns besonders bedeutsam. Als psychoaktive bzw. psychotrope Substanz wird ein Wirkstoff bezeichnet, der die menschliche Psyche beeinflusst.

Von der Zirbeldrüse werden genau die Neurotransmitter produziert, die es uns ermöglichen, über den Tellerrand eines vom bloßen Verstand geleiteten Agierens hinauszublicken und uns wie Wesen zu verhalten, deren Handeln von ethischen Werten geprägt ist.

Zum besseren Verständnis könnte man vereinfacht sagen, dass unser Körper Moleküle der Gefühle **und** Moleküle des Geistes produziert. Zusammengefasst werden sie alle als Neurotransmitter (und/oder Hormone) bezeichnet. Wenn wir beispielsweise Hunger haben oder Durst, dann vermitteln uns die entsprechenden Neurotransmitter hierfür die Signale. Selbst noch so differenzierte Vorlieben „unseres" Appetits z.B. werden uns durch einen Cocktail von passenden Neurotransmittern vermittelt. Die andere Klasse von Botenstoffen ermöglicht uns unterschiedliche Grade unserer Bewusstheit. Das ist die Klasse der „spirituellen Moleküle" – wie Dr. Rick Strassman sie bezeichnet.[158] Die meisten dieser „spirituellen Moleküle" produziert unsere Zirbeldrüse. In diesem Sinne ist eine gut funktionierende Zirbeldrüse von größter Bedeutung.

Bedauerlicherweise existiert eine – auf den ersten Blick – fast unüberschaubare Anzahl von Einflüssen, die unsere so besondere Drüse belasten und somit ihre Funktionen entsprechend mindern. Wie jedoch so oft bei allen Lebewesen entscheiden Frequenz und Intensität von Feldern darüber, ob sie nutzen oder störend (bis zerstörend wirken). Die Naturfelder der Erde sind uns dienlich und sogar lebensfördernd, während widernatürliche Frequenzen Gegenteiliges bewirken können.

Die Zirbeldrüse in der Forschungsgeschichte

Im 4. Jahrhundert vor Christus nannte sie der griechische Anatom Herophilos aus Alexandria den ‚Schließmuskel, der die Gedanken kontrolliert'. Als erster Forscher im Westen erkannte er, dass die Epiphyse etwas mit Geist und Seele zu tun hat. Der Philosoph Rene Descartes (1596 bis 1650) nahm den Sitz unserer Seele in der kleinen Drüse an. Die alten Ärzte nannten sie wegen ihres Erscheinungsbilds den Pinienzapfen (Corpus pineale). Aus diesem Grund wird die Zirbeldrüse im englischen Sprachgebrauch auch als *pineal gland* bezeichnet. Sie wird zunehmend auch von Wissenschaftlern als unser biologisches Drittes Auge betrachtet, als der „Sitz der Seele", als „Epizentrum der Aufklärung".

Der ägyptische Stab des Osiris aus dem Jahr 1224 v. Chr. zeigt zwei aufsteigende, sich umwindende Schlangen, die sich in einem Pinienzapfen treffen. Etliche Forscher sehen den Stab als Symbol für die „Kundalini", jene spirituelle Energie, die laut indischer Yoga-Tradition als aufgerollte Schlange in der Basis der Wirbelsäule ruht und im Moment der Erleuchtung in das dritte Auge (die Zirbeldrüse) aufsteigt. Die erweckte Kundalini steht für die Ausrichtung und Verschmelzung der Chakren und soll ein Weg sein, um göttliche Weisheit, reine Freude, reines Wissen und reine Liebe zu erreichen.

Swami Satyananda Saraswati sagte:

„Yogis, die Wissenschaftler des subtilen Geistes sind, haben von der Telepathie immer als einer „Siddhi", einer psychische Kraft gesprochen zur Gedanken-Kommunikation und –Hellhörigkeit. Das Medium solcher Siddhis ist das „Ajna Chakra" und sein physikalischer Terminus ist die Zirbeldrüse, die mit dem Gehirn verbunden ist. Es wurde von großen Yogis erklärt… dass die Zirbeldrüse der Empfänger und Absender der subtilen Schwingungen ist, welche Gedanken und psychische Phänomene, durch den ganzen Kosmos tragen".

Das „dritte Auge" bzw. „sechste Chakra" gilt als eines der wichtigsten Energiezentren des Menschen. Wie die westliche Bewusstseinsforschung erst jetzt erkennt verbindet sich in diesem Chakra das individuelle mit dem kosmischen Bewusstsein. Satyananda:

„Ajna Chakra wird das dritte Auge oder Kontrollzentrum genannt. Es ist eine Stelle des psychischen Körpers, in der Informationen aus der äußeren Welt wahrgenommen werden und in der man bei fortgeschrittenen Übungen die Anweisungen des Gurus erhält. – Es ist das berühmte

Auge der Intuition, durch das ein psychisch entwickelter Mensch alles betrachten kann, was sich auf den physischen und psychischen Ebenen des Daseins abspielt."

In fast jeder Übung des Kundalini Yoga wird dieses „sechste Chakra" und die ihm zugeordnete Zirbeldrüse als Konzentrationspunkt genutzt. Wobei „Ajna" übersetzt „befehligen, beherrschen" bedeutet. Nach Angaben der erfahrenen Yogis kann man Mithilfe des sechsten Chakras (also der Zirbeldrüse) und der Hypophyse seinen Geist eher kontrollieren. Diese Yogis erklären uns, dass wir durch eine kraftvolle Ajna-Chakra-Meditation eine klarere Wahrnehmung unserer Realität erreichen, so dass wir den Grund unseres eigenen Daseins leichter begreifen können. So wäre allein aus diesem Grund eine gut funktionierende Zirbeldrüse von wirkentscheidender Bedeutung. Aus biochemischer Sicht sind für diese besonderen Zustände ganz bestimmte Neurotransmitter (und Hormone) zuständig. Diese (psychedelischen) Substanzen sind untrennbar mit unserem Geist gekoppelt. Eine faktische Bewusstseinserweiterung kann z.B. nur durch die Aktivierung von den entsprechenden Neurotransmitter entstehen. Genau diese (psychedelischen) Substanzen produziert zum ganz erheblichen Teil unsere Zirbeldrüse. Allein schon aus diesem Grund wird die Bedeutung einer gut funktionierenden Zirbeldrüse ersichtlich.

Beispiel: Ein meditierender Mensch wird – ganz gleich wie intensiv seine Meditation auch sein mag – nicht in den Zustand einer Bewusstseinserweiterung (bzw. einer spirituellen Erfahrung) kommen, wenn in seinem Gehirn nicht die entsprechenden Neurotransmitter durch eine Transferase „aktiviert" werden können.

Nicht umsonst wird also die menschliche Zirbeldrüse auch als die „Meisterdrüse unseres Hormonsystems" bezeichnet. Sie wirkt als dessen oberste Instanz auf über 100 Körperprozesse ein. Nachweislich kommt der menschlichen Zirbeldrüse eine Schlüsselrolle zu, die in einem zentralen Zusammenhang mit unserem Bewusstsein steht.

Bereits im alten Griechenland und bei den antiken indischen Kulturen war die Existenz der Zirbeldrüse gut bekannt, wobei ihre Funktion jedoch bis in das 20. Jahrhundert hinein völlig rätselhaft blieb und Anlass zu allerlei Spekulationen gab. Die Zirbeldrüse zog als unpaares Organ immer wieder die Aufmerksamkeit auf sich. Zwischenzeitlich konnte das Wissen über die menschliche Zirbeldrüse erheblich erweitert werden. Durch vergleichende *(morphologische und histologische)* Untersuchungen wurde immer deutlicher, dass sich die Funktion der Epiphyse im Laufe der Evolution stark verändert hat. Als gesichert gilt, dass die menschliche Zirbeldrüse in ihrer Embryonalentwicklung bereits am 36. Tag sichtbar wird.[159] Bei der Geburt ist die Zirbeldrüse des Menschen dann vollständig entwickelt.

Die beiden Anatomie-Professoren H.W. De Graff und E. Baldwin Spencer entdeckten bereits 1886 unabhängig voneinander, dass die Zirbeldrüse ein rudimentäres Auge sei, mit allen wichtigen Zeichen der äußeren Augen – mit pigmentierten Netzhaut Zellen – die den Innenraum umgeben. Dieses „Auge" ist kugelförmig und mit einer Masse gefüllt, ähnlich einer Linse des äußeren Auges. Später fand man heraus, dass die Zirbeldrüse tatsächlich auch auf Licht reagiert, das entweder durch das Nervensystem oder die äußeren Augen hereinströmt. Ich halte es für keinen Zufall, dass die yogischen Texte Indiens und die mystischen Traditionen Jahrhunderte hindurch von dem „Auge der Intuition" und dem „Dritten Auge" sprechen und in diesem Zusammenhang auf die Zirbeldrüse verweisen.

Einen Durchbruch in der Zirbeldrüsen-Forschung brachten zwei Mitarbeiter des National Institute of Health (USA), der Nobelpreisträger J. Axelrod und sein Kollege R. J. Weissbach. Sie entdeckten, dass Serotonin die Vorstufe von Melatonin ist. Vor allem fanden sie heraus, dass Melatonin aus Serotonin in der Zirbeldrüse auf einfachen chemischen Weg produziert wird.[160]

Die zentrale Rolle, die Serotonin spielt, wurde jedoch kurz nach der Entdeckung von LSD-25 erkannt. Die Hirnforscher fanden heraus, dass bereits winzige Mengen dieser Substanz LSD 25 das Bewusstsein gravierend verändern können, von tief empfundenen religiösen und mystischen Erlebnissen bis zu Paranoia und Schizophrenie. Die LSD-25 Moleküle sind der Struktur von Serotonin derartig ähnlich, dass die LSD-Moleküle in der Lage sind, die Wirkung von Serotonin im Gehirn zu blockieren. Hierfür docken die LSD-Moleküle an den Serotonin Rezeptoren an und besetzen ihren Platz.

An der Universität von Edinburgh wurde entdeckt, dass die Veränderung des Bewusstseins, die durch LSD-25 eintritt, nicht durch direkte Einwirkung auf die Gehirnsubstanz zustande kommt, sondern dass LSD-25 dem Gehirn Serotonin entzieht, indem es dessen Wirkungsplätze blockiert. Unter anderem bedeutet dies, dass der Serotonin Anteil im Gehirn für den rationalen Gedankenablauf verantwortlich ist, und dass eine Veränderung der Serotonin Konzentration im Gehirn – wie sie beispielsweise durch LSD-25 eintritt – die Wahrnehmung der normalen Realität erheblich verändert.

Alle diese Forschungsergebnisse bedeuten, dass unsere Zirbeldrüse das physische Medium ist, das die chemische Zusammensetzung bei den verschiedenen Bewusstseinszuständen reguliert.

Immer mehr Hirnforscher erkennen, dass unsere Identität sehr eng mit unserem Bewusstseinszustand zusammen hängt, und dass wir in unserem Alltags-Bewusstsein gefangen sind – vergleichbar den Gefangenen in

Platos Höhlengleichnis. Dr. Swami Karmananda Saraswati erklärt im Yoga Magazine Vol. XVII No. 3, März 1979:

Er (der Mensch) ist weit mehr eingesperrt als der Gefangene, der in Ketten gelegt ist oder hinter Gefängnismauern sitzt. Ein solcher Häftling ist nur mit seinem Körper gefangen, und diesen Zustand nimmt er sehr wohl wahr. Aber das menschliche Wesen ist sehr viel wirksamer gefesselt und gebunden. Sein ganzes Bewusstsein liegt in Gefangenschaft. Die Gefangenschaft ist so effektiv, dass der Mensch nicht einmal die Möglichkeit einer höheren Wahrnehmung und Erfahrung sehen kann. Die Ketten, die verhindern, dass er die Realität erkennen kann, dass er göttlich und unendlich ist, scheinen identisch zu sein mit dem Serotonin-Spiegel in seinem eigenen Gehirn!"

Vor der Rückbildung der Zirbeldrüse und damit ihrer Funktionen haben Kinder einen spielerischen Zugang zu den unterschiedlichsten Ebenen des Bewusstseins. Dazu äußerte sich Dr. Swami Karmananda Saraswati im gleichen Magazin:

*Ja viele Kinder können mühelos ‚zaubern', sie besitzen ‚siddhis', psychische Kräfte, die mit der Erweckung des Ajna Chakras im Zusammenhang stehen. **Kinder sind oft hoch intuitiv, können in die Zukunft und in die Vergangenheit sehen, oder sie wissen, was ihre Eltern denken.** Sie haben außergewöhnliche Fähigkeiten, die Wirklichkeit hinter den äußeren Erscheinungen zu sehen, so stark, dass es sehr schwierig ist, ein Kind zu täuschen oder zu belügen."*

Diese Eigenschaften entstehen, weil die gut funktionierende Zirbeldrüse der Kinder noch genügend Serotonin in Melatonin umwandelt. Bekanntlich bewirkt ein sinkender Serotonin-Spiegel einen Zugang zu anderen Bewusstseins Stufen. Eine verminderte Melatonin Produktion ist mit einem fortschreitenden Aufbau von Serotonin Konzentration im Gehirn verknüpft, womit sich die Türen in die ausgedehnte Welt der intuitiven Wahrnehmung und der Intuitionen verschließen. Bedauerlicherweise bleiben uns diese Türen nur allzu oft bis zum Ende unseres Lebens verschlossen.

Wie viele andere Organe kann aber auch die Zirbeldrüse ihre mikroskopische Struktur mit zunehmendem Alter ändern. Gemessen an der Größe der Zirbeldrüse sind diese Veränderungen an ihr jedoch sehr auffällig. Im Wesentlichen handelt es sich bei diesen abnormen Veränderungen um Verkalkungen *(die als Corpora arenacea, Acervulus cerebri oder Psammomkörperchen bezeichnet werden)*. Bereits im 18. Jahrhundert vertrat der italienische Anatom G. B. Morgagni die Ansicht, dass die Zirbeldrüsenverkalkung (Corpora arenacea) bei Geisteskranken häufiger seien im Vergleich zu Gesunden.

Neuere Erkenntnisse über die Zirbeldrüsenverkalkung konnten erst gewonnen werden, nachdem verbesserte mikroskopische Methoden entwickelt waren. So konnte festgestellt werden, dass die Ablagerungen *(Konkremen-*

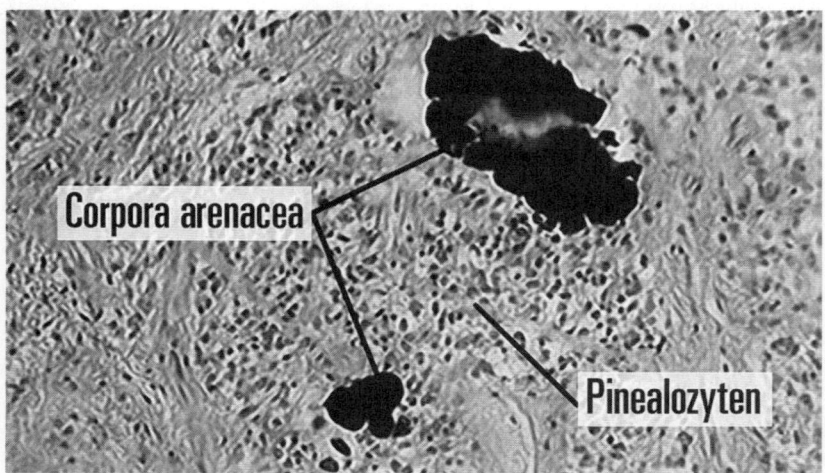

Histologisches Bild der menschlichen Zirbeldrüse mit Corpora arenacea (H. E.-Färbung, 200fache Vergrößerung).

te) unregelmäßig geformt sind und einen Durchmesser von einigen Milli-
metern haben. In einigen Fällen können auch einzelne verkalkte Bereiche
mit einem Durchmesser von mehr als 1 cm vorkommen.

Besonders wichtig ist hierbei der Zusammenhang zwischen einer verkalk-
ten Zirbeldrüse und der hierdurch verringerten Produktion von lebenswich-
tigen Neurotransmittern wie beispielsweise Melatonin. Im weiteren Verlauf
dieses Kapitels werde ich auf diesen heiklen Punkt noch zurückkommen.
In zahlreichen Untersuchungen wurde ein signifikanter Zusammenhang
zwischen dem funktionstüchtigen Anteil der Zirbeldrüse *(Corpus pineale)*
und der Ausscheidung von Melatonin *(6-Sulfatotoxymelatonin)* festgestellt.
Bedauerlicherweise werden wir in den Medien über die herausragenden
Wirkungen von Melatonin nur recht spärlich aufgeklärt. Die selten erscheinenden Berichterstattungen werden meistens in einen etwas anrüchigen
Zusammenhang gestellt. Stellvertretend hierfür stelle ich die Schlagzeile
einer Veröffentlichung aus ZEIT ONLINE vor: „Wunderdroge aus der Zirbeldrüse" (7.11.1995)[161]

ZEIT ONLINE

Politik Gesellschaft Wirtschaft Kultur ▾ **Wissen** Digital Campus ▾ Karriere Entdecken Sport Spiele mehr ▾

Wunderdroge aus der Zirbeldrüse

Von Andreas Sentker

17. November 1995 / Quelle: DIE ZEIT, 47/1995

In diesem Zeitungsbericht wird auf die „wundersamen" Eigenschaften von
Melatonin hingewiesen. Ich halte es für irreführend, dass dieser wahrhaft
herausragende Neurotransmitter als Droge bezeichnet wird. Zwar werden

als **Droge** im deutschen Sprachgebrauch wirksame psychotrope Substanzen – also ein Wirkstoff, der die Psyche beeinflusst – bezeichnet, doch ist der Begriff Droge gleichermaßen mit den wirklich höchstgefährlichen Substanzen (Drogen) wie Heroin, Kokain usw. assoziiert. Faktisch sind die körpereigenen (endogenen) Drogen lebenswichtig (Neurotransmitter und Hormone sind letztlich Drogen).

Heute weiß man sehr genau, dass die Produktion von Melatonin durch Dunkelheit stimuliert wird. Hierdurch wird eine Vergrößerung der Zirbeldrüse hervorgerufen. Indem sich nun die Zirbeldrüse vergrößert, wird die Sexualfunktion herabgesetzt. Umgekehrt führt Licht zu einer Verkleinerung der Zirbeldrüse, vermindert die Melatonin Produktion und erhöht die Sexualfunktion.[162] Bereits während der Pubertät beginnt die Zirbeldrüse zu verkalken, was zu einer Verminderung der Melatonin Produktion führt.

Obwohl Melatonin als Substanz nicht unmittelbar psychoaktiv ist, gibt es viele Berichte darüber, dass Melatonin-Tabletten – abgesehen davon, dass sie die Sexualfunktion vermindern und das Einschlafen beschleunigen – ideale Bedingungen schaffen, um beispielsweise **luzides Träumen**[163] hervorzurufen.

Im luziden Zustand ist sich der Träumer bewusst, dass er träumt, weswegen er als Klartraum bezeichnet wird. Um einen Klartraum zu erfahren reicht allerdings das Melatonin nicht aus. Hierfür sind Moleküle erforderlich, die erst aus Melatonin durch eine Transferase gebildet werden können. Diese ganz besonderen Bewusstseinsmoleküle sind **Pinoline** (6-methoxy-1,2,3,4-tetrahyro-9H-pyrido), **5meoDMT** und **DMT** (Dimethyltreptamin).

Dr. Callaway von der Universität von Kuopio aus Finnland[164], konnte nachweisen, dass bei allen **Nah-Tod- und ausserkörperlichen Erfahrungen, kurz vor dem Sterben die psychoaktivsten Neurotransmitter aktiviert werden. Hierbei handelt es sich um Pinoline, DMT und 5meoDMT.**

So dient unser Melatonin als Basismolekül für diese Neurotransmitter. Unser normales Träumen verdanken wir also Pinoline und 5meoDMT. Die selten auftretenden Erfahrungen wie Nah-Tod-Erlebnisse usw. kommen jedoch nur durch das reine DMT zustande. Je länger unsere Augen geschlossen sind, desto mehr Melatonin wird von unserer Zirbeldrüse produziert, wobei dann als weitere Folge daraus Pinoline entsteht. Dies ist sicherlich ein Grund, weshalb eine Meditation mit geschlossenen Augen durchgeführt werden sollte.

Die Wirkungen von DMT beschränken sich natürlich nicht nur auf Nah-Tod-Erfahrungen und „Out Of Body-Experience" (Außerkörperliche Erfahrung). Alle wirklich vom normalen Tagesbewusstsein abweichenden, erweiterten Zustände des „Nicht-alltäglichen Bewusstseins" verdanken wir (körpereigenem) DMT. Was beispielsweise auch für eine sogenannte Erleuchtung zutrifft. Im luziden Traum bin ich mir meines Träumens voll bewusst. Eine solche Erfahrung im normalen Wachzustand würde einer „Erleuchtung" entsprechen.

Ich würde erkennen, dass ich mich in einer traumähnlichen Welt und gleichzeitig in einem tatsächlichen Wachzustand befinde. Aus diesem Grund ordne ich das **Erwachen** (der Menschheit) einer solchen Wahrnehmung zu, die zu **einer wahren Selbst-Erkenntnis** führt. Diese Einschätzung wird zum Beispiel eindrucksvoll bestätigt durch eine klinische Studie, wo den Probanden DMT verabreicht wurde.[165,166] Die Aussagen dieser Probanden deckten sich in auffälliger Weise mit den Überlieferungen, die Stammesgeschichtlich erfasst wurden. Diese Überlieferungen gehen auf eine über 3000 jährige Geschichte zurück, in der DMT z.B. in form von Ayahusca von Schamanen traditionsgemäß ihren Stammesmitgliedern zugeführt wurde. Der Ethnopharmakologe Christian Rätsch[167,168], schreibt: *„Ayahuasca ist ein Erkenntnismittel, das dem Menschen seine Stellung im Universum zeigt und die wahre Wirklichkeit offenbart."*

Dieses DMT-haltige Gebräu wird seit jeher beispielsweise auch dazu verabreicht, um das Wesen einer Krankheit zu ergründen: *„Traditionsge-*

*mäß nimmt ein Schamane Ayahuasca, um die Krankheit im Patienten zu erkennen, oder er gibt auch dem Patienten diesen Trank und führt ihn durch die ‚**wirkliche Wirklichkeit**' zu seinem Zentrum. Dadurch kann der Patient seine Probleme oder Krankheitsursachen erkennen und so beheben. Es kommt darüber hinaus vor, dass der gesamte Stamm den Trank einnimmt, um gemeinsame mystische Erfahrungen zu machen und sich seiner Stellung im Kosmos bewusst zu werden."*

Das Wunderbare an diesen tiefen Einblicken und Erkenntnissen ist, dass wir nicht darauf angewiesen sind, bewusstseinserweiternde Wirkstoffe wie *Ayahuasca* zu uns zu nehmen. Unser Körper kann, diese heiligen Zustände selber ermöglichen. Ist es nicht bemerkenswert, dass unsere Zirbeldrüse ständig bestrebt ist, uns in diesen „heiligen Bezirk" zu führen?

Eingetrübt wird dieses Wunder durch einen Fakt, der uns zum Nachdenken anregen sollte. Heute wissen wir, dass in uns ein Programm aktiv ist, welches dafür sorgt, dass uns der Zugriff zum „heiligen Bezirk" verwehrt bleibt. Tatsächlich werden genau die Substanzen, die uns in den Zustand einer ungetrübten Selbst-Erkenntnis versetzen, von Enzymen außer Funktion gesetzt also inhibiert.[169] Diese Schuldigen werden als MAO-Hemmer bezeichnet. Genauer ausgedrückt: alle spirituellen Zustände können nur entstehen, wenn das DMT der Zirbeldrüse aktiviert bleibt und nicht sofort wieder von den MAO-Hemmer Enzymen außer Funktion gesetzt wird.

Dass bewusstseinserweiternde Zustände überhaupt auftreten können, verdanken wir also einem körpereigenen weiteren Neurotransmitter, der **Pinoline** genannt wird. Immer wenn Pinoline in ausreichender Menge produziert wird, erfahren wir eine Bewusstseinserweiterung wie das luzide Träumen. Der hohe Gehalt von Pinoline (6-MeOTHBC), der in der obduzierten menschlichen Zirbeldrüse gefunden wurde, ist vergleichbar mit jenem des Melatonins. Die Hirnforscher gehen heute davon aus, dass unsere Zirbeldrüse DMT und Pinoline selber produziert und speichert.[170]

Vereinfacht lässt sich sagen, dass DMT Information aus dem Hyper-Raum in innere Bilder umsetzt. Wenn DMT in ausreichender Menge vorhanden ist, entstehen Sinnesverschmelzungen wie *luzides Träumen* oder *Nahtoderfahrungen*. Diese besonderen Zustände des Bewusstseins bedeuten, dass wir in den Fluss der lebendigen Sprache der DNS eintreten, also in die Bereiche, die das volle Kontingent des *Freien Willens* beinhalten, und somit unser eigenes Universum kreieren lassen. Unter dem Einfluss von DMT und Pinoline stehen wir also in einer wahrnehmbaren Verbindung mit den geistigen Dimensionen des Hyper-Raumes (x7- x12).

Wir haben also einige triftige Gründe für die einzigartigen Funktionen unserer Zirbeldrüse gefunden. Umso wichtiger ist es dafür zu sorgen, dass dieses Organ auch in seiner vollen Funktion zur Entfaltung kommt. Denn wie sollen wir eine spirituelle Wahrnehmungsebene erreichen, wenn hierfür die organischen Voraussetzungen nicht gegeben sind?

Fluorid – Gift für unsere Zirbeldrüse

„Fluoridierung ist der größte Fall von wissenschaftlichem Betrug in diesem Jahrhundert." (Robert Carton, Ph.D., 1992)

Die Zirbeldrüse hat sich im Laufe der Evolution stark zurückgebildet. Sie ist von ihrer ursprünglichen Größe von ca. 3 Zentimetern auf wenige Millimeter geschrumpft. Das liegt sicher zum Einen auch daran, dass wir unserem natürlichen Lebensrhythmus nicht mehr folgen. Indem wir uns durch künstliche Lichtquellen wach halten machen wir die Nacht zum Tag. Das mangelnde Sonnenlicht und eine verminderte Nachtruhe beeinträchtigen die Funktion der Zirbeldrüse erheblich. Hinzu kommen nun noch die hohen Belastungen unseres Körpers mit Toxinen wie z.B. Fluoriden. All diese Fakten haben gravierende Auswirkungen auf die Aktivität und

Funktion der Zirbeldrüse – sie beginnt zu verkalken. Ich befasse mich nun mit ganz besonders hinterlistigen Toxinen, den Fluoriden. Fluorid ist ein biologisch nicht abbaubares Umweltgift, welches offiziell noch bis 1945 als Giftstoff klassifiziert wurde. Wenn wir bedenken, dass die meisten Krankheiten Folgen von Störungen des Enzymsystems sind, sollten wir wissen, dass Schädigungen durch Fluoride an 24 Enzymen nachgewiesen werden konnten!

Bereits 1936 schrieb die Vereinigung der amerikanischen Dentisten: *„Fluorid mit einer Konzentration von 1 ppm (part per million) ist genauso giftig wie Arsen und Blei. Fluoride sind so gefährlich, weil sie sich in unserem Körper ansammeln und über die Jahre zu einer schleichenden Vergiftung führen."* Da auch das sogenannte „Speisesalz" zum größten Teil mit Fluorid versetzt wird, gelangt es dadurch in fast jedes Nahrungsmittel... man findet kaum ein Nahrungsmittel im Supermarkt, dass nicht mit diesem vergifteten Salz versetzt ist. Prof. Dr. Abderhalden meint hierzu: *„Da Fluoride die Gestalt von Enzymen verändern, werden diese nun als Fremdkörper und Eindringlinge von unserem Immunsystem behandelt. Es kommt zu einer Autoimmunreaktion, der Körper attackiert sich selbst."* 1943 schrieb das Journal der amerikanischen Ärzte-Vereinigung: *„Fluorid ist generell ein protoplasmisches Gift, welches die Durchlässigkeit der Zellmembran durch verschiedene Enzyme verändert."*

Die relativ neuen Recherchen von Dr. Jennifer Luke von der Universität Surrey in England haben nun auch offiziell bestätigt, dass Fluoride die Funktionsfähigkeit der Zirbeldrüse stark hemmen. Das Gewebe der Zirbeldrüse sammelt mehr Fluorid an, als jedes andere harte Gewebe in unserem Körper. Diese Ablagerungen hemmen die Drüse in ihrer Funktionsfähigkeit.[171]

Fluor schaltet langsam, aber kontinuierlich den freien Willen des Menschen aus. Dieses Wissen wurde bereits in deutschen und russischen

Lagern für Kriegsgefangene eingesetzt, um die Besatzung „dumm und arbeitswillig" (Stephen 1995) zu machen. Die Fluoridierung verursacht leichte Schäden in einem bestimmten Teil des Gehirns. Dies macht es den betroffenen Personen schwer, den eigenen Willen zu behalten, um ihn beispielsweise zur Verteidigung der Freiheit einzusetzen. Darüber hinaus wächst die Bereitschaft, ernannte Autoritäten und deren Befehle zu akzeptieren. Fluorid ist eine der stärksten bekannten anti-psychotischen Substanzen. In 25 Prozent aller relevanten Beruhigungsmittel und 60% der Psychopharmaka ist Fluorid enthalten. Dr. Jennifer Luke ist der Ansicht: *„Das weiche Gewebe der erwachsenen Zirbeldrüse enthält mehr Fluorid als jedes andere Weichgewebe im Körper – ein Maß an Fluorid (~300 ppm), das in der Lage ist, Enzyme zu hemmen. Die Zirbeldrüse enthält auch Hartgewebe und dieses enthält mehr Fluorid (bis zu 21.000 ppm) als jedes andere Hartgewebe im Körper, wie z.B. Zähne und Knochen."*

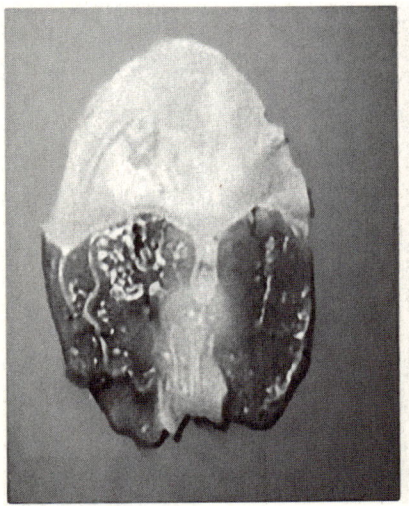 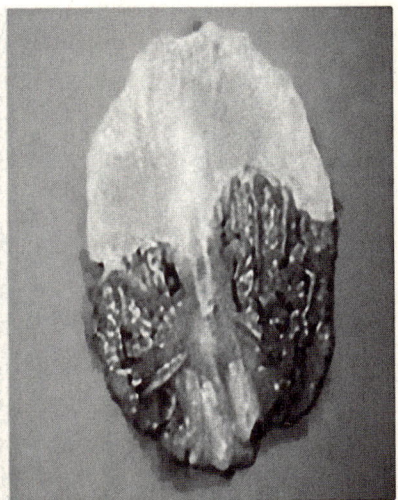

Ablagerungen von Fluorid in der Zirbeldrüse

Ein Hauptverursacher einer degenerierten Zirbeldrüse ist also offenbar Fluorid, insbesondere da wir ihn seit Jahrzehnten durch Zahnpasta, einige „Lebensmittel" und Trinkwasser aufnehmen. Ich wollte einfach nicht wahrhaben, dass ein Wirkstoff, der uns durch Beschlüsse der Gesundheitsämter verordnet wird, im Grunde genommen ein Giftstoff ist. Als Erstes beeindruckte mich eine kleine Reportage auf YouTube.[172] In ihr ist ein kurzer Ausschnitt eines australischen TV-Senders („Today Tonight") zu sehen. Diese Sendung trug den provokanten Titel „Die Fluorid-Lüge durchbricht die Zensur". Ab Minute 0:49 können wir hören: *„In Australien regt sich Widerstand gegen die Zwangsmedikamentierung des Trinkwassers. Die zugesetzten Substanzen sind nach Untersuchungen von Wissenschaftlern alles andere als zuträglich."*

Und weiter ist zu hören:

„Wir nehmen es täglich unter Aufsicht der Gesundheitsbehörde zu uns. Es sei gut für uns. Die Wahrheit ist, Fluorid ist giftig. Und die Beifügung in unser Trinkwasser ist ein laufendes Experiment, dass vor 40 Jahren begann. Nun warnt eine der weltführenden Expertinnen dringend davor, dass es unsere Gesundheit und die unserer ungeborenen Kinder schädigen kann."

Diese Expertin ist Professor Susheela,[173,174] die unmissverständlich sagt, dass mit Fluorid eine krankmachende, giftige Substanz in das Trinkwasser gegeben werde und dass dies unbedingt gestoppt werden müsse.

Befassen wir uns nun etwas eingehender mit den Fluor-Schäden. Der Schwerpunkt soll hier natürlich unsere Zirbeldrüse bzw. unser Gehirn sein. Ich wollte bis vor wenigen Tagen nicht wirklich wahrhaben, dass dem menschlichen Körper zugeführtes Fluorid zu einer Beeinträchtigung der Denkleistungen führen kann. Hierzu wertete ich als erstes eine klinische Studie aus Indien aus. In dieser Studie wurde ein signifikanter Zusammenhang zwischen unterschiedlichen Fluormengen und der Intelligenz von Studenten[175] erstellt.

178 Research report
Fluoride 40(3)178–183
July-September 2007

Effect of high F water on children's intelligence in India 178
Trivedi, Verma, Chinoy, Patel, Sathawara

EFFECT OF HIGH FLUORIDE WATER ON INTELLIGENCE OF SCHOOL CHILDREN IN INDIA

MH Trivedi,[a] RJ Verma,[a] NJ Chinoy,[a†] RS Patel,[b] NG Sathawara[c]

Ahmedabad, India

SUMMARY: The intelligence quotient (IQ) was measured in 190 school-age children, 12–13 years old, residing in two village areas of India with similar educational and socioeconomic conditions but differing in fluoride (F) concentration in the drinking water. The children in the high F area (drinking water F 5.55±0.41 mg/L) had higher urinary F levels (6.13± 0.67 mg/L) than the children in the lower F area (drinking water F 2.01±0.09 mg/L; urinary F levels 2.30±0.28 mg/L). The mean IQ score of the 89 children in the high F area was significantly lower (91.72±1.13), than that of the 101 children in lower F area (104.44±1.23). A significant inverse relationship was also present between IQ and the urinary F level. In agreement with other studies elsewhere, these findings indicate that children drinking high F water are at risk for impaired development of intelligence.

Keywords: Fluoride in drinking water; India school children; Intelligence quotient; Urinary fluoride.

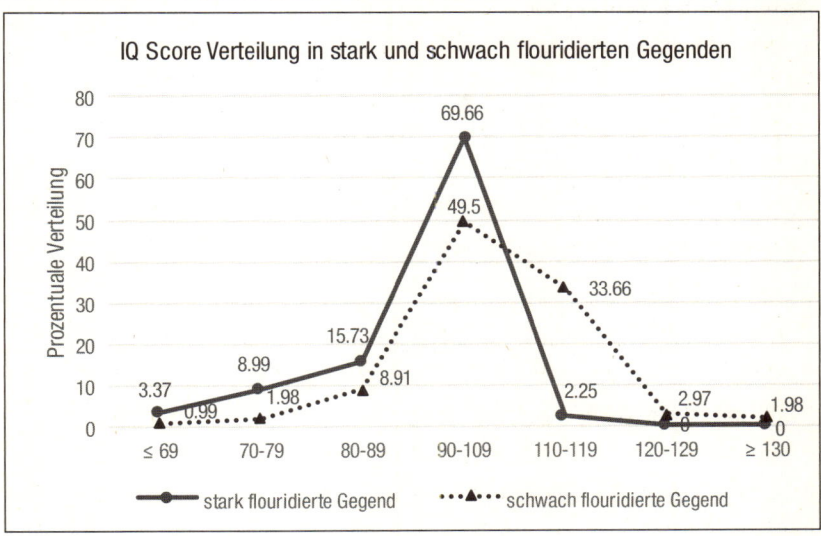

IQ Score Verteilung in stark und schwach flouridierten Gegenden

Die obere Grafik zeigt den Zusammenhang zwischen der verabreichten Fluoridmenge und dem Intelligenz Quotienten, im folgenden IQ.

Derartige Aussagen kommen nicht nur aus Indien. Wie wir gleich feststellen werden, kümmern sich zwischenzeitlich ganze Hundertschaften von Wissenschaftlern aus aller Welt um genau dieses Thema.

In einer weiteren Studie aus Mexiko[176] wird berichtet, dass Kinder, denen „moderate Mengen" von Fluorid zugeführt wurden, in ihrer **visuell-räumlichen Fähigkeit** beeinträchtigt wurden.

Studien im Zusammenhang zwischen Fluorid und einem reduzierten IQ

Bis heute (Februar 2015) wurden insgesamt 50 Studien veröffentlicht, die den Zusammenhang zwischen Fluorid und menschlicher Intelligenz untersuchten. Bei diesen Studien wurden die Lern- und Gedächtnisfähigkeiten untersucht. In 43 von 50 dieser Studien wurde bei erhöhte- Fluoridanteil im Körper eine signifikante Schwächung der Geistesleistungen festgestellt. Bei diesen Studien wurden 11.000 Kinder untersucht. Die nachgewiesenen Defizite wurden auch in 32 Studien an Tieren beobachtet. Diese Ergebnisse liefern uns überzeugende Beweise dafür, dass eine Fluorid-Exposition während der ersten Jahre des Lebens besonders gefährlich ist.

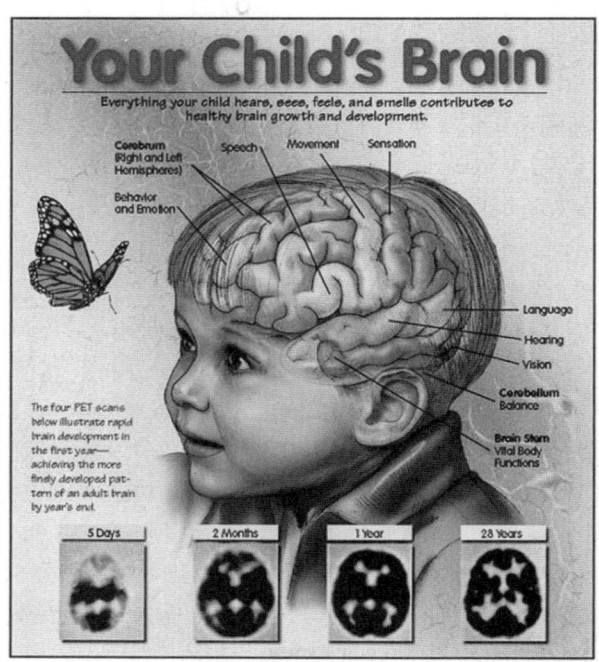

Die vier Messungen (PET-Scans) im Bild links veranschaulichen die rasche Entwicklung des Gehirns im ersten Jahr bis zum Erreichen der feiner entwickelten Muster eines Gehirns im Erwachsenenalter. Nach der Überprüfung von 27 dieser Studien befand ein Team von Harvard Wissenschaftlern,[177] dass diesen besorgniserregenden Ergebnissen eine „hohe Forschungspriorität" zukommen sollte (Choi et al 2012).

Andere Kritiker, die zu ähnlichen Schlussfolgerungen kamen, darunter das renommierte **National Research Council** (NRC), und die Wissenschaftler in der Abteilung Neurotoxikologie der **Environmental Protection Agency** (Mundy et al), fassten in einer Tabelle die Ergebnisse von 43 Studien zusammen.

Zusammenhang zwischen Fluorid und IQ

Eine kurze Zusammenfassung der Ergebnisse über diese 43 Studien:
Ort der Studien: China (31), Indien (7), Iran (4) und Mexiko (1).

Quellen von Fluorid -Exposition: 35 der 43 IQ Studien beteiligten Gemeinden, in denen die vorherrschende Fluoridquelle das Wasser war; sieben Studien untersucht Fluoridbelastung aus der Kohleverbrennung.

Fluorid-Level im Wasser: IQ Senkungen wurden deutlich mit Fluorid einem Menge von nur **0,7 bis 1,2 mg / l** (Sudhir 2009); **0,88 mg / l** bei Kindern mit Jodmangel (Lin 1991). Andere Studien haben IQ Reduzierung bei **1,4 ppm** gefunden (Zhang 2012); **1,8 ppm** (Xu 1994); **1,9 ppm** (Xiang 2003a, b); **0,3-3,0 ppm** (Ding 2011); **2,0 ppm** (Yao 1996, 1997); **2,1-3,2 ppm** (An 1992); **2,3 ppm** (Trivedi 2012), **2,38 ppm** (Poureslami 2011); **2,45 ppm** (Eswar 2011); **2,5 ppm** (Seraj 2006), **2,85 ppm** (Hong 2001), **2,97 ppm** (Wang 2001, Yang 1994); **3,1 ppm** (Seraj 2012); **3,15 ppm** (Lu 2000), **3,94 ppm** (Karimzade 2014); und **4,12 ppm** (Zhao 1996).

Nach Sichtung meines Recherchematerials ist es unbestreitbar, dass es ab einer gewissen Menge angesammelter Fluoride zu nachweislichen neurologischen Störungen kommt. Hierbei sind Kinder besonders gefährdet. Beispielsweise konnten in über 20 Studien am Menschen Schilddrüsenerkrankungen beobachtet werden. Ebenso wurden ADS/ADHS und andere Verhaltensstörungen, sowie Depressionen und reduzierte IQ-Werte nachgewiesen. In einer Facharbeit wird sogar darauf hingewiesen, dass uns Regierungen weltweit zu einer Volksverdummung führen.[178]

In diesem Bericht wird eine Liste aufgeführt, die uns die schädigenden Wirkungen von Fluoriden aufzeigt. Hier nur die negativen Wirkungen von Fluorid auf das Gehirn:

- Verringerung der Acetylcholin-Rezeptoren
- Schäden am **Hippocampus**
- Bildung von Beta-Amyloid-Plaques (die klassische Gehirn Anomalie bei Alzheimer)
- Verringerung des Lipidgehalt
- Beeinträchtigtes Immunsystem
- Erhöhte Aufnahme von Aluminium
- Ansammlung von Fluorid in der Zirbeldrüse

Ebenso ist in diesem Bericht zu lesen[179]:

„Die schockierende Sache ist, dass die schädliche Wirkung von Fluorid konventionellen medizinischen Organisationen seit über einem halben Jahrhundert bekannt sind. Beispielsweise erklärte die Zeitschrift der American Medical Association (JAMA) in ihrer Ausgabe vom 18. September 1943, dass Fluoride allgemeine Protoplasmagifte sind, die die Durchlässigkeit der Zellmembran durch bestimmte Enzyme ändern."

Die beiden Wissenschaftler Drs. Paul und Ellen Connett: *„Während das **Center for Disease Control** (CDC) uns glauben machen will, dass Fluorid vollkommen harmlos und sicher sei, haben Wissenschaftler der EPA*

(National Health and Environmental Effects Research Laboratory) Fluorid als Neurotoxin klassifiziert, und auf Hirnschädigungen durch Fluoride hingewiesen."[180]

2006 nahm das NRC – National Research Council of the National Academies – eine öffentliche Bewertung von Fluorid vor. Diese 507-seitige Bilanz (10) beginnt mit dem Satz:

„Es ist offensichtlich, dass Fluoride die Fähigkeit haben, die Funktionen des Gehirns und des Körpers durch direkte und indirekte Mittel zu stören."

In diesem Bericht wird auch auf **Wirkungen im Bereich de Hippocampus** hingewiesen. Schäden in diesem Bereich des Gehirns führen in der Regel zu Schwierigkeiten bei der Bildung neuer Erinnerungen und dem Abrufen von Ereignissen, die vor der Schädigung erfahren wurden. Der Hippocampus bietet uns die neurophysiologische Grundlage zum Lernen und für das Gedächtnis. Die enge Verknüpfung von Hippocampus und limbischem System ermöglicht auch die Zuordnung und Prägung von angebotenen **Gefühlen mit bestimmten Situationen**. Da das limbische System einen direkten Zugriff zum Vegetativen Nervensystem und dem Hormonhaushalt hat, wird mit jeder Gefühlsregung der gesamte Körper beeinflusst.

Zum Abschluss meiner Darlegungen zu den Folgen der Fluoride möchte ich noch auf eine letzte Veröffentlichung hinweisen, in der es um die Fluoridierung unseres Trinkwassers geht.

Eine Studie belegt: Fluorid im Trinkwasser senkt Ihren IQ.[181] Eine veröffentlichte IQ-Studie aus dem Jahr 2011 berichtet über die Auswirkungen niedriger Dosen von Fluorid und seine Auswirkungen auf den IQ von Kindern. Die Wissenschaftler fanden eine hoch signifikante lineare Korrelation ($p < 0.0001$) zwischen im Urin messbaren Fluoridebenen und einem verringerten IQ – siehe untere Abbildung. Die verringerte Denkleistung ergibt sich dadurch, dass eine Herabsetzung des IQ von 0,59 Punkten für jede Zunahme von 1 mg/L Urin-Fluorid entsteht.

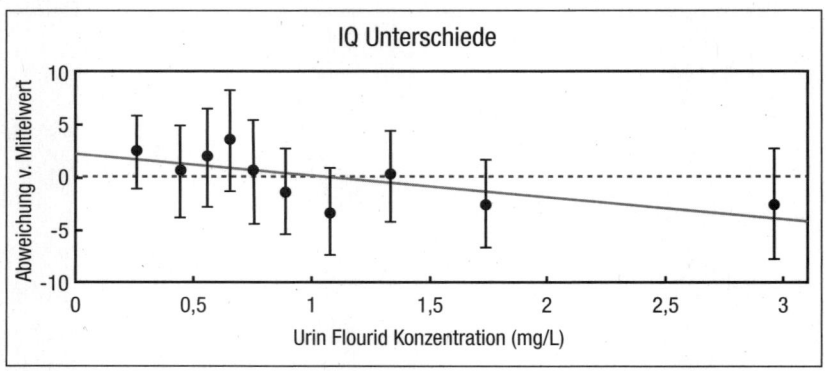

Die obere Abbildung zeigt die Beziehung zwischen IQ und der nachgewiesenen Fluormenge im Urin.[182]

Nach diesen außerordentlich traurigen Aussagen bleiben im Grunde nur
die beiden Fragen übrig: Wie entlaste ich meine Zirbeldrüse von den Giften
und welche Vorsorge ist sinnvoll? Ich verweise hier auf eine Internetseite,
die sich mit der Ausleitung von Fluoriden befasst:

http://www.zentrum-der-gesundheit.de/fluoride-ausleiten-ia.html

Zu den weiteren Belastungen unserer Zirbeldrüse zählen Elektrosmog,
Stress und Ernährung. Für jedes dieser Belastungstypen ließe sich ein
ähnlich kompakter Artikel schreiben.

TEIL 3

DAS EGO IM DIENST
DES HERZENS

Kapitel 9
Liebe zeigt sich auch in Kurven

Das Kleid der Sophia

Liebe Leser, wir sind nun gemeinsam ein gutes Stück gewandert durch ganz verschiedene geistige Landschaften. Die alten Schriften der Gnostiker können einem wie verwunschene Gärten erscheinen, die Theorien und Multiversen der Quantenphysiker wie Mondkrater und die Ideen der Philosophen wie blaue Seen, von Hügeln umgeben. Nun geht es leicht aufwärts in lichte Höhen.

Wir wollen erfahren, wie das Leben hier auf dieser Erde zu einem Neuen Eden werden, wie sich eine verengte und leidvolle egoistische Perspektive zu einer weiten und liebevollen Wahrnehmung des Ganzen öffnen kann. Ansätze dazu waren in den vorhergehenden Kapiteln immer wieder erkennbar.

Die Epinoia wird den göttlichen Funken in uns wieder erwecken und uns aus dem Vergessen wachrütteln, glaubten die Gnostiker. Sie, die Sophia steht für das Prinzip der Weisheit. In welchem Gewand erscheint sie uns im 21. Jahrhundert?

Eines ist das der wissenschaftlichen Forschung. Ein Kleid mit Zahlen und Formeln, schwarz auf weiß oder umgekehrt. Und es gibt etliche Kurven und Wellen zu sehen, auf Bildschirmen und Geräten, die bestimmte Versuchsanordnungen dokumentieren. Was dort gerade in letzter Zeit entdeckt worden ist, kann die Sophia tanzen lassen. Das liegt nicht zuletzt an den Fragestellungen der Wissenschaftler, die in dieser Art ganz neu und zweifellos von der Weisheit inspiriert sind.

Ein anderes Gewand der Sophia könnte dunkel, geheimnisvoll, schillernd erscheinen, oder auch transparent. Es ist die Aura des Mystischen. Für jemand, der auf der spirituellen Suche ist und plötzlich erkennt, dass er schon immer eins war mit der göttlichen Quelle ist alles völlig klar. (Es ist wie es ist). Dieses Erwachen aus der Welt der Träumenden ist immer wieder über die Jahrtausende dokumentiert worden. Zu den berühmtesten Erwachten bzw. Mystikern zählen Gautama Buddha, Laotzu, Jesus, Bodhidharma, Rumi, Meister Eckehart, im 20. Jahrhundert Ramana Maharshi, Jiddu Krishnamurti, Osho, Maharishi Mahesh Yogi, Ram Dass, Amma, der 14. Dalai Lama, Eckhart Tolle…um nur einige zu nennen. (Wobei sich die Anhänger verschiedener Meister womöglich darüber streiten, welcher Guru nun erwachter ist)

Was dieses Erwachen oder die Erleuchtung eigentlich bedeutet, wird ganz unterschiedlich gesehen. Ich kann und will das hier nicht beurteilen. Doch es ist wohl genau diese Erleuchtung, die für viele Menschen, die überhaupt an einem „Neuen Eden" interessiert sind, ausschlaggebend ist. Deshalb gibt es ein Kapitel mit einigen „Geschichten des Erwachens". Allerdings ist für mich in diesem Buch die Unterscheidung zwischen Erwachten und Nichterwachten kein Thema. Zum einen sind wir sowieso alle gut so wie wir sind, da muss nichts verbessert werden. Zum anderen ist das Erwachen als eine Art Sprung in eine andere Dimension wissenschaftlich bisher nicht nachweisbar. Die tiefe innere Harmonie, Ausgeglichenheit und das Mitgefühl von erfahrenen Meditierern dagegen sind sehr wohl messbar. Es geht mir hier darum, wie wir mit wirksamen Methoden und der bestmöglichen, machbaren Lebenseinstellung ein Neues Eden verwirklichen können. (Die Erleuchtung läuft dabei gleichsam außer Konkurrenz)

Und das ist (für mich) das farbenfroheste, weiteste und flotteste Kleid der Sophia, wo sich alle auf der großen Feier des Lebens begegnen, ohne dass irgendjemand als etwas Besonderes gilt. Jeder und jede hat seine Fähigkeiten in den Dienst des Göttlichen und des Herzens gestellt. Ob Wissenschaftler, Philosoph, Erwachter, Mystiker, Künstler, Musiker, ganz gleich, jeder von uns ist etwas davon – Frauen, Männer und Kinder. Nie zuvor sind Wissenschaft und Mystik sich so nahe gekommen wie heute. Nie zuvor haben sich so viele intelligente und engagierte Menschen weltweit in den unterschiedlichen Foren, Arbeitsgruppen, Forschungsprogrammen zusammengetan, um die Erde vor dieser gespenstischen Geißel eines außer Rand und Band geratenen Egos zu retten. Dieses wahnsinnig gewordene Ego, das Großkonzerne zur Zerstörung der Umwelt und aller Lebewesen inklusive der Menschen antreibt, muss und kann gestoppt werden. Es ist als solches intelligent, denn es hat – wie es die Gnostiker beim Archont beschrieben – seine Kraft von der Mutter, Sophia.

Im Feld der Verbundenheit

Es ist eine Sache, davon zu schwärmen oder es zu beschwören, dass wir alle eins sind. Eine andere ist, wenn sich das wissenschaftlich nachweisen lässt. Zu den ersten, die bestimmte Phänomene wie scheinbar telepathische Verbindungen genauer untersuchten gehört der Biologe Rupert Sheldrake. Wie ist es möglich, dass man spürt, wenn man von hinten angestarrt wird? Dass man weiß, man wird im nächsten Moment angerufen per Telefon? Oder dass eine Mutter spürt, wenn ihrem Kind in einem entfernten Land etwas zustößt? Oder dass Hunde wissen, wann ihre Besitzer nach Hause kommen, auch wenn das außerhalb der Routine liegt? Sheldrake nimmt zur Erklärung Energiefelder an, die eine unmittelbare Verbindung zwischen Individuen über das rein kausale Verhältnis hinaus ermöglichen.[183]

Eine andere Möglichkeit der Erklärung läuft über das Konzept der Verschränkung in der Quantentheorie. Misst man eine Quanteneigenschaft des einen Teilchens, dann nimmt sein Partner über beliebig große Distanzen hinweg die für ihn durch den gemeinsamen Zustand vorgegebene Eigenschaft an. Ob das Gehirn ebenfalls „quantenmechanisch" zu erklären ist überlegen Physiker und Neurologen bereits seit Mitte der 90er.

Professor *Jacobo Grinberg-Zylberbaum* (der übrigens nach der Veröffentlichung seiner Studie spurlos verschwand und nie wieder aufgetaucht ist) untersuchte 1994 *Einstein-Podolsky-Rosen (EPR) Korrelationen*, um herauszufinden, ob das Gehirn über eine makroskopische Quantenkomponente verfügt. Zwei Probanden, *die sich vorher nicht kannten* wurden zunächst einander vorgestellt *und verbrachten 20 Minuten in gemeinsamer Meditation.* Sie wurden dann voneinander getrennt und in zwei elektromagnetisch und akustisch abgeschirmte Faraday-Käfige gesetzt, die 14.5 Meter voneinander entfernt waren. Die EEG Gehirnwellen beider Probanden wurden gemessen, wobei nur einer der beiden Probanden mit 100 Lichtblitzen stimuliert wurde. Beim direkt mit den Lichtblitzen angeregten Probanden war die Anregung im EEG der Gehirnwellen deutlich sichtbar. Der zweite Proband im anderen Faraday-Käfig zeigte zeitgleich „Transfer-Potentiale" in seinen EEG Gehirnwellen, die der Anregung des ersten Probanden entsprachen.

Bei einer Kontrollgruppe von Probanden, *die in keiner Beziehung zueinander standen und sich nicht kannten* kam es nicht zu diesem Effekt. Die übertragenen Potenziale zeigten eine nicht-lokale EPR Korrelation von Gehirn zu Gehirn, was dafür spricht, dass das menschliche Gehirn auf dem Makrolevel über eine Quantenkomponente verfügt.[184]

Im Grunde wird hier wissenschaftlich nachgewiesen, dass uns ein gemeinsames Erlebnis, ein tiefer Augenblick für immer verbindet, uns unzertrennlich macht. Man könnte von einer „Verschränkung der Gehirne" sprechen – in Analoge zu den Quanten. „Die aus der Quantenphysik herrührende Möglichkeit einer durch den Raum ausgedehnten Ganzheit wird für das Verstehen des Gehirns von Bedeutung sein", meint der Frankfurter Physiker Professor Thomas Görnitz. "Gedanken sind Quanteninformationen".

Der amerikanische Physiker Professor Amit Goswami von der Universität in Eugene/Oregon, der die obige Studie seinerzeit begleitete, ist überzeugt: „Man kann logischerweise nur zu dem Ergebnis kommen, dass auch übersinnliche Phänomene wie Hellsehen eindrucksvolle Beispiele für quantenphysikalische Prozesse des Bewusstseins sind". Über das Verschränkungsprinzip seien wir auf subtile Art und Weise nicht nur mit jedem Individuum sondern auch mit jedem x-beliebigen Punkt des Universums verbunden.

Positives Denken und Anziehung

Bis vor kurzem galt in den Naturwissenschaften fast unwidersprochen, dass die Materie das Bewusstsein bestimmt. Seit ein paar Jahrzehnten gelangen jedoch immer mehr Wissenschaftler zu der Erkenntnis – und zwar auf empirisch-wissenschaftlicher Basis – dass umgekehrt der Geist die Materie beeinflusst, womöglich sogar „erschafft".

Ein Beispiel dafür ist der in der Quantenphysik festgestellte „Beobachtereffekt", wonach die Tatsache der Messung bzw. Wahrnehmung das Objekt verändert, hier zunächst einmal im Mikrobereich die Quanten (siehe Kapitel 4 und 5). Schritt für Schritt ergeben immer neue Forschungsergebnisse, dass im Prinzip auch in der Welt der Dinge und Personen der Beobachtereffekt gelten könnte. Das bedeutet nicht, dass sich jeder meiner Gedanken demnächst erfüllt.

Auch wenn etliche Autoren und Autorinnen bereits seit Jahrzehnten immer wieder ein „Positives Denken" anpreisen, mit dem ich mir mein Traumhaus und meinen Traumpartner „anziehen" bzw. „manifestieren" kann – und mit ihren Büchern und Vorträgen gut verdienen – so simpel ist der Zusammenhang zwischen Geist und Materie nicht – zum Glück! Sonst lebten wir in einem Chaos, einem Alptraum, wo sich die absurdesten Gedanken von jedem in der intersubjektiven Welt buchstäblich „verwirklichten". (Andererseits: wie sähe die Welt aus, wenn alle Menschen tatsächlich in der Lage wären, positiv zu denken?)

Eine unmittelbare Wunscherfüllung wird bereits recht weise in diversen Märchen ad absurdum geführt, wo z.B. jemand drei Wünsche frei hat. „Ach hätt ich doch jetzt zwei herrliche Bratwürste, ich bin so hungrig!" Schwupps, da sind sie. Die Frau ruft: „Du Dummkopf, wir hätten ein Haus haben können!" „Sei ruhig Frau, immer mischt du dich ein, ich wünschte, deine Nase wäre eine Bratwurst!" Oh je, schon geschehen! Was bleibt dem armen Ehepaar anderes übrig, als den dritten Wunsch einzusetzen, um den zweiten rückgängig zu machen.

Auf einer subtileren Ebene bestimmen unsere Gedanken und Gefühle unbestreitbar unser Leben und Erleben. Wer ständig in Angst und Sorge oder Verbitterung lebt, fühlt sich nicht so gut wie jemand, der jeden neuen Tag freudig und offen begrüßt. Die Lebensqualität unterscheidet sich innerlich. Auch hier gibt es wiederum keine Garantie, dass der Optimist nicht die Diagnose Krebs bekommt, während der Griesgram über 90 Jahre alt wird.

Dennoch: Gedanken können die Wirklichkeit mitbestimmen. Wir brauchen uns nur zu fragen: Wenn alle Menschen zu 90 Prozent negativ denken und fühlen, voller Angst, Gier, Neid und Wut sind, wie sieht dann die Welt aus, in der sie leben? So wie wir sie kennen, voller Gewalt, Gier und Elend? Und wie sähe die Welt aus, wenn die Menschen zu 90 Prozent positiv dächten und fühlten?

Es könnte sein, dass eine geistige Ausrichtung, eine Intention, die nur auf den eigenen, persönlichen Vorteil ausgerichtet ist, weniger bewirkt als ein Gedanke, der auf das Wohl Aller ausgerichtet ist. Und tatsächlich, etliche Studien zeigen, dass die gebündelte gemeinsame Ausrichtung von Tausenden von Menschen auf ein bestimmtes Objekt – etwa die Verbesserung der Wasserqualität in einem See – eine nachweisbare Wirkung hat.

Eine Pionierin ist die amerikanische Forscherin und Bestsellerautorin *Lynne McTaggart.* Die ebenso grade heraus wie herzlich wirkende Lynne forscht und publiziert seit über 20 Jahren zur Frage, wie der Geist auf die Materie einwirkt und wie das unsichtbare „Feld" beschaffen ist, in welchem alles miteinander verbunden ist.

Zu ihrem Buch „The Bond" hielt sie auf einer Konferenz in München einen Vortrag. Sie begann mit der Frage, ob wir von der Natur wohl tatsächlich zum ständigen Konkurrenzkampf konzipiert („designed") wurden – wie die Darwinisten behaupten – oder ob nicht vielmehr etwas ganz anderes stimmt, was neueste Forschungen nahelegen: Dass uns die Natur mit einem ursprünglichen Gespür für Fairness und für die Nöte des Anderen ausgestattet hat. Dass wir viel erfolgreicher sind, wenn wir Teamgeist entwickeln und zusammen wirken statt gegeneinander. Mit anschaulichen Powerpoint-Grafiken stellte Lynne McTaggart eine Fülle von verblüffenden Forschungsergebnissen vor, darunter die Entdeckung der sogenannten Spiegelneuronen im Gehirn von Affen, die dafür sprechen, dass Mitgefühl (Empathie) eine angeborene Eigenschaft ist. Und was wir bisher für besonders „persönlich", nur uns selbst gehörend ansahen, nämlich „unsere" Gedanken, erweist sich im Licht der Gehirnforschung als ein unpersönliches elektrisches Feld, vergleichbar einer Wolke, die durch uns hindurch zieht.

Doch es geht Lynne um weit mehr als um eine spannende Präsentation wissenschaftlicher Forschung. Es geht konkret um die Frage, was und wie wir daraus lernen und unsere Sicht der Welt, ja uns selbst ändern können. Es gibt dafür eine mächtige Unterstützung durch die Natur selbst. Lynne spricht von der Anziehung zum Ganzen und nennt vier Punkte, die im Englischen besonders gut in Erinnerung bleiben: share, aware, care, fair. Kurz zusammengefasst: Wir brauchen die Zugehörigkeit (share), die Zustimmung und Offenheit (aware), das miteinander teilen und füreinander sorgen (care) und die Gerechtigkeit. Das neue Paradigma in der Wirtschaft wird daher lauten: Wenn ich gewinne, dann nicht auf Kosten anderer, sondern alle gewinnen. Ich frage, wie ich dem Ganzen dienen kann und mich mit allen verbinden kann.

Es folgt ein aufschlussreiches Interview, das Christian Salvesen mit Lynne Mc Taggart führte.

Exkurs:
Intention und Gemeinsamkeit –
Ein Interview mit Lynne Mc Taggart

Lynne, in Ihrem Buch The Bond *geht es um die Verbundenheit von allem. Gehen wir zunächst einen Schritt zurück zum Buch davor: Was ist das „Intention Experiment"?*
Wie haben soviel darüber gehört, dass Intention bzw. Absicht geradezu Wunder wirken kann, und ich wollte herausfinden, wie weit wir damit eigentlich gehen können. Können wir mit unseren Gedanken einen Zug anhalten, können wir Krebs heilen? Und die andere Sache, die mich beschäftigte: Wir haben die Kraft der Intention möglicherweise vergeudet, indem wir zu sehr auf die Manifestation geachtet haben – was man alles wünschen und erreichen kann. Meine Frage war: Was geschieht, wenn sich viele Menschen gleichzeitig auf ein Objekt oder ein Ziel ausrichten? Würde das den Effekt verstärken oder gar vervielfachen? Es gab Berichte

von erstaunlichen Ergebnissen, doch im Rahmen meiner Forschung wollte ich wissenschaftliche Belege für die Kraft der Intention liefern. Ich folgte schließlich dem Rat meines Mannes und mobilisierte alle meine vielen Kontakte im Internet. Ich bat meine Leser, sich zu bestimmten Zeiten gemeinsam auf ein Ziel auszurichten, und zwar unter der Aufsicht und den Untersuchungsvorgaben von anerkannten Wissenschaftlern. Mit dem weltweiten Netz haben wir im Grunde das größte Versuchslabor der Welt. 18 von unseren bisher durchgeführten 23 Experimente haben wissenschaftlich anerkannte Beweise erbracht, dass die gebündelte Intention eine signifikante Wirkung auf die Materie hat.

Das sind vermutlich keine so drastischen Wirkungen wie das Anhalten eines Zuges, oder?
Nein, natürlich nicht. Was wir erreicht haben war zum Beispiel, dass Pflanzensamen schneller wuchsen. Wir haben bestimmte Werte im Wasser verändert, die energetischen Frequenzen, sodass es reiner wurde. Wir haben im Rahmen unserer Friedens-Intentionsforschung nachweislich die Gewalt in einigen Regionen, etwa in Sri Lanka, reduzieren können. Und gerade bei diesen Forschungen zum Frieden haben Menschen aus über hundert Ländern der ganzen Welt, auch aus allen islamischen Ländern mitgewirkt.

Ist es nicht schwierig, in diesem Forschungsfeld eindeutige wissenschaftliche Kriterien aufzustellen und einzuhalten?
Ja, schon. Mein wissenschaftliches Team hat Daten von der Situation zwei Jahre vor dem Intentionsexperiment und bis zu zwei Jahren danach herangezogen – und bei einigen Versuchen stehen die Analysen noch aus. Wir warten noch, was geschieht.

Soweit ich weiß hat es seit den 80er Jahren immer wieder größere Versammlungen von Menschen gegeben, die sich geistig bzw. im Gebet auf

ein bestimmtes Ziel ausgerichtet haben, sei es Weltfrieden oder eine glo-
bale Bewusstseinstransformation, doch wie soll man herausfinden, ob das
wirkt oder nicht?

Nun, genau deshalb war und ist es mir wichtig, einen wissenschaftlichen
Rahmen herzustellen, wo die Ergebnisse nicht rein subjektiv und mani-
pulierbar, sondern allgemeingültig, jederzeit wiederholbar und objektiv
messbar sind. Und wir arbeiten zusammen mit so renommierten Universitäten wie Princeton, der Universität von Kalifornien, von Freiburg, von St.
Petersburg oder dem Internationalen Institut für Biophysik.

Manche Wissenschaftler vergleichen das menschliche Gehirn mit einem
Radio bzw. mit einem Sender und Empfänger, und sagen, dass bestimmte
Faktoren wie starke Emotionen die Sendekapazität verstärken. Wie sehen
Sie das?

Ich stimme darin überein und habe auch in meinen Büchern geschrieben,
dass das Gehirn mit einem Radio vergleichbar ist. Vieles spricht dafür, dass
Bewusstsein nicht im Gehirn eingeschlossen, sondern etwas außerhalb
des Gehirns ist. Wir sind Sender und Empfänger von Informationen und die
Erinnerungen lagern nicht im Gehirn, sondern in einem Feld jenseits von
Raum und Zeit. Allerdings wird vieles einfach behauptet – etwa dass wir
durch Gefühle unsere Schwingungen oder die Körperfrequenzen erhöhen
können – ohne irgendwelche wissenschaftlichen Beweise. Doch im Liefern
von Beweisen sehe ich meine Aufgabe.

Bewusstsein (consciousness) ist ein gerade in der Wissenschaft heiß dis-
kutierter Begriff. Würden Sie sagen, das „Feld", von dem Sie sprechen, ist
überpersönliches Bewusstsein?

Ich denke, das Nullpunkt-Feld schließt Bewusstsein mit ein. Es ist Alles,
und Bewusstsein ist ein Teil davon. Einige Wissenschaftler gehen davon
aus, dass Bewusstsein und dieses umfassende Feld ein- und dasselbe

sind. Ich bin mir in diesem Punkt nicht sicher und kenne auch niemand, der eine beweiskräftige und unwiderlegbare Antwort hat. Ich glaube, es gibt ein allumfassendes Feld und wir sind ein Teil davon. Der Punkt ist, dass wir verstehen lernen, dass wir nicht isoliert und begrenzt, sondern Teil eines sehr viel größeren Ganzen sind.

Das ist „The Bond", die Verbundenheit?
Genau. Übrigens scheinen manche anderen Kulturen dafür ein besseres Verständnis zu haben als unsere westliche, die stark auf den Einzelnen, das Individuum setzt. In einigen Stammeskulturen, aber auch im asiatischen Raum ist die Wahrnehmung anders ausgerichtet. Wenn ein Japaner oder Chinese einen Raum betritt, wandern seine Augen blitzschnell überall herum. Ihm wurde beigebracht, das Ganze zu sehen, sich in seine Umgebung einzubeziehen. Wir können von dieser anderen Art zu sehen lernen, uns selbst bzw. das Ich nicht mehr immer in den Mittelpunkt zu stellen, d.h. wir können sogar eine andere Art der Wahrnehmung einüben.

Vielleicht liegt die unterschiedliche Art der Wahrnehmung im asiatischen Kulturraum auch an dem Einfluss des Buddhismus. Buddha lehrte ja, dass es kein selbstständiges Ich gibt und dass alles nur aufgrund von wechselseitiger Beziehung existiert.
Ganz recht. Die wechselseitige Abhängigkeit ist die Basis in der östlichen Weltsicht, während bei uns das Ich-Prinzip vorherrscht. Wir müssen hier umdenken und uns an den neuen Erkenntnissen der Naturwissenschaft orientieren.

Nun gehen die Physiker ja von kleinsten Teilchen, Quanten etc. aus, aus denen die Materie besteht, doch sehen können wir das nicht. Wir nehmen weiterhin feste Dinge wie Tische und Menschen wahr. Glauben Sie, das könnte oder sollte sich ändern?

Ich glaube nicht, dass wir in der Lage sein werden oder sollten, subatomare Partikel mit dem bloßen Auge zu sehen. Worum es geht und wobei ich versuche, den Menschen in meinen Workshops zu helfen, das ist eine vielschichtigere Weltsicht und andere Einstellung im sozialen Verhältnis, im Umgang mit sich selbst und mit den anderen. Dass es zwischen den Individuen eine dritte Sache gibt, die das eigentlich wichtige ist, nämlich die Beziehung, das Verbundensein. Nicht meine oder deine Angelegenheit steht im Vordergrund, sondern unsere. Nicht Dinge sind es, die das Universum zu einem verbinden, sondern Beziehungen. Es gibt in Wirklichkeit keine Dinge, sondern nur Beziehungen.

Liegt es nicht auch an unserer Sprache, dass wir die Dinge so in den Vordergrund stellen?
Es ist in jedem Fall ein kulturelles Phänomen. Wenn wir geschichtlich zurückgehen in die Zeit vor der industriellen Revolution, da wurde das Leben mit seinen Verbindungen ganz anders aufgefasst als heute. Die wissenschaftlichen und technischen Errungenschaften der letzten Jahrhunderte haben uns erst in diesen extremen Individualismus getrieben. Und dass er nur im kapitalistischen Westen vorherrscht zeigt deutlich, dass er nicht in der Natur des Menschen liegt.

Ist eine bestimmte Philosophie für diese Entwicklung verantwortlich?
Ja, ich denke, das war die von Newton. Seine Ansichten haben uns aus dem Universum gleichsam herausgerissen. Vor seiner Zeit wurde das Universum viel stärker als ein Ganzes gesehen, in dem wir völlig integriert waren. Newton meinte: Nein, wir sind die Beobachter dieses Universums, das wie eine große Maschine weiter existiert, ob wir nun da sind oder nicht. Dann kam die Industrielle Revolution mit der bis dato größten Maschine überhaupt, die unser aller Leben in allen Bereichen stark beeinflusste, nämlich die Dampfmaschine. Unser Leben wurde dem Rhythmus der Ma-

schinen angepasst. Wir wurden immer weiter vom Ganzen abgespalten und zum Hamster im Rad.

Es gibt ja heute auch ein Horrorszenario, wo die Maschinen die völlige Kontrolle über die Menschheit haben, wenn wir etwa an die Matrix-Filme denken...

Ja, ich kenne die Matrixfilme. Nun, letztendlich haben wir ja die Wahl: Weiter so wie bisher oder die Ganzheit bejahen. Wir müssen wirklich eine radikale Kehrtwende vollziehen und in eine ganz andere Richtung gehen. Mit der bisherigen Egozentrik brechen die Systeme zunehmend zusammen, weil wir eben nicht für das Ganze, sondern jeder für seinen eigenen Vorteil arbeiten. Wir sehen das deutlich am Finanzmarkt, wo offensichtlich niemand mehr verantwortlich zeichnet.

Entspricht Ihr Aufruf zu weniger Selbstsucht und stärkerer Hinwendung zu anderen und zum Ganzen nicht dem christlichen Gebot der Nächstenliebe, das seit fast 2000 Jahren gepredigt wird? Und hat diese Lehre nicht genau das Gegenteil bewirkt?

Zum einen sehe ich nicht, dass die Kirchen wirklich die ursprüngliche Botschaft der Liebe verbreiten. Jesus war ein Revolutionär, doch seine Lehre wurde völlig korrumpiert. Zum anderen: Was ich sage, ist tatsächlich überhaupt nichts Neues. Neu ist daran nur, dass nun die Wissenschaft ins Spiel kommt. Die Grundgedanken wurden schon längst von den Mystikern entwickelt, die Wissenschaft ist da gerade erst auf ihre Weise angekommen und liefert nun Beweise, dass die Natur uns auf die Ganzheit hin ausgerichtet oder gestaltet hat. Ich versuche, die neue Geschichte der Naturwissenschaft zu erzählen, nicht mehr die alte, nach der unsere Gene „selbstsüchtig" sind, wir gegeneinander ums Überleben kämpfen müssen usw. Wir erkennen heute, dass dies alles nicht stimmt. Der westliche Verstand liebt Beweise, und die jüngsten wissenschaftlichen Erkenntnisse sprechen klar für ein neues Paradigma.

Würden Sie sagen, dass in den vergangenen zehn, fünfzehn Jahren definitiv eine Veränderung im Bewusstsein stattgefunden hat?
Ich denke, dass die meisten Menschen sich darüber klar geworden sind, dass das Leben nicht im grob materialistischen Sinne wie eine Maschine verstanden werden kann. Ich erhalte hunderte von Briefen, die das andauernd bestätigen. Und wo immer ich hinkomme gibt es eine stets wachsende Bewegung mit dem Bemühen, die Art, wie wir die Welt wahrnehmen zu ändern. Und mit den vielen wissenschaftlichen Beweisen heute ändert sich die Weltsicht tatsächlich. Es gibt auch im Mainstream den immer stärker werdenden Wunsch, nicht mehr gegen unsere eigene Natur sondern in einer neuen ganzheitlichen Art zu leben.

Sehen Sie hinter den verschiedenen aktuellen Krisen – Finanz- und Schuldenkrise, Klimawechsel, Wassermangel etc. – eine tiefere Ursache?
Ja: Eine falsche Geisteshaltung. Wir sind überzeugt, getrennte Wesen zu sein, die sich im Wettstreit und Kampf gegeneinander behaupten müssen. Deshalb haben wir unser Leben auf allen Ebenen – in der Erziehung, im Beruf, Geschäft, in der Partner- und Nachbarschaft – auf Konkurrenz und Wettkampf ausgerichtet. Erst seit kurzem erkennen wir, dass die Natur uns gar nicht zum Konkurrenzkampf ausgerüstet hat, sondern vielmehr zum Teilen, zur Achtsamkeit und zur Fairness. Und wenn wir uns daran halten, haben wir auch Erfolg. Wenn nicht, sind wir schwach, und daher kommen auch all diese Krisen. Weil wir entgegen unserer Natur leben. Und das wird immer schlimmer, bis wir endlich aufwachen und auf eine neue Art leben.

Ist es auch das, was Sie in Ihren Workshops vermitteln?
Ja. In meinem Workshop The Bond gebe ich bestimmte Werkzeuge an die Hand, wie man die Umwelt anders wahrnehmen, sein Leben neu ausrichten und gemeinsam etwas schaffen kann. Es geht darum, ganz praktisch im Alltag etwas zu verändern und vor allem, sich selbst zu ändern.[185]

Kapitel 10
Nicht-Alltägliche Wirklichkeit

Es gibt verschiedene Wege und Möglichkeiten zu der Erkenntnis, dass ich eins bin mit dem All und dass es keine Trennung gibt zwischen Wahrgenommenem und Wahrnehmenden. Eine der ältesten Methoden ist die Induktion von Trance. Schamanen haben bereits in vorgeschichtlicher Zeit durch besondere Trommelrhythmen, Gesänge und psychoaktive Pflanzen sich und ihre „Patienten" in spezielle erweiterte Bewusstseinszustände versetzt. In einigen Stammeskulturen sind die schamanischen Praktiken und rituale auch heute noch lebendig. Und vor allem ist das alte Wissen für den heutigen, modernen Menschen aufbereitet worden, von Ethnologen, Therapeuten und Schamanen.

Schamanische Reise

Während der Ethnologe Carlos Castaneda seine schamanischen Don-Juan-Abenteuer weltweit über Bücher verbreitete, begründete Prof. Michael Harner 1971 die ‚Foundation of Shamanistic Studies'. Er rekonstruierte eine uralte, wirksame Methode, Castanedas vielbeschworene ‚nichtalltägliche Wirklichkeit' – das ‚Nagual' – kennenzulernen, ohne nachts im Meskalinrausch durch mexikanische Wüstenlandschaft rennen zu müssen. Harners Schüler, Paul Uccusic aus Wien, machte die Methode der ‚schamanischen Reise' in Europa sogar über Volkshochschulen bekannt.

Die schamanische Reise wird nach einfachsten Vorkehrungen angetreten und von über 80% der Seminarteilnehmer mit konkreten Ergebnissen abgeschlossen. Die Reisenden liegen still auf einer Decke, die Augen sind geschlossen und mit einem Tuch abgedeckt. In seiner Vorstellung sucht sich jeder seinen Platz in der Natur und lenkt seine Aufmerksamkeit auf einen Eingang, eine Fels- oder Baumhöhle, ein Erdloch. Der gleichmäßige Schlag der Schamanentrommel setzt ein. Der Eingang gestaltet sich zu einem Tunnel, der in die ‚Nichtalltägliche Wirklichkeit‘, in diesem Fall in die ‚Untere Welt‘ führt. „Was immer Sie sehen, Sie haben das Gefühl, dass es wirklich ist, dass es tatsächlich passiert. Zu erklären ist das schwer, weil hier der Vergleich mit dem Traum zu hinken beginnt. Eine schamanische Reise ist eben eine Reise und kein Traum." schreibt Uccusic.[186]
Der folgende Bericht stammt von einem jungen Mann, der ohne schamanische Vorkenntnisse während eines Volkhochschulkurses ‚gereist‘ ist:

"Ich stehe auf meinem gewohnten Platz in der Natur. Der Felsschlund steht weit offen. Der Klang der Trommel zieht mich hinein. Zuerst ist es finster im Gang – dann kommt so etwas wie Licht von den Seiten. Es ist eng, aber irgendwie gelange ich weiter. Dunkle, zähschleimige Massen rinnen von den Wänden – besser: schmieren sich den Fels entlang –, ich möchte fort, aber die Trommel zieht mich weiter hinunter. Irgendwas greift nach mir, ich rutsche schneller – schließlich erscheint am Ende des Tunnels ein Licht, und ich trete aus dem engen Rohr heraus. Kurz sehe ich mich um, da steht schon ein Reh. Ich steige auf, los geht der Ritt durch eine phantastische Landschaft: Berge aus Kristallen, smaragdgrüne Seen, grandiose Wasserfälle, übermannsgroße Orchideen – eine Zauberwelt. Die Trommel endet – ich verabschiede mich von meinem Reh und kehre zurück…es ist nahezu unglaublich."[187]

So phantastisch und spannend sich eine solche Reise gestalten mag, sie soll nicht der Unterhaltung oder einer Flucht vor Problemen dienen, sondern ist immer mit einer klaren Zielsetzung verbunden. Schamanen „reisen" nicht zum Spaß, sondern um im Dienste der Gemeinschaft Antworten auf drängende Fragen zu finden oder zu heilen. Heilungen sind in Uccusics Basis-Seminaren zwar nicht vorgesehen, wohl aber Problemklärungen. Eine simple Frage wie: ‚Soll ich meinen Job wechseln?' verwandelt sich bekanntlich durch zweifelndes Hin- und Herüberlegen und alle möglichen Ratschläge von Bekannten leicht in ein ausweglos scheinendes Problem.

Andersherum hilft es ungemein, eine verworrene Situation auf das Format einer klaren, einfachen Frage zu bringen- wobei ein erfahrener Schamane beraten kann. Ist die Frage auf den Punkt gebracht, wird sie vor Antritt der Reise dreimal innerlich formuliert und mit in die ‚Nichtalltägliche Wirklichkeit' genommen. Dort kommt die Antwort in Form von Worten, Gesten oder Bildern von einem ‚Lehrer', der als vermummte Gestalt, als Mensch oder Tier erscheint.

Trancebeat und Thetawellen

Bei der schamanischen Reise ist die gehörte Trommel nicht Teil der ‚Zauberwelt', sondern des Seminarraums. Ihr gleichmäßiger Grundschlag führt den auf dem Boden Liegenden in die ‚nichtalltägliche Wirklichkeit' und auch wieder zurück. Der Rhythmus dient „dem Schamanen als Ariadne-Faden, als ständig vorhandene ‚Nabelschnur', die den wandernden Geist immer mit dem Hier und Jetzt seines Ausgangspunktes verbindet. Insofern ist die Trommel die eigentliche Mittlerin zwischen den Welten. Das ist auch der Grund für den Respekt, mit dem sie in der Regel behandelt wird."[188]

Das Schlagen der Trommel hat mehrere Funktionen. Als ‚Frequenzmodulator des Bewusstseins'[189] führt der Trommelrhythmus gezielt in verschieden tiefe Trancezustände, die in der neueren Forschung an der Frequenz von Gehirnwellen gemessen werden. „Monotones, also nichtsynkopiertes Trommeln ist jenes Geräusch, das den Schamanischen Bewusstseinszustand am ehesten auslöst. Gehirnstromkurven zeigen die charakteristische Theta-Schwingung, die als ‚Phase besonderer Kreativität‘ bekannt ist, in der paranormale Phänomene bevorzugt auftreten. Damit kommt der Frequenz eine nicht unbeträchtliche Bedeutung zu – vier bis sieben Impulse pro Sekunde bringen erfahrungsgemäß die besten Ergebnisse."[190]

Bei 12 – 20 Hertz bzw. Trommelschlägen pro Sekunde wird der Reisende aus einer tiefen Trance in den Betabereich geholt, wo sich die Gehirnaktivität stärker auf die Außenwelt bezieht. Der Schamane kann durch höhere Frequenzen einem Abdriften oder „Ausspacen" entgegenwirken. In manchen Workshops trommeln alle Teilnehmer im einheitlichen Beat, der schneller oder langsamer wird, um die Aufmerksamkeit zu erhöhen. Genau gleichzeitig das Tempo zu verändern erfordert Präsenz und Wachheit im Hier und Jetzt, was wiederum einen Anstieg der Energie bedeutet. Erst nachdem genügend ‚Energie aufgebaut ist‘, beginnt die schamanische Reise unter Anleitung des trommelnden Schamanen, der weiterhin wach und präsent bleibt.

Der monotone Trommelschlag verengt die sinnliche Wahrnehmung (Sensory Deprivation). Einen ähnlichen Effekt sollen die indianischen und afrikanischen Rasseln, die australischen Klanghölzer und Didgeridoos, die sibirischen, mit einer Saite bespannten schamanischen Bögen, die nepalesischen Klangschalen oder die chinesischen Glocken und Klangkugeln haben. Doch hier fehlt meist das rhythmische Element, das die Trommel zum wichtigsten, seit Jahrtausenden auf der ganzen Erde verbreiteten akustischen Instrument für die Schamanische Reise gemacht hat.

Auf seinen CDs schlägt Michael Harner eine Stunde lang die gleichmäßigen vier Schläge pro Sekunde auf einer runden Handtrommel, wie es die Schamanen Zentralsibiriens und Nordamerikas seit wenigstens 30.000 Jahren tun. Musikalisch in keiner Weise reizvoll, aber für das schamanische Reisen im Rahmen seiner ‚Foundation of Shamanistic Studies' (FSS) gerade richtig.[191]

Die hier angegebenen Gehirn-Frequenzen entsprechen Zuständen tiefer Entspannung. In „Der verratene Himmel" bin ich auf die faszinierenden Reisen von Robert Monroe eingegangen. Bei seiner Methode können ähnlich niedrige Frequenzen wie die der Trance-Trommel, die hier über Stereokopfhörer wahrgenommen werden, zu außerkörperlichen Erfahrungen und Astralreisen führen. Es ist ein enorm faszinierender Grenzbereich zwischen wachen und träumen, mit einem enormen Potential, sowohl was die subjektive wie auch die objektive Seite der Forschung betrifft. Das betrifft auch Phänomene wie das luzide Träumen, die Nahtoderfahrungen und die Erfahrungen mit starken psychoaktiven Substanzen wie LSD.

Es gibt Bewusstseinsräume, die unendlich erscheinen, und die sich, wie schon die Trance, schwerlich definieren lassen durch eine Angabe wie Beta- oder Thetabereich. Doch die Korrelation von Erlebtem und Gemessenem oder besser: Im Computer Dargestellten wird ständig deutlicher und präziser. Es ist erst einige Jahre her, dass bei der Gehirntomografie von tibetischen Mönchen im Zustand der Versenkung Gehirnfrequenzen von 40 Hertz aufgezeichnet wurden – also Schwingungen, die schneller sind als die Betawellen des normalen Tages- bzw. Wachbewusstseins. Und sogar das Erleben nach Einnahme von LSD konnte bei den Probanden in Gehirnscans dargestellt werden.

LSD

Es begann mit einer „phantastischen Show von abstrakten und geometrischen Bildern in unglaublichen Farben, die sich in raschen, kaleidoskopischen Sequenzen entfalteten." Bald folgten „Emotionen, Visionen und erhellende Einsichten in mein Leben und die Existenz überhaupt…Diese Erfahrung ging so tief und war so erschütternd, dass sie mein bisheriges Interesse an der freudschen Psychoanalyse sofort verblassen ließ."[192]

So beschreibt einer der führenden Bewusstseinsforscher unserer Zeit, nämlich Prof. Dr. Stanislav Grof, seinen ersten „LSD-Trip" Mitte der 50er Jahre in Prag. Nach drei Stunden, als die Wirkung des LSD ihren Höhepunkt erreicht hatte, wurde Grof den schneller und langsamer werdenden Blitzen eines riesigen stroboskopischen Lichtes ausgesetzt, während die Wirkung über Elektroden an seiner Kopfhaut mit dem EEG gemessen wurde. „Ich hatte das Gefühl, dass ein göttlicher Blitzstrahl mein bewusstes Selbst aus meinem Körper katapultierte. Mein Bewusstsein dehnte sich mit unvorstellbarer Geschwindigkeit aus bis in kosmische Dimensionen. Es gab zwischen mir und dem Universum keinerlei Grenzen oder Unterschiede mehr."[193]

Seit dieser psychedelisch-mystischen Erfahrung widmet Stan Grof sein Leben dem Studium außergewöhnlicher Bewusstseinszustände. Er nannte sie später holotrop (Griechisch: zur Ganzheit hin fortschreitend).
In der breiten Öffentlichkeit wird LSD meist mit ausgeflippten Hippies und Rauschpartys der späten 60er Jahre assoziiert. Nur wenige wissen, was diese chemische Substanz ist und welche heilende Wirkung sie in einem psychotherapeutischen Rahmen haben kann. Als Prof. Dr. Albert Hofmann 1943 das LSD (Lysergsäurediethylamid) entdeckte und an sich selbst ausprobierte, veränderte das sein Weltbild radikal. Und ähnlich erging es später Wissenschaftlern wie Timothy Leary, John Lilly, Richard

Alpert (Ram Dass) und eben Stanislav Grof. Es handelt sich um die stärkste psychoaktive Droge überhaupt.

Heute befasst sich eine jüngere Generation von Wissenschaftlern wieder verstärkt mit der „psychedelischen" Wirkung (der Begriff stammt ursprünglich von Aldous Huxley) von LSD, etwa Dr. Robin Carhart-Harris von der medizinischen Fakultät am Londoner Imperial College. Er leitet die *„Psychedelic Research"* am Zentrum für Neuropsychopharmakologie. In einem Versuch wurden 20 Probanden untersucht, nachdem ihnen 75 Mikrogramm LSD injiziert worden war – im Vergleich dazu gab es später einen Versuch mit einem Placebo. In beiden Fällen lagen die Teilnehmer ruhig auf den Boden. Mit bildgebenden Verfahren (u.a. Magnetoenzephalographie) konnte eine deutliche Steigerung der Aktivität im visuellen Cortex und vor allem eine starke Verbindung mit anderen Hirnregionen nachgewiesen werden. Die Grenzen zwischen den einzelnen neuronalen Netzwerken sind durchlässiger, und daraus resultiert eine vielfältige, Wahrnehmung, in der verschiedene Sinneseindrücke ineinanderfließen (Synästhesie).

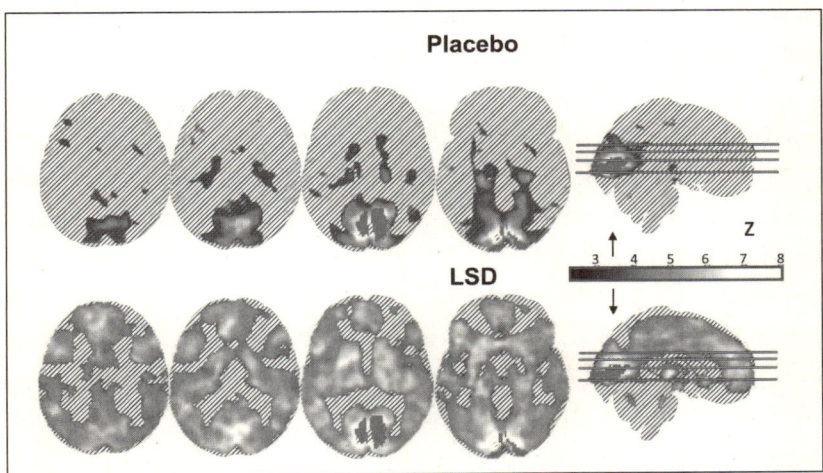

Kommunikation des visuellen Cortex mit anderen Gehirnregionen, oben in der Placebo-, unten in der LSD-Gruppe194

Gleichzeitig wollen die Forscher die neuronale Erklärung dafür gefunden haben, warum Menschen unter LSD-Einfluss ihr eigenes Ich plötzlich so viel leichter und intensiver in einen größeren Kontext – etwa als Teil der Erde oder gar des Universums – einordnen und nachempfinden können. „Unsere Gehirne werden beim Erwachsenwerden immer spezialisierter und starrer. Ein Gehirn im LSD-Zustand ist eher wie das eines Kindes: frei und ungezwungen", erklärt Robin Carhart-Harris. Netzwerke von Gehirnzellen, die sich auf die Verarbeitung bestimmter Informationen spezialisiert haben, würden unter LSD-Einfluss wieder anschlussfähiger an andere.

Einer, der im Team mitarbeitet, ist der junge Wissenschaftler Enzio Taglia-zucchi[195], zur Zeit Assistent am *Netherlands Institute for Neuroscience*. Er sagte im Interview in einer Sendung des ORF, dass die Teilnehmer subjektiv die Erfahrung der einheit gemacht hätten: „Sie beschreiben das so, dass sie nicht mehr getrennt sind von den Dingen, die sie umgeben, die sie hören oder sehen". Er knüpft an frühere Studien mit Sterbenden in einem Hospiz an und meint: „Sie hatten viel weniger Angst als andere. Und das hat damit zu tun, dass sie sich weniger als Individuum wahrgenommen haben und mehr als Teil von etwas Größerem, als Teil des Universums".[196]

In einem Interview mit Matthias Bröcker von 2006 sagte der „Finder" des LSD, Albert Hofmann: „Ich glaube, dass ich die Gnade hatte, offene Sinne zu behalten – und unser Bewusstsein wird ja von den Sinnen genährt. Ich habe bis heute keine Brille und keine Hörgeräte… und ich habe wirklich das Gefühl, dass ich auf die Natur höre, auf das, was uns gegeben ist. Deshalb bin ich auch so skeptisch gegenüber dieser technischen Kultur – weil: wir verpassen ja das Paradies! Wir vermauern und verbrettern unsere Sinne mit dieser Technisierung. Und ich bin noch zu Hause in der Natur, nicht in der technischen Welt. Ich glaube, das ist einer der entscheidenden Fehler unserer heutigen Welt: Wir kommen immer mehr ab von dem, was da

ist, von diesem großen Geschenk, wir nehmen es nicht einmal mehr wahr –
und rackern uns ab mit technischen Problemen. Wenn ich in der Stadt
hätte leben müssen, wäre ich mit Sicherheit schon lange gestorben, schon
lange tot. Ich habe das Glück, dass ich hier auf der Rittimatte im Paradies
lebe – und wenn man im Paradies lebt, will man ja nicht so schnell weg.
Der Mechanismus des LSD ist ganz einfach: Die Tore der Wahrnehmung
werden geöffnet und wir sehen plötzlich mehr – von der Wahrheit…"[197]

Kapitel 11
Vom Ego zum Selbst

So wie der „Sündenfall" die Frage betrifft, wie der Mensch sich von der ursprünglichen göttlichen Einheit abtrennen konnte geht es nun umgekehrt um die Frage, wie ich, das Ego zum unbegrenzten und unvergänglichen Selbst „zurückfinde". Aus der Sicht des Erwachten bzw. Mystikers sind beide „Ereignisse" nicht wirklich, sondern nur „geträumt", eine Illusion des Ich. Doch ich gehe davon aus, dass wir, Sie und ich, diese Sicht noch nicht vollständig realisiert haben. Der Verstand sagt uns, dass sich die Verengung zum kleinen Ich in der Zeit abgespielt haben muss, individuell in meiner frühen Kindheit und kollektiv, als Entwicklungsphase der Menschheit, vielleicht ab 8.000 v. Chr. bis heute.

Einige Philosophen wie Sri Aurobindo, Jean Gebser und Ken Wilber sehen eine zunehmende Verdichtung oder Verfestigung des Ego, die sich im Rahmen einer Evolution des Bewusstseins zwangsläufig auflösen muss, und zwar seien wir heute in dieser Umbruchphase eines „Integralen Bewusstseins".

Das Integrale Bewusstsein nach Jean Gebser

Der Schweizer Philosoph Jean Gebser (1905-1973) brachte den Begriff des Integralen ins Spiel, der mittlerweile in Leadership- und interkulturellen Trainings verwendet wird. Auch wenn Gebser seinerzeit weder solche

Seminare noch die heutige Dimension der Globalisierung im Blick haben konnte, legt seine Philosophie doch sehr bestimmt und effektiv den Zeigefinger auf den heute dringend nötigen Sprung („Mutation") von einem dualistisch-rationalen Weltbild zu einem ganz neuen, integralen Verständnis von Ich, Mensch und Welt.

Jean Gebser befasste sich mit der Kulturgeschichte des Menschen, analysierte die Werkzeuge, Statuen, Schriften und Bilder von der Steinzeit bis heute und schloss daraus auf die Einstellung, die Perspektive, aus der heraus die Menschen die Welt und sich selbst sehen und verstehen. Sie ändert sich, offensichtlich, und das zeigt, dass sich unsere Vorstellungen von Raum und Zeit ändern. Nach dem archaischen, dem magischen und dem mythischen Bewusstsein entstand laut Gebser etwa in der griechischen Antike das mentale Bewusstsein, wo sich der Mensch als Ich, als Einzelner einer Welt gegenübersieht, die er zunehmend mit seinem Verstand zu beherrschen sucht.

Ein Merkmal des Mentalen ist ein (ziel-) gerichtetes Denken und Planen, das sich von der Bilderwelt der Seele (mythisch) zu lösen, zu abstrahieren sucht. Der Schriftzug „Erkenne dich selbst!", den Thales von Milet (um 600 v. Chr.) am Apollotempel in Athen anbringen ließ, verläuft – anders als bis dahin üblich – von links nach rechts. Gebser sieht darin eine Richtungsanweisung vom Unterbewussten bzw. Träumenden Bewusstsein (links) zum Wachbewusstsein (rechts). Diese Richtung von links nach rechts, von weiblich zu männlich, von der Einbildungskraft zum rationalen Verstand, erwies sich über die folgenden Jahrhunderte als überaus fruchtbar. Unter anderem ermöglichte sie ganz neue Einsichten in Geometrie, Astronomie, Biologie, Chemie, Psychologie usw.

Sie ist heute allerdings längst in einem Extrem angelangt, das sich katastrophal auswirkt. Während der Mensch zu Platos Zeiten begann, seine Welt zu ermessen und sich dabei erstmals des Raums bewusst zu werden, in dem er sich bewegen und wirken kann, ist das Prinzip des Messens und Berechnens in der westlichen Kultur zu einem einseitigen Wahn geworden. Aus dem Maßvollen ist Maßlosigkeit geworden.

Ohne Wertung beschreibt Gebser die mentale Struktur: „Es ist *eine Welt des Menschen* … in welcher der Mensch selber denkt und dieses Denken richtet; und es ist eine Welt, die er misst, nach der er trachtet, eine materielle Welt, eine Objektwelt, die ihm *gegenüber*steht."[198]

Doch wie in den anderen Bewusstseinsstrukturen, die alle noch in uns mehr oder weniger lebendig sind und wirken, gibt es anfangs eine effiziente und am Ende eine defiziente Phase. Wir sind in der defizienten Phase des mentalen Bewusstseins. Und sollte die Wandlung zum neuen, integralen Bewusstsein nicht gelingen, dann werden wir uns selbst vernichten. Was wir gemeinhin als Rationalität (bedeutet eigentlich Teilung, Zergliederung, Zerfleischung) feiern, ist laut Gebser bereits der Abstieg oder Fall in die Extreme von Isolation und Vermassung. Isolation: das Ich muss sich stets künstlich überhöhen, um den sich erweiternden Raum angeblich kontrollieren zu können (Kapitalismus). Vermassung: Zum einen die zu Gebsers Zeiten noch funktionierenden kommunistischen Systeme (Sowjetunion), zum anderen die überall vorherrschenden Quantifizierungen (Statistik etc.), die anstelle von geistigen Inhalten Formeln und Zahlen setzen.

Bereits Ende der 60er bringt Gebser den Computer als Beispiel für die Defiziens des Mental-Rationalen und schreibt: „Jedes Übermaß an Quantifizierung führt zu Ohnmacht, Leere und Hilflosigkeit. Wo dies offensichtlich wird, ist die nicht mehr genügende Bewusstseinsstruktur bereits überwunden."[199]

Der englische Philosoph Thomas Hobbes (1588-1679) formulierte programmatisch: „Denken ist Rechnen in Worten."

Kehren wir zurück zu einem Grundgedanken Gebsers, nämlich dass die Perspektive ein Ausdruck oder Merkmal unserer jeweiligen Bewusstseinsstruktur ist. Sie zeigt, wo wir stehen und wie wir die Welt und uns selbst sehen. In unserer abendländischen Kultur sehen wir uns selbst als einen Punkt, als ein Individuum im dreidimensionalen Raum. Erste Andeutungen dieser Perspektive finden sich schon in antiken Darstellungen (griechische Vasen, Fresken in Pompeji), doch erst in der Renaissance und speziell bei Leonardo da Vinci wird die Perspektive genauer erforscht und konkret in Bildern umgesetzt.

Darin manifestiert sich deutlich, was wir heute alle ganz selbstverständlich empfinden: Hier bin ich, und von hier aus sehe ich die Welt. (Ein Aspekt: Was weiter weg ist, erscheint kleiner). Ich bin zwar in der Welt, in Raum und Zeit, aber sie steht mir auch gegenüber und entgegen. Ich kann tiefer in sie eindringen, sogar mit dem Mikroskop oder dem Teleskop, doch es bleibt immer die Trennung, der Dualismus: Objekte dort und ich als Beobachter hier.

Die Perspektive ist ein wichtiger Schritt in der Bewusstwerdung, doch wir sind mittlerweile an einem Punkt angelangt, wo sie unsere Freiheit behindert, uns auf einen Punkt fixiert, der nicht unserem Potential entspricht. „Die Perspektive fixiert sowohl den Betrachter als das Betrachtete … Auf der einen Seite der Mensch, der durch diese isolierende Fixierung sein Ich immer stärker betonen muss; und ihm gegenüber, und zwar feindlich gegenüber, die Welt, die sich in ihrer Art bestärkt, indem sie immer stärkeres räumliches Volumen annimmt."[200]

Kann sich diese Perspektive, dieser fixierte Standort, „meine" Position irgendwie lockern oder gar auflösen? Gebsers Antwort darauf ist der Kern seines Werkes. Die A-perspektive. Das A bedeutet hier „Freiheit von".

Als Beispiel aus der Kunst führt er seinen Freund Pablo Picasso an. In einigen seiner Bilder scheinen sich die Gestalten aufzulösen in geometrischen Formen, sind als Objekte kaum noch greifbar, fast so, wie uns die Physiker unsere Welt heute beschreiben, nämlich als Geschwirr von Atomen und Energie.

Gebser sieht darin einen Vorstoß in ein Bewusstsein jenseits von Raum und Zeit. Immerhin haben sich unsere Vorstellungen von Raum und Zeit anscheinend ziemlich gewandelt. Warum sollte es da nicht auch möglich sein, diese grundlegenden Sichtweisen völlig zu überwinden?
Jean Gebsers umfangreiche Analyse führt uns zu einer notwendigen Wandlung des Bewusstseins, eines integralen Bewusstseins, wo es um die Überwindung von Zeit und Raum sowie die Integration des sich abgrenzenden Ichs in ein höheres Ganzes geht.

Zur *„Zeitfreiheit"*, zum *„Achronon"* kann uns führen, wenn wir uns der früheren Bewusstseinsstrukturen bewusst werden und wir nach dem Ursprung der Zeit suchen. Das Achronon ist ein Weltverständnis, das, wie Gebser schreibt, „sich der verschiedenen Zeitformen, seien diese nun Zeitlosigkeit, Naturzeit oder gemessene Uhrzeit, bewusst ist, wobei unser Verfügen können über sie uns von ihnen befreit und uns in die Zeitfreiheit, in die bewusst realisierte und immer gegenwärtige Ursprungsnähe stellt." Diese „Zeitfreiheit ist die bewusste Form des archaischen, ursprünglichen Vorzeithaften."[201]

Jean Gebser hat die Entwicklung des Bewusstseins nicht auf der linearen Zeitlinie einer vergangenen und möglichen zukünftigen Menschheit angesiedelt. Das Bewusstsein selbst kreiert Zeit, und damit ungeahnte Möglichkeiten. Gebsers Vision ist erstaunlich wert- und ideologiefrei und lässt den Horizont offen. Sie macht Mut zur Freiheit des Denkens und Handelns.

Der Ego-PC im Internet des Selbst

Lieber Leser, wahrscheinlich ist Ihnen auch schon mal der Gedanke gekommen, dass unser Verstand mit einem Computer vergleichen werden kann. Zum einen ist die Logik, nach der wir denken, binär: Richtig-falsch, ja-nein, gut-schlecht, 1-0. Und dementsprechend funktioniert auch unser PC. Zum anderen ist der Verstand in sich begrenzt. Er hat seine relativ überschaubaren Operationsmöglichkeiten und Datenmengen. Wir wissen heute, dass unsere Wahrnehmungen nur einen Bruchteil der potentiellen Wirklichkeit „durchlassen", das Meiste wird „ausgeblendet". Sonst würden wir uns womöglich in der Welt nicht zurechtfinden sondern herumgeistern wie auf einem endlosen LSD-Trip. Natürlich kann es nicht schaden, die Scheuklappen ein wenig zu öffnen.

Andreas Tenzer, Jahrgang 1953, Philosoph und Psychologe, setzt sich auf seiner Webseite vor allem dafür ein, dass wir achtsamer leben, mehr im Gewahrsein sind. In einem Aufsatz vergleicht er das Ego und den begrenzten individuellen Verstand mit einem PC und das Selbst mit dem Internet: „Unser Ego könnte man mit der Festplatte eines Computers vergleichen und das Selbst mit allen im Internet bereitgestellten Informationen. Dass wir gewöhnlich dem Ego mehr vertrauen als dem Selbst, hängt wohl damit zusammen, dass wir unabhängig von einem Internetzugang jederzeit auf dessen Datenmengen zugreifen können. Wir identifizieren uns mehr mit den Daten, die wir auf unserem eigenen PC gespeichert haben als mit der gigantischen Datenmenge, die uns das Internet potenziell zur Verfügung stellt. Viele Menschen kleben so an ihrem Eigenen, dass sie den Verlust sämtlicher auf ihrem Computer gespeicherten Dateien für gravierender halten würden als die dauerhafte Aussperrung vom Internet. Dass diese Einschätzung irrational ist, bedarf wohl kaum der Begründung.

Doch genau so irrational verhalten wir uns, wenn wir unserem Eigenwillen den Vorrang vor dem Willen des Ganzen geben. Dem Ganzen steht bei jeder zu treffenden Entscheidung die Gesamtheit aller vorhandenen Daten zur Verfügung, während das Ego seine Entscheidungen auf der Basis von Informationen trifft, die im Verhältnis zum Ganzen nur ein Tropfen im Ozean sind. Wer an diesem Tropf hängt, nur weil er sein eigener ist, ringt mitten im Leben mit dem Tod wie ein Patient auf der Intensivstation.

Wem es gelingt, sich aus der Identifikation mit dem eigenen Ego zu befreien, dem steht eine Welt offen, von der er vorher nur die Konturen hat wahrnehmen können. Bezogen auf das Computer-Beispiel hat er einen großen Sprung von einem einzelnen PC ins World Wide Web gemacht."[202]

Allerdings enden hier die Ausführungen von Andreas Tenzer nicht, sie beginnen eigentlich erst. Denn nun fragt er, was eine Identifikation mit dem Selbst – im Modell des scheinbar unbegrenzten Datenstroms im Internet – bedeuten würde und bringt den indischen Weisen Ramana Maharshi (1879-1950) ins Spiel.

Es ist eine anspruchsvolle Interpretation eines Zitats, die es wert ist, hier vorgestellt zu werden.

„Zuerst sieht man das Selbst als die Dinge,

Dann sieht man das Selbst als Leere,

Dann wiederum sieht man das Selbst als das Selbst;

Nur im letzten Fall gibt es kein Sehen,

Denn Sehen ist Werden."[203]

In der ersten Zeile wird der Zustand beschrieben, in dem das Selbst sich mit den Dingen identifiziert. Hier hält das Ego noch die Einverleibung der Dinge für sein Selbst.

In Zeile zwei hat das Ego die Nichtigkeit seiner Identifikation mit den Dingen erkannt. Es identifiziert sich jetzt mit dem Selbst als etwas, das nicht existiert.

Doch in dieser Leere hält es das Ego nicht aus. Der Weg zurück, zur Identifikation mit den Dingen ist ihm ebenfalls versperrt. Schließlich erkennt es in Zeile drei das Selbst als die Gleichzeitigkeit von Sein und Nichtsein. Jetzt erst wird das Selbst als das Selbst erkannt. Es hat eine immanente Dimension, in der es Form annimmt, und eine transzendente, in der es formlos, also leer ist. Solange man darin einen Widerspruch sieht, befindet man sich in der Dualität. Sobald man die Einheit der beiden Dimensionen erkannt hat, sieht man das Selbst als das Selbst. Wo die Identifikationen enden, beginnt die wahre Identität.

Das Selbst als das Selbst sehen, heißt nichts sehen (Zeile vier). Nichts sehen heißt nur das sehen, was man selbst nicht sieht, denn was man selbst sieht, ist nicht das Selbst. Was man selbst sieht, ist die bloße Vorstellung vom Selbst, also Projektion. Erst der Verzicht auf das Selbst-Sehen ermöglicht Wahr-Nehmung. In der Wahrnehmung zeigt sich alles als ungeworden (Zeile fünf). Die Illusion von Raum und Zeit ist eine Egoprojektion auf das Selbst. Die Filmrolle selbst kennt keine Zeit. Erst wenn man sie abspielt, also den Film sehen will, entsteht die Illusion von Zeit."[204]

In der Indischen Philosophie seit den Upanischaden ist das höchste Selbst (brahman) nicht wahrnehmbar, sondern das, was alles, inklusive mich (als Person bzw. Ego) „beobachtet", wahrnimmt, ohne zu beurteilen. Es gibt keine Möglichkeit für das Ego, dieses transzendente Selbst zu erkennen bzw. dorthin zu gelangen. Eine Illusion kann nicht Wirklichkeit werden. Wenn das Ego verschwindet ist die Einheit mit dem Selbst offenbar – sie war schon immer und wird stets sein, denn sie ist jenseits von Zeit und Raum. (wir kommen darauf im nächsten Kapitel zurück)

Hier möchte ich die Schlussfolgerungen von Andreas Tenzer nicht vorenthalten, denn er will darauf hinaus, wie ein jeder ganz praktisch im Alltag durch Gewahrsein das Ego beobachten und gleichsam in Schach halten kann:

„Der Prozess der Selbstaufhebung geht mit einem allmählichen Absterben des Ego einher, und nur wer darauf vertraut, als Selbst weiterzuleben, wird den Sprung in die Ungewissheit wagen. In den seltensten Fällen geht es dabei um den physischen Tod, wie etwa bei Menschen, die bereit sind, für ihre Ideale zu sterben. Im alltäglichen Leben dominiert meist die Angst, zu kurz zu kommen, wenn man egoistische Ziele aufgibt. Diese Angst ist umso mehr berechtigt, je egoistischer die Menschen sind, mit denen man es zu tun hat. Ein hohes Gewahrsein ist aber sowohl in der Lage, den eigenen Egofaktor situativ präzise zu beziffern als auch den Egofaktor des Gegenüber. Unter Egofaktor verstehe ich den prozentualen Anteil egoistischer Motive bei bestimmten Handlungen.

Tritt mir jemand mit starken egoistischen Motiven gegenüber und möchte mich für seine Zwecke instrumentalisieren, dann habe ich im Prinzip drei Möglichkeiten:

Ich kämpfe indem ich mein eigenes Ego mobilisiere. Ich kapituliere aus Angst. Ich versuche, der Person situativ oder dauerhaft aus dem Weg zu gehen. Da ein hohes Gewahrsein sich nicht von Prinzipien leiten lässt, kann es in jeder spezifischen Situation optimal reagieren. Ein Mensch, der sich von Prinzipien befreit hat, wird mal kämpfen, mal kapitulieren, mal die Egomanen meiden. Sein Gewahrsein wird ihm jederzeit rückmelden, wie sein Gesamtsystem auf die verschiedenen Reaktionsweisen reagiert.

Dabei wird er die Erfahrung machen, dass vermeidbare Kämpfe unnötig Kräfte binden und dass vermeidbare Kapitulationen die Kräfte auf allen drei Ebenen schwächen. Deshalb wird er immer mehr den Umgang mit Menschen suchen, bei denen weder Ego-Kämpfe noch Kapitulationen erforderlich sind. In diesem Umfeld kann er sich selbst gefahrlos aufheben. Jemand, der dafür bekannt ist, dass er sich sein menschliches Umfeld konsequent nach diesem Kriterium ausgesucht hat, war Albert Einstein und er wusste warum:

"Der wahre Wert eines Menschen ist in erster Linie dadurch bestimmt, in welchem Grad und in welchem Sinn er zur Befreiung vom Ich gelangt ist."[205]

Unser Wesenskern außerhalb der Matrix

Ich möchte nun den Gedanken aufgreifen und fortführen, den ich im 5. Kapitel des ersten Teils vorgestellt habe. *Jim Elvidge* hatte in seinem Gedankenmodell die Welt als eine Computersimulation erklärt und damit eine plausibel erscheinende Lösung für etliche Rätsel und Widersprüche nicht nur in der Quantenphysik aufgezeigt.

Wenn die Welt, die wir wahrnehmen, eine digitale Simulation ist, mitsamt dem wahrnehmenden Bewusstsein, das ich selbst als Ich zu sein glaube, dann muss es außerhalb dieser „Matrix" ein übergeordnetes Schalt- und Kontrollzentrum geben, von dem aus diese „Welt am Draht" gelenkt wird.

Elvidge behauptet nicht, dass es faktisch so ist. Er sieht es als ein Modell. Und im Unterschied zu Filmen wie „Welt am Draht" oder „Matrix" zieht er aus seinem Modell positive Konsequenzen: „Jeder von „uns" ist ein Segment aus organisierter Information innerhalb von „allem, was ist" („all that there is", ATTI). Folglich empfinden wir uns als Individuum, gleichzeitig sind wir jedoch auch mit dem Ganzen verbunden. (…)

Das „Wirklichkeits-Lernlabor" (Reality Learning Lab, RLL) ist seinerseits eine Menge organisierter Information innerhalb des ATTI. Was wir im wachen Zustand Tag für Tag erfahren, ist das RLL. Eine der üblichen Bezeichnungen dafür ist „das Universum". (Wenn wir meditieren oder schlafen, sind wir dagegen mit anderen Bereichen verbunden.) Sämtliche Artefakte, die zusammen unsere Realität ausmachen, sind im RLL angesiedelt. Im RLL entfalten sich verschiedene „Simulations"-Zeitlinien.

Die Informationen, die unsere Erinnerungen ausmachen, befinden sich an drei verschiedenen Orten: Der Teil der Simulation, der unser „Gehirn" darstellt. Denken Sie sich diesen Bereich als unseren Daten-Zwischenspeicher (Cache).

Jener temporäre Teil des Datensatzes, der unsere „Seele" repräsentiert. (Setzen Sie hier den von Ihnen bevorzugten Begriff ein: „Geist", „Essenz", „Bewusstsein", „Sein", usw. Begriffe sind an dieser Stelle nicht entscheidend.) Dies ist der Teil, den wir beim Tod wieder verlieren und auf den unser „Gehirn" vollen Zugriff hat – vor allem dann, wenn unsere Gedanken ruhen.

Der dauerhafte Teil unseres „Seelen"-Datensatzes. Er umfasst all das, was wir von Leben zu Leben mitnehmen und bewahren. Um diesen Teil zu entwickeln und zu verbessern, sind wir hier. Dies wiederum trägt zur unausweichlichen Evolution des ATTI bei. Auch Aspekte wie Werte und Moral gehören in diesen Bereich.

Indem nun jeder von uns seine rein subjektive Erfahrung durchläuft, erschaffen wir, wie man leicht erkennen kann, gemeinsam unsere Realität; damit ergibt der Beobachtereffekt mit einem Mal Sinn. Was unsere Realität so „fest" erscheinen lässt, ist das hohe Maß an Übereinstimmung zwischen unseren subjektiven Erfahrungen auf der makroskopischen Ebene. Doch wir haben eindeutig die Möglichkeit, unsere erlebte Realität zu beeinflussen. Wir erkennen das beispielsweise an der machtvollen Wirkung einer klaren Absicht oder am Placebo-Effekt. Bei paranormalen Erfahrungen handelt es sich schlicht um die Übertragung von Daten zwischen individuierten, bewussten Wesenheiten (wie etwa bei Telepathie) oder zwischen einem Bewusstsein und Artefakten innerhalb des RLL, die in der wahrgenommenen physischen Realität räumlich entfernt zu sein scheinen (Hellsichtigkeit). Unsere Realität ist offenkundig perfekt auf das Dasein und die Existenz von Leben abgestimmt. Für das Zustandekommen dieser Eigenschaft des RLL gibt es zwei Möglichkeiten: Sie war dem RLL entweder schon von Anfang an inne, oder das RLL ist in seinem Wesenskern mit einem kontinuierlichen Verbesserungsprinzip ausgestattet.

Falls wir tatsächlich in einer bewusstseinsgesteuerten digitalen Realität leben sollten – und viele Indizien scheinen darauf hinzudeuten –, dann brächte dies Implikationen von erheblicher Bedeutung mit sich. Wie ich bereits weiter oben angedeutet habe, können die unzähligen, bereits eingehend untersuchten Anomalien aus so unterschiedlichen Bereichen wie Physik, Philosophie, Geologie, Anthropologie und Psychologie allesamt allein durch ein bewusstseinsgesteuertes Realitätsmodell erklärt werden. Zu diesen Phänomenen gehören auch Anomalien in der Quantenmechanik und bei Anlage-Umwelt-Studien zu eineiigen Zwillingen, der „Abend-Effekt" der Gesellschaft, der feinabgestimmte Charakter des Universums, paranormale Erlebnisse, Nachtoderlebnisse und viele mehr. Eine so umfangreiche Erklärungskapazität bietet keine andere Theorie.

Die Annahme eines externen, separaten Bewusstseins impliziert die Weiterexistenz desselben nach dem physischen Tod. Die Erfahrungen von Wissenschaftlern wie Thomas Campbell oder Eben Alexander deuten darauf hin, dass diese Existenz von Dauer ist – im Prinzip ewig. Bedenken Sie, wie eine solche Weltsicht die Entscheidungen und Prioritäten der Menschen verändern würde. Die Gelder und Anstrengungen, die man heute für die Verlängerung des Lebens aufwendet, könnten dann unmittelbar dem Leben selbst zugutekommen. Die medizinische Industrie würde vielleicht zu der Erkenntnis gelangen, dass es nicht das Ziel der Evolution ist, eine höhere Lebenserwartung zu erlangen. Mit dem Wissen um die Unsterblichkeit des Bewusstseins könnten wir unsere Bemühungen vielmehr auf die Heilung von Krankheiten und die Verbesserung der allgemeinen Lebensqualität ausrichten – anstatt in der Gesundheit der Menschen eine profitable Wartungsmaschinerie zu sehen, mit der man das Leben auch über die angemessene Grenze hinaus verlängert.

Die digitale Bewusstseinsphilosophie verleiht dem Leben weitaus mehr Bedeutung und Sinn, als es der wissenschaftliche Materialismus vermag. Der einzelne Mensch kann daraus neue Perspektiven auf sein eigenes, individuelles Leben gewinnen. Der Zweck unseres Daseins liegt im Lernen und der Entfaltung unseres Bewusstseins – und nicht im Gewinnen eines hedonistischen Überlebensspiels, das auf Angst und Ressourcenmangel basiert. Sobald wir das verstehen, wird der Schritt zu einer beträchtlich großzügigeren Einstellung gegenüber unseren Mitmenschen und zur wahren Achtung anderer Lebensformen auf unserem Planeten möglich. Wenn man das als „Gefangenendilemma" bekannte mathematische Spiel in einem unendlichen, iterativen Modus ausführt, stellt man fest, dass die besten Ergebnisse durch Kooperation erzielt werden.

Übertragen auf einen sich fortlaufend wiederholenden Lebensprozess, würde man erwarten, dass sich der Charakter der Menschheit als Ganzes immer weiter verbessert und die Fixierung auf die Eigeninteressen verschwindet.

Mit dem Anwachsen der Weltbevölkerung geht eine immer schnellere Vereinnahmung und Zerstörung des Lebensraumes unzähliger Arten von Lebewesen einher. Auch für grausame medizinische Experimente werden diese bewussten Lebensformen benutzt. Die Erkenntnis, dass tierisches Bewusstsein demselben System entstammt, das auch das menschliche Bewusstsein hervorbringt, würde sehr wahrscheinlich dazu beitragen, dieser Ausbeutung ein Ende zu setzen.

Eine materialistische Sicht impliziert, dass wir uns in einem ständigen Kampf um Ressourcen befinden, wodurch es zu Konflikten und letztlich zu Kriegen kommt. Wenn wir aber um die Tatsache wissen, dass wir alle miteinander verbunden sind – würden dann Kriege zwischen Personengruppen, die sich in Religion, Nationalität oder politischer Gesinnung unterscheiden, noch einen Sinn ergeben?

Die digitale Natur des Bewusstseins bewirkt, dass das System einen Wahrscheinlichkeitscharakter hat (der durch die Quantenmechanik eindeutig nachgewiesen worden ist). Die Vorgänge innerhalb dieses Systems können durch Intention beeinflusst werden können. Wenn die Menschen überzeugt sind, dass sie durch den „geschickten Einsatz ihrer Absicht" ihr Leben, ihre Gemeinschaft und ihre Welt verändern können, dürfte es ihnen leichter fallen, falsche Glaubenssätze zu überwinden und tatsächlich eine positive Veränderung zu bewirken.

Mit den sich mehrenden Hinweisen darauf, dass wir in einer bewusstseinsgesteuerten digitalen Realität leben, wird auch die kollektive Akzeptanz dieser Idee wachsen. Das Verständnis dieses Realitätsmodells kann zu einer neuen, ganzheitlichen Perspektive in der Wissenschaft beitragen; noch wichtiger ist jedoch sein Potenzial, ein friedvolleres, harmonischeres, gerechteres und ausgewogeneres Weltbild zu etablieren."[206]

Kapitel 12
Das Erwachen ist ein Mysterium

Wenn Dir jemand erzählt, dass die Seele mit dem Körper zusammen vergeht und dass das, was einmal tot ist, niemals wiederkommt, so sage ihm: Die Blume geht zugrunde, aber der Samen bleibt zurück und liegt vor uns, geheimnisvoll, wie die Ewigkeit des Lebens.
(Khalil Gibran)

Nahtoderfahrung

Lieber Leser, mit 21 Jahren erlebte ich bei einem fast tödlichen Autounfall etwas, was mein Leben veränderte. Ich war damals begeisterter Autorennfahrer und beteiligte mich an einer alpinen Rally. Da gibt es bekanntlich viele Kurven. In einer fuhr ich zu schnell. Mein Auto verließ die Fahrbahn und landete gut 50 Meter tiefer auf einem Hang. Mein Körper lag daneben. Ich sah das. Dann war es wie in einem Traum, so klar und deutlich, wie nie zuvor. Ich sah das Kleid meiner Mutter aus der Perspektive eines krabbelnden Kindes, es kamen Szenen meines Lebens, die bis ins kleinste Detail zeigten, was ich längst vergessen hatte, mit den dazu gehörenden starken Gefühlen von Angst, Schuld, Stolz, Neid, Freundschaft.

Es war, wie mir später klar wurde, eine sogenannte „Nahtoderfahrung". Es gibt ja längst viele Bücher mit Berichten und Analysen. Die Pionierin dieser relativ jungen Forschung, Elisabeth Kübler-Ross *1926 – 2004*, schrieb: "Bevor ich mit Sterbenden zu arbeiten begann, glaubte ich nicht an ein Leben nach dem Tod. Jetzt glaube ich an ein Leben nach dem Tod, ohne den Schatten eines Zweifels."[207]

Was mich selbst stutzig machte war, dass ich in einer ganz anderen Situation, wo ich mich keinesfalls auf der Schwelle zwischen Leben und Tod befand, etwas Ähnliches erlebte. Ich beobachtete in einem Wald zwischen zwei Bäumen ein Spinnennetz mit einer Spinne darin. Plötzlich erschien das alles wie in einem Film. Die Szene selbst blieb ganz realistisch, doch irgendwie unbeschreiblich abgerückt. Wie dieser plötzliche Ruck, als wäre ich in einer anderen Dimension, zustande kam, kann ich nicht erklären. Ich kann nur sagen: Das vergisst man nicht, und ich habe seitdem geforscht und bin auf der Suche gewesen.

Nahtoderfahrungen und Erwachen scheinen einiges gemein zu haben. Der Berliner Psychologe Christian Meyer lehrt seit vielen Jahren mit immer mehr Erfolg „Sieben Schritte zum Erwachen". Ausgangspunkt ist seine eigene Erleuchtungserfahrung. In seiner Methode greift er u.a. auf den Bericht von Ramana Maharshi zurück, der als 16-Jähriger ohne vorherige spirituelle Interessen oder Übungen in einer Ahnung des Todes einfach ruhig beobachtete, wie sein Körper starr und steif wurde, während das Bewusstsein wach in sich selbst ruhte. Das alles erinnert mich stark an meine eigenen Erfahrungen.

In einem Interview sprechen Christian Meyer und Christine Brekenfeld, die ein Nahtoderlebnis hatte, über die Ähnlichkeit von Erwachen und Nahtod: Christian Meyer: Wir arbeiten an einer Studie zum Thema „Nahtoderfahrungen und ihr spirituelles Transformationspotential", wir haben über 50 Personen befragt, die entweder eine Nahtoderfahrung oder eine Aufwacherfahrung erlebt haben. Unsere These ist, dass eine Nahtoderfahrung (NTE) und die des Aufwachens eine Ähnlichkeit in der inneren Struktur haben.

Außerdem vermuten wir, dass bei der Nahtoderfahrung eine Veränderung geschieht, die sich durch spirituelle Arbeit zum Aufwachen hin **ausweiten** kann. Die Nahtoderfahrung ist gleichsam ein halbes Aufwachen. Es stellt sich durch unsere Forschung die Frage: Wie kommt es, dass die Nahtoderfahrung anscheinend keine stabile Erfahrung von Leere und Stille, Liebe und inneren Frieden mit sich bringt, wohingegen nach einem Aufwachen eine grundlegende und bleibende Veränderung in der Qualität des Seins geschieht.

Welche Rolle spielt die außerkörperliche Wahrnehmung?
Christian Meyer: Beim Aufwachen macht der Mensch typischerweise die Erfahrung, dass er alles und so überall ist. Wenn er überall ist, kann er nicht im Körper sein. Es muss also einen Shift geben von der Wahrnehmung: ‚Ich bin der Körper bzw. im Körper' hin zur Wahrnehmung: ‚Ich bin alles – und der Körper ist nur ein winzig kleiner Teil'. Das Aufwachen ist umso erfolgreicher, je mehr der Betreffende alle visuellen Erfahrungen hinter sich lässt – ganz Meister Eckart folgend, der sagt, dass das Abenteuer erst da beginnt, wo das Dunkel betreten wird, jenseits aller äußeren und inneren sinnlichen Wahrnehmung. Bei der Nahtoderfahrung ist der Mensch aber typischerweise in der visuellen Wahrnehmung. Deshalb scheint die außerkörperliche Wahrnehmung anders zu sein als bei dem, der aufwacht. Der Betreffende sieht sich außerhalb des Körpers, während der Aufwachende nichts sieht.

Christine, du hast ja eine typische Nahtoderfahrung gemacht. Kannst du das Erleben kurz beschreiben?
Christine Brekenfeld: Vor acht Jahren, ich war hochschwanger und kurz vor dem errechneten Geburtstermin, hatte sich meine Plazenta vorzeitig gelöst und ich sah hilflos zu, wie Blut in großen Mengen aus meinem Körper strömte. Es war für mich sofort klar: Ich sterbe jetzt! Ich durchlebte die To-

desangst mit allen Symptomen, die man sich nur vorstellen kann – Zittern, Zähneklappern, Schwitzen – und vor allem war da ein mächtiger innerer Widerstand: „Nein, das kann doch nicht sein, dass ich ausgerechnet jetzt sterben muss!" Hilfe konnte nicht so schnell kommen, wie es nötig gewesen wäre. Und mir wurde bewusst, dass es jetzt, in diesem Augenblick, nichts mehr gibt, das mir helfen wird. Die Situation schien aussichtslos. Der sich dagegen aufbäumende Geist und Körper konnte irgendwann nicht mehr und schien aufzugeben und sich zu entspannen. Ich hatte es nicht mehr in der Hand. Ganz plötzlich war da dieser Moment der inneren Ruhe. Frieden. Das Dagegen-Ankämpfen hörte auf, und ich habe mich ergeben. Dem Leben, dem Tod, egal was da kommt, ich ließ es geschehen. Ich habe losgelassen ohne zu wissen, was kommt.

In diesem Moment schoss mein Sein über den ganzen Körper. Eine enorme Weite. Und in der äußeren Hektik, wo die Sanitäter versuchten, die Blutung zu stoppen, war ich gefühlsmäßig unbeteiligt und wusste: Es ist alles gut. Auch als ich im Krankenhaus die Ärzte sagen hörte: „Keine Herztöne vom Kind – die Frau stirbt uns weg." In dem tiefen inneren Frieden fühlte ich zugleich ein Gezogenwerden in eine Art Enge, nicht so sehr wie ein Tunnel, eher etwas Organisches. Und am Ende war etwas Strahlendes, verbunden mit dem Gefühl von bedingungsloser Liebe, von Frieden, Stille und Wahrhaftigkeit, mit dem ich verschmolzen bin. Auch eine Art von Erkennen, von Angekommen-Sein, als wären alle Fragen beantwortet.

In einigen Büchern über Nahtoderfahrungen wird auch über ein Jenseits gesprochen, aus dem die Verstorbenen zu uns sprechen. Was haltet ihr davon?
Brekenfeld: Das kann so sein, viele Menschen berichten davon. Das ist nicht in Frage zu stellen. Was wirklich nach dem endgültigen körperlichen Tod kommt, wissen wir nicht. Jenseitsinterpretationen von Nahtodberichten zielen immer wieder darauf ab, den Menschen die Angst vor dem Tod

zu nehmen, uns in Sicherheit zu wiegen im Sinne von: Damit wissen wir endlich, was nach dem Tod kommt. Das nimmt den Menschen die Chance, dieser Angst vor dem Tod wirklich zu begegnen. Wer wahrhaftig an einem spirituellen Weg interessiert ist, sollte diese Angst fühlen und das Nichtwissen annehmen. Diese Hoffnung, dass wir durch diese Berichte wüssten, was nach dem Tod geschieht, ist eine falsche Sicherheit.

Wollt ihr klarstellen, dass solche Nahtoddarstellungen mit der Begegnung von Verstorbenen usw. am Kern vorbeigehen?
Meyer: Nein, darum geht es ganz und gar nicht. Diese Begegnungen stellen wir überhaupt nicht in Frage. Entscheidend ist: Die wesentlichen strukturellen Ereignisse der Nahtoderfahrung werden reihenweise von Menschen beim Aufwachen nachvollzogen. Wir haben genügend Dokumente dieses Prozesses, dass es jedem geschehen kann, der sich in die Tiefe versenkt, sich fallen lässt, durch diese Atemruhe hindurchgeht und zum Aufwachen findet. Das legt den Gedanken nahe: Offenbar braucht man für alles Wesentliche der Nahtoderfahrung nicht außerhalb dieser uns bekannten Dimension des Daseins zu kommen.
Brekenfeld: Deshalb ist es unser Anliegen, den Blick darauf zu lenken, dass die Nahtoderfahrung eine Erfahrung für das Leben sein kann. Denn in der NTE liegt das Potential für eine spirituelle Transformation.[208]

Geschichten des Erwachens (von Buddha bis Eckart Tolle)

Im Rahmen der europäischen Kulturgeschichte war der griechische Philosoph Heraklit einer der ersten, der feststellte, dass die Menschen anscheinend in einer Art Halbschlaf herum wandeln. Sie können nicht den wahren Logos erkennen, das Eine. Denn sie „wissen freilich nicht, was sie im Wachen tun, wie sie ja auch vergessen, was sie im Schlafe [tun].“[209]

Sokrates wiederum riet seinen Gesprächspartnern durch seine Fragen, ihre vorgefassten, übernommenen Meinungen zu hinterfragen und so zu einem wachen, eigenständigen Denken zu gelangen. Platon plädierte dafür, dass die Erkenntnis der unwandelbaren Ideen, der Wirklichkeit, eine besondere Tiefe und Klarheit des Geistes erfordere.

Doch der Gedanke, dass das Leben hier ein Traum sei, aus dem der Mensch aufwachen könne – vergleichbar dem Aufwachen aus einem nächtlichen Traum – ist besonders einer Tradition zu verdanken, nämlich dem Buddhismus. Sein historischer Begründer Prinz Siddharta Gautama, 563 v. Chr. im heutigen Nepal als Sohn eines Fürsten aus dem Geschlecht der Shakyas geboren, erfuhr laut Überlieferung das Erwachen nach entbehrungsreicher spiritueller Suche und Askese in einer 21-tägigen Meditation unter einem Feigenbaum. Diese Geschichte ist mit vielen Legenden ausgeschmückt worden. Der Film „Little Buddha" von Bertolucchi zeigt sehr berührend, wie Gautama, dargestellt von Keanu Reeves, der interessanterweise auch den Held *Neo* in den „Matrix-Filmen verkörpert, sich allen Anfechtungen und Versuchungen zum Trotz in seiner Mitte zentriert. Alles, was die Sinne oder die Vorstellungen ins Bewusstsein bringen, wird als nicht-wirklich, als „leer" erkannt. Auch das Ich selbst, womit sich Gautama bisher identifiziert hatte, wird nun als Illusion durchschaut. Traum und Traum-Ich verschwinden allerdings dadurch nicht – so wie auch beim luziden Träumen der Traum gleichsam „weiterlaufen" kann. Gautama hat offenbar noch fast 50 Jahre gelebt, hat viele Tausend Schüler und Schülerinnen angeleitet und etliche zum „Erwachen" geführt.

Buddhas Lehre ist vor allem deswegen so faszinierend, weil sie geradezu wissenschaftlich nur von der eigenen Erfahrung ausgeht und – zumindest ursprünglich – ohne jeden Glauben auskommt. Ob es Gott oder ein Jenseits gibt, darauf hat der „Erwachte" keine Antwort gegeben. Deutlich ist aber die Botschaft: Wer den achtfachen Weg gegangen ist, der denkt, fühlt und handelt selbstlos. Er kann gar nicht anders. Lange nach Gautamas physischem Tod entstand die Schule des Großen Fahrzeugs (mahayana). In dieser Richtung geloben die Bodhisattvas, freiwillig immer wieder zu inkarnieren, um anderen Lebewesen zur Erleuchtung zu verhelfen. Für dieses Ideal des Mitgefühls steht heute vorbildlich der 14. Dalai Lama, der als eine Verkörperung von Avalokiteshvara, dem Bodhisattvas des universellen Mitgefühls (Sanskrit: karuna) gilt.

Auch im Christentum ist bekanntlich Nächstenliebe (griechisch: agape) das große Ideal, doch der Kontext ist ganz anders. Ist Jesus ein „Erwachter" wie Buddha? Welche Geschichte aus dem Neuen Testament käme da als Referenz in Frage? Die Taufe durch Johannes den Täufer? Die Versuchung durch den Teufel in der Wüste? Der Ausruf am Kreuz: „Mein Gott, warum hast du mich verlassen?" Auferstehung und Himmelfahrt sind bereits jenseits des Menschlichen. Die Idee des Erwachens setzt voraus, dass diese Schöpfung womöglich eine Illusion ist. So eine Vorstellung war im Judentum fremd. Das kam erst durch die griechische Philosophie und die Gnosis ins Spiel, und letztere könnte von indischen Traditionen beeinflusst sein.

Es hat sich in der christlichen Kirchenlehre allerdings zunehmend die Vorstellung vom Erdenleben als einem Jammertal verfestigt, demgegenüber das Himmelreich Gottes als Belohnung für die Frommen und Gläubigen nach dem Tod wartet. Das als Augenwischerei zu durchschauen könnte man eventuell als ein „Aufwachen" verstehen, wie es offensichtlich Friedrich Nietzsche tat. Doch die von der Kirche verehrten „Heiligen" waren nicht Erwachte, sondern Märtyrer, die für ihren Glauben an Christus starben. Man könnte sagen, dass diese Menschen ihr Ego losließen und so gesehen mit dem Selbst, mit Gott verschmolzen.

Im Mittelalter gab es etliche Mystiker wie Meister Eckehart (1260-1328) oder Johannes Tauler (1300-1361) und Mystikerinnen wie Hildegard von Bingen (1098-1179), Mechthild von Magdeburg (1207-1282) oder Teresa von Avila (1515-1583), die nach eigenen Aussagen Erleuchtungen und ekstatische Erfahrungen der Einheit mit Gott hatten. Ich zitiere hier stellvertretend den Dominikanermönch Meister Eckehart: „Der in Gott versetzte Mensch wird von **Freude** durchkitzelt, in allem, was er tut und lässt!"

Ramana Maharshi

Einen 16-jährigen Schuljungen in Südindien packt an einem ganz normalen Nachmittag wie aus heiterem Himmel eine unerklärliche Todesangst. Er kämpft nicht dagegen an, sondern beobachtet, wie der Körper in eine Starre verfällt. Und da ist die Erkenntnis: „Der Körper stirbt, aber das Bewusstsein wird vom Tod nicht berührt!"

Was dem jungen Venkataraman, später Ramana Maharshi genannt, an diesem Nachmittag widerfährt, bleibt als Einsicht bestehen. „‚Ich' bin unsterbliches Bewusstsein. All dies waren keine müßigen Gedanken: sie durchfuhren mich wie eine mächtige lebendige Wahrheit, die ich unmittelbar erkannte, fast ohne jeden Denkvorgang. ‚Ich' war eine Wirklichkeit, das einzig wirkliche dieses augenblicklichen Zustandes. Alle bewusste Tätigkeit, die mit meinem Körper verbunden war, mündete ein in dieses ‚Ich'. Von diesem Augenblick an forderte das ‚Ich' oder das ‚Selbst' in machtvollem Zauber alle Aufmerksamkeit. Die Todesangst war ein für allemal ausgelöscht. Ich blieb von dieser Zeit an völlig im ‚Selbst' versunken."[210]

Hier geschah ein Erwachen in jungen Jahren, ohne spirituelle Vorbereitungen. Das hat die Gelehrten der Hindutraditionen etwas in Verlegenheit gebracht. Sie beharren auf einen langen sich womöglich über viele Leben erstreckenden Übungsweg, der schließlich zur Befreiung (moksha) führt. Es könnte durchaus sein, dass so ein Erwachen geschieht, ohne dass es zu einer Anerkennung von außen kommt. In unserem Kulturkreis sitzen womöglich einige „völlig im Selbst Versunkene" in der Psychiatrie.

Ramana Maharshi verließ sein Elternhaus kurz nach dem Erwachen. Es zug ihn zum Heiligen Berg Arunachala, der die Energie des gottes shiva repräsentiert. Im großen Tempel in der am Berg liegenden Stadt Tiruvanna-malai saß er viele Monate in stiller Versenkung, bis die Priester den völlig abgemagerten Jungen schließlich aus den unterirdischen Gängen ans tageslicht holten. Später gründete Ramana einen Ashram und wurde als der „Heilige vom Berge" so bekannt, dass ab den 30er Jahren Sucher aus dem Westen zu ihm kamen. Seine Methode der Selbsterforschung wird auch heute gerade hier im Westen von vielen praktiziert. Es geht darum, das Gewahrsein auf das wahrnehmende Bewusstsein selbst zu richten. Für wen oder was machen diese Worte in diesem Moment Sinn? Was ist das, was alles wahrnimmt? Das Selbst, Brahman, ist das unvergängliche Ich, doch es kann nicht wahrgenommen oder erreicht werden. Ich kann es nur sein. So forderte Ramana dazu auf: „Sei du selbst!"

Eckhart Tolle

Schließlich möchte ich kurz einen noch lebenden Erwachten aus unse-rem Kulturkreis vorstellen, der zugleich wohl der bekannteste Spirituelle Lehrer der Gegenwart ist: Eckhart Tolle. Er hat sein Erwachen in seinem Bestseller „Jetzt – die Kraft der Gegenwart" geschildert und in Interviews, zum Beispiel in einem Gespräch mit John W. Parker:

„Die ganze Welt erschien mir so sinnlos und leer – wie eine tote Hülle. ‚Ich kann mit mir selbst nicht mehr leben!' Dieser Gedanke kreiste stän-dig in meinem Kopf. Dann geschah plötzlich ein Abrücken. Der Gedanke wurde in seiner Struktur distanziert gesehen. Da ist diese unglückliche Person und zugleich etwas, das diese Person sieht. Mit dieser unglückli-chen Person konnte und wollte „ich" nicht mehr leben. Es geschah eine

Art Loslösung. Das Bewusstsein trennte sich von der Person, dem Körper und der persönlichen Geschichte. Es war irgendwie, als würde ein Stecker herausgezogen, der ein elektrisches Spielzeug antreibt. Dieses persönliche Ich verschwand und es blieb eine unpersönliche Präsenz, noch vor jeglicher Identifikation mit einer Form. Am nächsten Morgen erwachte ich in einem mir bisher völlig unbekanntem Zustand von Glück." [211]

In „Jetzt" schreibt Tolle:

„Ich erkannte das Zimmer, und doch wusste ich, dass ich es nie zuvor wirklich gesehen hatte. Alles war frisch und unberührt, als ob es gerade erst entstanden wäre. Ich nahm einige Dinge in die Hand, einen Bleistift, eine leere Flasche, voll Wunder über die Schönheit und Lebendigkeit von allem. An diesem Tag ging ich in der Stadt umher, voller Staunen über das Wunder des Lebens auf der Erde, so als wäre ich gerade erst in diese Welt hineingeboren worden.

Ich verstand, dass der intensive Leidensdruck mein Bewusstsein in jener Nacht wohl dazu gezwungen hatte, sich aus der Identifikation mit dem unglücklichen und zutiefst ängstlichen Selbst zu lösen, welches ja letztendlich eine Einbildung des Verstandes ist. Der Rückzug muss so vollständig gewesen sein, dass das unechte, leidende Selbst sofort in sich zusammenbrach, so als wenn man den Stöpsel aus einem aufblasbaren Spielzeug herausgezogen hätte. Was zurückblieb, war meine wahre Natur – das stets gegenwärtige *Ich bin*: reines Bewusstsein, bevor es sich mit Form identifiziert." [212]

Kapitel 13
Meditation und Gehirn

Erwachen ist offenbar nicht kalkulierbar, jedenfalls nicht in den beschriebenen Fällen. Es mag sein, dass manche, denen ein Erwachen bzw. eine Erleuchtung „widerfuhr", die besonderen Umstände dieses Ereignisses an Schüler als Methode weitergaben: Wenn du so oder so sitzt oder atmest, möglichst unter einem Bodhibaum sitzend, dann kann das Erwachen geschehen.

Mir geht es hier um das, was wissenschaftlich nachweisbar, und das heißt für jeden wiederholbar, durch Meditation geschieht. Es ist eine über Jahrtausende erprobte Methode, um zu sich selbst, zur Stille zu finden. In den vergangenen 20 Jahren haben sich zunehmend Wissenschaftler damit befasst. Das betrifft auch immer die übergeordnete Frage, wie Gehirn und Bewusstsein zusammen hängen.

Tibetische Mönche im Kernspin

Richard Davidson von der University of Wisconsin-Madison arbeitet seit vielen Jahren mit dem Dalai Lama zusammen. In etlichen Studien mit tibetischen Mönchen, die sich während einer Kernspintomografie in tiefe Versenkung versetzten, wurden immer wieder Gehirnfrequenzen um 40 Hertz gemessen, sogenannte Gammawellen. Sie sind schneller als die Betawellen (18-20 Hz) des normalen Wachbewusstseins, und die des Träumens (alpha ca. 12 Hz) oder der Trance (theta, unter 8 Hz).

So wie sich einerseits das Gehirn durch besondere Einflüsse[213] derart beeinflussen lässt, dass der Mensch das Gefühl hat, die Präsenz des Göttlichen zu erfahren, so wird es andererseits nachweislich verändert durch unser Verhalten, unsere Gedanken und Gefühle, und eben – ganz besonders – durch Meditation, Achtsamkeit und Mitgefühl.

So konnte Sara Lazar vom Massachusetts General Hospital in Boston am Hirnscanner zeigen, dass bei den Probanden nach einem mehrmonatigen Meditations- und Achtsamkeitstraining der Mandelkern – im Gehirn zuständig für Angst – geschrumpft, die für Mitgefühl zuständige „Graue Substanz" dagegen vergrößert war. "Das Gehirn ist in der Lage, sich zu verändern, und so wie wir eine neue Sportart lernen, können wir auch Fähigkeiten wie Aufmerksamkeit oder Mitgefühl trainieren", sagt Richard Davidson.[214]

Ein Problem für die Wissenschaft ist und bleibt die Definition von Meditation. Das Forschungsobjekt sollte möglichst klar umrissen sein, und das ist bei Meditation schwierig. Da gibt es das stille Sitzen (Zazen) oder körperliche Bewegung (Taiji, Dynamische Meditation), Gebet, Kontemplation usw. Man kann über den Atem, Mandalas, Mantras, das 3. Auge, das Hara etc. meditieren – und wie neurologische Studien zeigen, werden jeweils andere Gehirnareale aktiviert und im medizinischen Bereich auch ganz unterschiedliche Beschwerden therapiert. Stilles Sitzen entspannt und wirkt nachweislich Stress lösend, es kann aber auch in innere Tiefen führen, die Angst auslösen.

„Meditation für Skeptiker"

Dr. Ulrich Ott, Leiter der Arbeitsgruppe *Veränderte Bewusstseinszustände* am Bender Institute of Neuroimaging an der Universität Gießen, skizziert in seinem Bestseller „Meditation für Skeptiker" aufgrund seiner Forschung fünf Stadien der Meditationspraxis, die in zahlreichen Studien von spirituellen Lehrern bestätigt wurden. Sie entsprechen in etwa auch den acht Vertiefungen bei Buddha und anderen alten Überlieferungen:

1. Hindernisse: Unruhe, Langeweile, Motivations-/Konzentrationsprobleme
2. Entspannung: Wohlbefinden, ruhige Atmung, wachsende Geduld, Ruhe
3. Konzentration: Achtsamkeit, kein Anhaften an Gedanken, innere Mitte, Energiefeld, Leichtigkeit, Einsichten, Gleichmut, Frieden
4. Essentielle Qualitäten: Klarheit, Wachheit, Liebe, Hingabe, Verbundenheit, Demut, Gnade, Dankbarkeit, Selbstakzeptanz
5. Nicht-Dualität: Gedankenstille, Einssein, Leerheit, Grenzenlosigkeit, Transzendenz von Subjekt und Objekt

Die drei wichtigsten Meditationsobjekte Atem, Empfindungen/Gefühle und Gedanken können unabhängig von jeglicher Religion oder Ideologie beobachtet werden.

Das Beobachten des Atems hat etliche Vorteile. Da ist Bewegung, es gibt viele Ansatzpunkte, etwa wie die Luft in die Nase und dann tiefer strömt, das hält die Aufmerksamkeit wach. Zudem beeinflusst der Atem unsere Emotionen und wir können das im Alltag nutzen, indem wir in brenzligen Situationen bewusst ruhiger atmen. Ott hat dazu etliche gute Meditationsanleitungen, aber eine baut er geschickt in den laufenden Text ein:

„Lesen Sie die nachfolgenden Worte im Rhythmus der Atmung, verlangsamen Sie dabei den Lesefluss so, dass bis zum nächsten Punkt drei Atemzyklen verstreichen: ein und aus, ein und aus, ein und aus. Durch das „Andocken" an Ihre Atmung können Sie die hektische Betriebsamkeit der Gedanken sehr effektiv beruhigen. Nehmen Sie die innere Ruhe wahr, die im gleichmäßigen Rhythmus der Atmung liegt. Mit einer kurzen Atembeobachtung steht Ihnen in fast jeder beliebigen Situation eine Übung zur Verfügung, um sich zu besinnen und zur Ruhe zu kommen."[215]

Die Empfindungen im Körper so bewusst wie möglich wahrzunehmen ist eine im Yoga und bei Buddha wichtige Meditation, die heute in der Medizin als „Körperscan" effektiv eingesetzt wird, um Stress abzubauen und das Immunsystem zu stärken. Dabei gehen wir nacheinander spürend in alle Körperbereiche – Kopf, Gesicht, Lippen, Mund, Rachen, Nacken, Schultern usw. allein das Hineinspüren löst Verspannungen. Gesicht, Lippen, Zunge, Hände und Füße sind mit viel mehr Nerven ausgestattet und daher leichter zu empfinden als etwa die Oberschenkel. Insgesamt fördert der „Körperscan" unser Selbstvertrauen und verstärkt die Neuroplastizität im Gehirn, lässt neue Nervenverbindungen wachsen.

Bei den Gefühlen (Angst, Trauer, Sehnsucht, Freude etc.) wird die Sache vielschichtig, denn da können ethische Fragen ins Spiel kommen. Darf ich wütend sein? Was ist mit sexuellem Begehren? Die Herausforderung an den (wissenschaftlich) Meditierenden ist, möglichst nicht zu werten und so neutral wie möglich zu beobachten. Andererseits gibt es Meditationen des Mitgefühls – etwa Buddhas Liebende Güte Meditation, wo wir uns selbst und alle anderen Wesen bewusst mit Wertschätzung und Liebe bedenken – und Ott setzt sich zu Recht für diese Formen der Meditation ein. Sie zeigen in Untersuchungen mit tibetischen Mönchen deutliche Veränderungen der Gehirnstrukturen und eben auch ganz konkret positive Veränderungen im sozialen Verhalten.

Gedanken sind noch schneller als Emotionen und Gefühle, ziehen uns aber immer wieder in die Vergangenheit oder Zukunft. Aus neurologischer Sicht haben sie die Funktion, alle möglichen Szenarien durchzuspielen und uns vor möglichen Gefahren zu schützen. Doch die immer wieder kehrenden Gedanken der Sorge oder des „Hätte ich doch!" schießen weit über das Ziel hinaus und können durch Methoden der Achtsamkeit unterbunden werden.

Die tiefste von Ott dargestellte Meditationsstufe ist das Überschreiten der Dualität, der Grenze von Ich und Welt. Auf dieser mystischen Ebene, die in allen spirituellen Traditionen beschrieben wird, sind die Kontrollen des Ichs außer Kraft gesetzt:

„Mystische Erfahrungen unterliegen nicht der willkürlichen Kontrolle. Bemühungen und Anstrengungen wären kontraproduktiv. Sie können nichts tun, außer alle Erwartungen, Wünsche und Hoffnungen aufzugeben. Wenn Sie alle ich-zentrierten geistigen Vorgänge, die um die Vergangenheit und Zukunft kreisen, zur Ruhe bringen, besteht die Chance, dass ein fundamentaler Wechsel der Wahrnehmung stattfindet, der mit einer tiefen Selbsterkenntnis einhergeht. Mystiker beschreiben dies als die Erfahrung der Identität mit einem Urgrund der Wirklichkeit, der hinter allen Formen liegt, mit denen wir uns normalerweise identifizieren (Körper, Persönlichkeit, Rollen)."[216]

Aufbruch in ein unbekanntes Land

Seit William James' Vorlesungen über *Die Vielfalt religiöser Erfahrung* (1902) haben Psychologen und Neurologen immer wieder versucht, das mystische Erleben zu begreifen und fassbar zu machen. Mit der *contemplative neuroscience* entwickelt sich gerade eine neue akademische Disziplin, die sich mit den Auswirkungen von Meditation und anderen spirituellen Praktiken auf Bewusstsein und Gehirn beschäftigt. Durch die neuen Bildgebenden Verfahren kann das Gehirn von Menschen in tiefer meditativer Versenkung gescannt werden, sodass deutlich zu erkennen ist, welche Gehirnareale aktiv und welche geblockt sind und welche Dynamik sich entwickelt. Eine mögliche neurowissenschaftliche Erklärung für das mystische Einheitserlebnis ist: Normalerweise werden Objekte im Gehirn durch Phasenunterschiede der Gammawellen abgegrenzt. Wenn hingegen ausschließlich im Gleichtakt schwingende Gammawellen ausgelöst werden, nimmt das Bewusstsein alle Phänomene als zusammengehörig wahr.

Immer mehr Hirnforscher wenden sich der Frage zu, wie wir durch Achtsamkeit, Meditation, Mitgefühl und innere Freude eine nachweisbare Veränderung bewirken, zunächst im eigenen Gehirn, und in weiterer Konsequenz auf unsere Umwelt und die Gesellschaft. So sagte Tanja Singer: „Die Frage ist eigentlich nicht mehr, ob Meditation einen Effekt hat, sondern welche Meditation welchen Effekt hat, wie groß der ist und wie lange es dauert, bis er sich einstellt."

Das von ihr konzipierte mentale Training soll es „Gesellschaften ermöglichen, ihr Mitgefühl zu kultivieren und eine neue Art solidarischer Volkswirtschaften aufzubauen (…) Es geht mir darum, dass nicht nur Klavier und Sport und Mathematik trainiert werden, sondern auch menschliche Fähigkeiten, die total wichtig sind: an andere zu denken, mit anderen mitzufühlen. Das ist kein Luxus in unserer Welt, sondern dringend nötig."[217]

Kapitel 14
Was bedeutet das: Herz?

Viele bekannte Sätze bestätigen, dass das Herz nicht nur medizinisch, sondern in allen Lebensbereichen eine zentrale Rolle spielt. Jemand hat ein gutes, reines oder weiches Herz. Das Herz hüpft oder fließt über vor Freude und Glück. „Man sieht nur mit dem Herzen gut. Das Wesentliche ist für die Augen unsichtbar" schrieb der Dichter Antoine de Saint Exupéry in seinem berühmten Werk „Der kleine Prinz". Oft wird unterschieden zwischen Kopf bzw. Verstand und Herz, wobei sie möglichst ausgewogen zusammen wirken sollten.

Hand aufs Herz: Was ist Ihnen, was ist dir, lieber Leser, das Wichtigste im Leben?

Da haben wir wieder ein konkretes Beispiel, wo das Herz zum Maßstab für eine Einsicht oder Entscheidung gemacht wird. Indem ich die rechte Hand auf mein Herz lege und den Herzschlag spüre, werde ich innerlich ruhig und still. Ich kann so am besten auf die innere Stimme hören.

Die Herz-Kohärenz

Was uns am Herzen liegt, hält uns lebendig, am Leben. Wir wissen das aus eigener Erfahrung und sehen es überall bestätigt. Der berühmte Karajan starb noch im selben Jahr an Herzversagen, als er seine Dirigententätigkeit aufgeben musste. Ältere Menschen sterben oft schon bald nach ihrem Partner. Wir sagen zum Beispiel: „Er ist an einem gebrochenen Herzen gestorben". Das emotionale Gehirn ist gestört, in einem akuten oder chronischen Stress, und zieht das Herz in Mitleidenschaft. Stress ist die Hauptursache für Herzinfarkt. Umgekehrt wirkt aber auch das Herz auf das emotionale Gehirn ein. Es verfügt über ein eigenes Nervengeflecht, eine Art „kleines Gehirn", das selbstständig wahrnimmt, ja, sogar ein Gedächtnis hat und „Entscheidungen trifft", indem es zum Beispiel Stress- und Liebeshormone aktiviert.

Wie hängen Hirn und Herz zusammen? Das ist ein Forschungsschwerpunkt heutiger Medizin. Die engste Verbindung entsteht über das autonome Nervensystem mit dem Sympathicus als Gas- und dem Parasympathicus als Bremspedal. Die optimale Pille zur Harmonisierung von Kopf und Herz ist noch nicht entwickelt worden, wohl aber ein Verfahren, mit dem Übereinstimmungen und Widersprüche zwischen Hirn und Herz auf dem Computerbildschirm sichtbar werden. Sie zeigen sich an Herzschlagrhythmen und ihren natürlichen Schwankungen. Das eine Extrem ist Herzrasen, Chaos, Panik. Das andere Extrem ist aber noch gefährlicher, nämlich wenn das Herz so gleichmäßig wie ein Metronom schlägt. Das signalisiert den nahen Tod. Das Herz hat gleichsam innerlich abgeschaltet, ist gegenüber den Wechselfällen des Lebens gleichgültig geworden. Natürlicherweise versucht es nämlich von Moment zu Moment, zwischen Sympathicus (Gas) und Parasympathicus (Bremse) auszugleichen. Ein Kaninchen knabbert an einem Salat und ist dabei zugleich stets wachsam und bereit, zu fliehen, wenn Gefahr droht. Wir Säugetiere sind sehr flexibel im Umschalten. Immerhin kann der nächste Moment tödlich sein. So ergibt sich beim Test, wenn der Herzrhythmus bzw. Pulsschlag mit seinen Schwankungen genau registriert wird und bildlich erscheint, eine charakteristische Kurve für die „richtige" Lebendigkeit – weder zu chaotisch noch zu gleichmäßig. Dies wird Herz-Kohärenz genannt.

Das Erstaunliche ist nun: Man kann beobachten, wie die Pulskurven in Richtung Stress oder Entspannung ausschlagen, ohne dass man weiß, warum. Doch lenkt man die Aufmerksamkeit auf die Herzregion und denkt dabei an etwas Angenehmes, einen Sonnenaufgang oder eine geliebte Person, dann verläuft die Kurve bestens. Ob mit oder ohne PC-Feedback, diese Kohärenz ist für den französischen Psychiater Servan-Schreiber der wichtigste Schlüssel zur Selbstheilung. Eine kurze Konzentration aufs Herz, eine positive Vorstellung, und schon widerstehen wir mühelos allem Stress und Immunschwächen. Vorbildlich einfach erklärt ein Kind: „Wenn ich mich aufrege, gehe ich in mein Herz und rede mit der kleinen Fee darin. Sie sagt mir, dass alles gut gehen wird, und manchmal sagt sie mir sogar, was ich sagen oder machen soll"[218]

Wir sollten nicht nur versuchen, die Probleme dort draußen in der Welt zu lösen, sondern uns auch auf die Kraft unseres Inneren, des Herzens konzentrieren. Und die Methode der Kohärenz ist an Tausenden getestet und überprüft worden.

Das Herz-Chakra

Chakren (chakras) sind feinstoffliche Energiezentren. Sie werden zwar in schematischen Darstellungen an bestimmten Stellen im Körper angezeigt. Doch sie sind eben keine Organe oder Nervengeflechte, sondern schwingen – für Mikroskope und selbst die modernen „Bildgebenden Verfahren" unauffindbar – auf einer „nicht-materiellen" Ebene. Bisher hat das vermutlich im Hatha-Yoga (Indien, 6. Jahrhundert n. Chr.) entwickelte Chakrasystem in der modernen westlichen Medizin keine „Resonanz" gefunden. Meist werden sieben Energiezentren angenommen: Von unten nach oben Wurzel-, Nabel-, Zwerchfell-, Herz-, Kehlkopf-, Stirn- und Scheitelchakra. Die Energie wird immer feiner, und auf dem Yogaweg werden die spirituellen Anforderungen und Fähigkeiten größer. Das Herzchakra liegt genau in der Mitte und wird in den meisten indischen Traditionen als eine Art Transformationsschwelle gesehen. In den unteren Chakren geht es ums Überleben, Sexualität, Macht, das Herzchakra steht für Liebe, Hingabe und Verwandlung in höhere, überpersönliche Energie.

Der Sanskritname Anahata (Das „Unberührte") bezieht sich auf den heiligen Klang OM. Er entsteht nicht durch das Anschlagen einer Glocke, sondern kommt aus der Stille im Inneren. Das Herzchakra befindet sich auf der Höhe des Herzens hinter dem Brustbein. Zugeordnet wird diesem Zentrum die Thymusdrüse, die u.a. Abwehrkräfte des Immunsystems mobilisiert. Blockaden und Unausgeglichenheiten im Herzchakra können zu Entzündungen des Herzens, Verkalkung oder Erweiterung der Herzarterien, Lungenleiden, Brustenge und Allergien führen.

Das Symbol für das Herzchakra ist der sechszackige Stern. Zwei übereinander liegende Dreiecke: Die Einheit von Körper und Geist, Erde und Himmel. Wer sich auf dem Yoga-Weg bis zum Aufblühen dieses Zentrums entwickelt hat, strahlt Mitgefühl und selbstlose Liebe aus. Er hat persönliche Vorlieben und Abneigungen hinter sich gelassen, kann sich in jedes Wesen hineinversetzen und fühlt sich mit Allem innerlich verbunden. Manche Yogis erleben das auch als Verschmelzen mit dem OM oder AUM. Aus der Ur-Schwingung (Nadabrahma) soll die Welt in jedem Moment neu entstehen.

Bei derart hohen Ansprüchen an ein ausbalanciertes, „reines" Herzchakra wird verständlich, warum jede Art von Selbstsucht zu gravierenden Störungen führen kann. Unsere normale Auffassung von Liebe genügt nicht mehr. Wir bewegen uns in einem hochsensiblen Bereich.

Wer je Momente von Glückselig erlebt hat, allein oder mit einem Partner, der kennt auch den Schmerz, sich plötzlich in den „Niederungen" von Eifersucht, Festhalten wollen und Enttäuschung wieder zu finden. Je mehr wir versuchen, den wonnevollen Zustand wieder zu erreichen, desto weniger scheint es zu gelingen. Doch der Himmel hat sich in seiner herrlichen Weite und Freiheit offenbart. Damit hat unsere spirituelle Reise begonnen. Wir wissen nun im Innersten, dass und warum es sich lohnt zu leben. Auch wenn der Himmel von grauen Wolken bedeckt ist.

Das Herzchakra fordert uns auf zur völligen Hingabe an das Leben, an die göttliche Liebe. Wohl die wunderbarste Aufgabe überhaupt. (Siehe auch die Übungen)

Die Weisheit des Salomon

Vernunft und Intuition sind nicht so verschieden, wie wir vielleicht glauben. Vernunft ist dem Verstand übergeordnet. Sie lässt ihn richtig und sinnvoll entscheiden. Intuition hingegen übergeht die Schlussfolgerungen des Verstandes und entscheidet aus einem „Bauchgefühl" heraus, beeinflusst durch Quellen aus dem Unterbewussten. Vernunft mit Kopf und Intuition mit Herz gleichzusetzen ist zwar griffig, stimmt aber nicht. Ich möchte hier die Begriffe, statt sie gegenüberzustellen und voneinander abzugrenzen, ineinander fließen lassen zu einer Tugend, die seit Jahrtausenden allen Menschen bekannt ist: Weisheit. Sie ist geleitet von Vernunft und Intuition. Dabei spielen jedoch noch andere Qualitäten wie Liebe, Güte und Gerechtigkeit eine Rolle.

Weisheit hat – so sagt jedenfalls die philosophische Tradition und der Volksmund – nicht jeder. Sie muss erworben werden. Bei Plato zählt Weisheit neben Gerechtigkeit, Tapferkeit und Mäßigung zu den vier Grund- bzw. Kardinaltugenden. (Die katholische Kirche hat diese Auffassung im Mittelalter übernommen, setzt allerdings den Begriff Klugheit an die Stelle von Weisheit)

Wir wünschen uns Weisheit, für uns selbst, aber auch und gerade für Menschen, die Einfluss haben und mit ihren Entscheidungen unser Leben mitbestimmen. Immer wieder hat sich Enttäuschung darüber breitgemacht, dass anscheinend gerade die regierenden Politiker ganz und gar nicht weise handeln. In jüngerer Zeit hat sich diese Enttäuschung auch auf Banker ausgeweitet, die wir für Experten hielten und denen wir unser Geld anvertrauten. Und das Vertrauen in die allgewaltigen Manager großer Firmen ist auch längst geschwunden. Sie haben nicht umsichtig und verantwortungsvoll, sondern oft vorschnell und getrieben von Gier und Eigennutz gehandelt.

König Salomo (ca. 800 v. Chr.) gilt als Inbegriff eines weisen Herrschers. Salomonische Weisheit ist sprichwörtlich. Salomo war zugleich oberster Richter. Vor allem eines seiner Urteile brachte ihm den Ruhm des Weisen ein. Es wurde zur Vorlage für etliche Literatur, so für das Theaterstück *Der kaukasische Kreidekreis* von Berthold Brecht. Die zugrunde liegende, in der Bibel überlieferte Geschichte (1. Könige 3,16-28) ist, dass zwei Frauen vor Salomo behaupten, die rechtmäßige Mutter eines bestimmten Kleinkinds zu sein. Die eine ist vermutlich die leibliche Mutter, die andere hat sich des Kindes vielleicht als Adoptivmutter angenommen. Heute würde man einfach einen DNS-Test machen. Doch Salomon trifft eine weise Entscheidung. Er sagt: „Ich werde das Kind von einem Soldaten mit dem Schwert in zwei Hälften teilen lassen. Jede von euch bekommt eine Hälfte." Eine der beiden Frauen ruft entsetzt: „Nein, oh Herr, bitte tut das nicht! Gebt der Anderen das Kind. Hauptsache, es bleibt am Leben!" Salomo entscheidet daraufhin: „Du musst die wahre Mutter sein, denn deine Liebe beweist es. Nimm dein Kind und behüte es gut!"

Was macht diese Weisheit von König Salomo aus? Ist es nicht grausam, das unschuldige Kind schlachten lassen zu wollen? Nun, es wäre sicher nicht dazu gekommen. Das war ein drastischer Trick. Weisheit geht über konventionelle Grenzen hinaus, wenn es der Wahrheitsfindung dient. Weisheit sucht die Wahrheit, ohne fanatisch zu sein. Sie ist mitfühlend, emphatisch. Dass sich ein König in die Gefühlswelt einer Mutter versetzen kann, ist bemerkenswert. Weisheit ist flexibel. Sie setzt ein inneres Wissen vom Sein, vom Menschsein voraus. Salomo wurde zum Sinnbild des gütigen, weisen Herrschers.

Buddhistische Herzmeditation

In den spirituellen Traditionen Indiens spielt das Herz eine zentrale Rolle, allerdings nicht wie bei uns in Verbindung mit romantischer Liebe. Zwei berühmte Beispiele: Gott Krishna unterweist König Arjuna in der „Bhagavadgita" in Hingabe, weshalb dieser Text auch im Sinne von „Karma-Yoga" verstanden wird. Tatsächlich versucht Krishna seinen Schüler davon zu überzeugen, dass er entgegen seinen Gefühlen gegen seine eigenen früheren Freunde und Verwandte in den Krieg ziehen muss. Eine sicher ungewohnte Auffassung davon was es bedeutet, seinem Herzen zu folgen. Ein anderes Beispiel ist das sogenannte „Herzsutra", wo Buddha sagt, dass Leere dasselbe sei wie Form und umgekehrt. Das Herz steht hier für unendliche Weite und Formlosigkeit, es haftet an nichts und niemand.

Die bedeutende Theravada-Lehrerin Ayya Khema (1923-1997) sagte:

„Liebe ist eine Qualität, eine Eigenschaft unseres Herzens. Das hat Buddha versucht die Menschen zu lehren. Damals, vor zweieinhalbtausend Jahren, haben das die Menschen genauso wenig gewusst wie wir heute. Es hat sich nichts geändert. Aber es ist erlernbar! Wir können unsere Herzensqualität so läutern, dass nichts anderes mehr als Liebe im Herzen ist. (…) Wenn wir uns einmal einen Moment überlegen, wie viele Menschen es auf diesem kleinen Erdball gibt: Da sind Milliarden von Menschen! Und wir begrenzen uns auf ein, zwei oder drei! Das ist doch an sich absurd! Wenn mit diesen wenigen Menschen dann etwas passiert, was wir nicht möchten, dann sind wir todunglücklich. Das kann doch nicht stimmen, da muss es doch auch etwas anderes geben! Wenn der Buddhas von Liebe spricht, meint er damit unpersönliche, bedingungslose Liebe. Es hat nichts mit dem Menschen, der vor uns steht, zu tun. Es hat überhaupt nichts mit anderen zu tun. Es hat einzig und allein mit uns selbst zu tun."[219]

Im 4. Teil können wir eine berühmte Herzensmeditation üben. „Metta" ist das Paliwort für Güte (auch als ‚Liebe' übersetzt, Sanskrit: Maitri) und vergleichbar mit dem christlichen Begriff der Nächstenliebe (Agape). Im Palikanon ist das wunderschöne Metta-Sutta überliefert, aus dem ich hier einige Verse wiedergebe:

Wie eine Mutter mit ihrem Leben
ihr einziges Kind beschützt und behütet,
so möge man für alle Wesen und die ganze Welt
ein unbegrenzt gütiges Gemüt erwecken,
ohne Hass, ohne Feindschaft, ohne Beschränkung
nach oben, nach unten und nach allen Seiten.
Im Gehen oder Stehen, im Sitzen oder Liegen
entfalte man eifrig diese Gesinnung:
dies nennt man Weilen im Heiligen.
Wer sich nicht an Ansichten verliert,
Tugend und Einsicht gewinnt,
dem Sinnengenuß nicht verhaftet ist
für den gibt es keine Geburt mehr. [220]

Kapitel 15
Das Hohelied der Liebe

Freude

Liebe ist ein großes Wort. Welche Wirklichkeit steht dahinter?

Zunächst einmal ist der Schlüssel zu einem „Neuen Eden" für mich die Freude. Freude, die weit mehr bedeutet als Spaß und Unterhaltung. Sie kommt aus dem Innersten, aus der göttlichen Quelle in jedem von uns. Schon von daher ist das „Neue Eden" nicht festzumachen an äußeren Bedingungen. Es geht hier nicht um ein gerechtes Wirtschaftssystem, einen gut funktionierenden Sozialstaat, nicht einmal um den Weltfrieden. Jeder von uns ist nicht nur Teil des Ganzen, sondern das Ganze, der Kosmos selbst. Das, was alles wahrnimmt, erschafft, akzeptiert und sich entwickeln lässt ist unsere Natur, unser wahres Wesen.

Das ist rational nicht zu verstehen. Die tiefe Verbindung aller Wesen wird zunehmend wissenschaftlich bestätigt, was sehr gut und hilfreich ist. Doch die Freude, die ich meine, liegt tiefer. Sie ist unbedingt. Manch einer erlebt sie in einer Meditation, ein anderer bei einer Wanderung durch die Natur, beim Musizieren oder Malen. Es gibt da aber keinen kausalen Zusammenhang. Denn auch wenn ich ein oder zweimal Freude bei einer bestimmten Aktivität erlebt habe, sie stellt sich nicht immer ein – jedenfalls nicht in ihrer ursprünglichen, überwältigenden Kraft. Wäre die Freude kontrollierbar, was für eine Freude wäre das? Und das gilt ebenso für die Liebe.

Statt zu versuchen, hier Freude und Liebe weiter zu beschreiben, möchte ich im Folgenden drei klassische Texte anbieten, welche die Liebe darstellen.

Der erste ist vom Apostel Paulus in seinem Brief an die christliche Gemeinde in Korinth. Der zweite ist von dem persichen Dichter Dschalāl ad-Dīn Muhammad ar-Rūm (1207-1273), einem der bedeutendsten Meister der Sufitradition. Und der dritte ist von dem Dichter Khalil Gibran (1883-1931)

Wir können diese Worte wieder und wieder lesen und dabei immer wieder neue Erkenntnisse gewinnen – und damit gehen wir zugleich über in den praktischen Teil dieses Buches.

Das „Hohelied der Liebe" von Paulus

Wenn ich mit Menschen- und mit Engelszungen redete und hätte die Liebe nicht, so wäre ich ein tönendes Erz oder eine klingende Schelle.

Und wenn ich prophetisch reden könnte und wüsste alle Geheimnisse und alle Erkenntnis und hätte allen Glauben, so dass ich Berge versetzen könnte und hätte die Liebe nicht, so wäre ich nichts.

Und wenn ich alle meine Habe den Armen gäbe und ließe meinen Leib verbrennen, und hätte die Liebe nicht, so wäre mir's nichts nütze.

Die Liebe ist langmütig und freundlich, die Liebe eifert nicht, die Liebe treibt nicht Mutwillen, sie bläht sich nicht auf, sie verhält sich nicht ungehörig, sie sucht nicht das Ihre, sie lässt sich nicht erbittern, sie rechnet das Böse nicht zu, sie freut sich nicht über die Ungerechtigkeit, sie freut sich aber an der Wahrheit; sie erträgt alles, sie glaubt alles, sie hofft alles, sie duldet alles.

Die Liebe hört niemals auf, wo doch das prophetische Reden aufhören wird und das Zungenreden aufhören wird und die Erkenntnis aufhören wird.

Denn unser Wissen ist Stückwerk, und unser prophetisches Reden ist Stückwerk.

Wenn aber kommen wird das Vollkommene, so wird das Stückwerk aufhören.

Als ich ein Kind war redete ich wie ein Kind, dachte wie ein Kind und war klug wie ein Kind; als ich aber ein Mann wurde, tat ich ab, was kindlich war.

Wir sehen jetzt durch einen Spiegel ein dunkles Bild; dann aber von Angesicht zu Angesicht. Jetzt erkenne ich stückweise; dann aber werde ich erkennen, wie ich erkannt bin.

Nun aber bleiben Glaube, Hoffnung, Liebe, diese drei; aber die Liebe ist die Größte unter ihnen.[221]

DU und ICH (von Rumi)

Herrlich ist der Augenblick,
in dem wir im Palast sitzen,
du und ich;
zwei Gestalten,
zwei Gesichter,
aber nur eine Seele,
DU und ICH.
Und die Blumen werden aufstrahlen,
und die Vögel werden rufen
und uns mit Unsterblichkeit überschütten
in dem Augenblick,
in dem wir den Garten betreten,
DU und ICH.
Welch ein Wunder,
du und ich,
eine Liebe,
ein Liebender,
ein Feuer,
DU und ICH.[222]

Von der Liebe (Khalil Gibran)

Wenn die Liebe dir winkt, folge ihr, sind ihre Wege auch schwer und steil.

Und wenn ihre Flügel dich umhüllen, gib dich ihr hin,

Auch wenn das unterm Gefieder versteckte Schwert dich verwunden kann.

Und wenn sie zu dir spricht, glaube an sie,

auch wenn ihre Stimme deine Träume zerschmettern kann

wie der Nordwind den Garten verwüstete.

Denn so, wie die Liebe dich krönt, kreuzigt sie dich.

So wie sie dich wachsen lässt, beschneidet sie dich.

So wie sie emporsteigt zu deinen Höhen

und die zartesten Zweige liebkost, die in der Sonne zittern,

steigt sie hinab zu deinen Wurzeln

und erschüttert sie in Ihrer Erdgebundenheit.

Wie Korngarben sammelt sie dich um sich.

Sie drischt dich, um dich nackt zu machen.

Sie siebt dich, um dich von deiner Spreu zu befreien.

Sie mahlt dich, bis du weiß bist.

Sie knetet dich, bis du geschmeidig bist;

Und dann weiht sie dich ihrem heiligem Feuer,

damit du heiliges Brot wirst für Gottes heiliges Mahl.

All dies wird die Liebe mit dir machen,

damit du die Geheimnisse deines Herzens kennenlernst

und in diesem Wissen ein Teil vom Herzen des Lebens wirst.

Aber wenn du in deiner Angst nur die Ruhe und die Lust der Liebe suchst,

dann ist es besser für dich, deine Nacktheit zu bedecken

und vom Dreschboden der Liebe zu gehen.

In die Welt ohne Jahreszeiten,

wo du lachen wirst, aber nicht dein ganzes Lachen,

und weinen, aber nicht all deine Tränen.

Liebe gibt nichts als sich selbst und nimmt nichts als von sich selbst.

Liebe besitzt nicht, noch lässt sie sich besitzen;

Denn die Liebe genügt der Liebe.

Und glaube nicht, du kannst den Lauf der Liebe lenken,

denn die Liebe, wenn sie dich für würdig hält, lenkt deinen Lauf.

Liebe hat keinen anderen Wunsch, als sich zu erfüllen.

Aber wenn du liebst und Wünsche haben musst, sollst du dir dies wünschen:

Zu schmelzen und wie ein plätschernder Bach zu sein,

der seine Melodie der Nacht singt.

Den Schmerz allzu vieler Zärtlichkeit zu kennen.

Vom eigenen Verstehen der Liebe verwundet zu sein;

Und willig und freudig zu bluten.

Bei der Morgenröte

mit beflügeltem Herzen zu erwachen

und für einen weiteren Tag des Liebens dankzusagen;

Zur Mittagszeit zu ruhen

und über die Verzückung der Liebe nachzusinnen;

Am Abend mit Dankbarkeit heimzukehren;

Und dann einzuschlafen

mit einem Gebet für den Geliebten im Herzen

und einem Lobgesang auf den Lippen.[223]

TEIL 4

INSPIRATION UND PRAXIS

Wie komme ich in die Freude?

Damals auf dem Bleep-Kongress in Frankfurt, wo mich noch niemand kannte, wurde ich vom Publikum ausgewählt, eine Art Abschlussvortrag im großen Saal vor 700 Leuten zu halten. Ich war darauf nicht vorbereitet. Es war mir geradezu peinlich. Ich hatte überhaupt kein Konzept. Doch irgendetwas in mir schaltete in einen anderen Modus. Ich ging ganz ruhig auf die Bühne, setzte mich auf einen Stuhl mitten auf die Bühne und schaute einige Minuten schweigend ins Publikum. Es war Mucksmäuschen still. Dann begann es ruhig und klar durch mich zu sprechen – und diese Meditation kann ich, der Leser, jetzt und jederzeit ausführen:

„Ich schließe die Augen und halte Ausschau nach einem Moment der Freude in meinem Leben. Jeder hat solche Momente gehabt. Ich erlebe einen besonderen Moment der Freude. Vergangenheit, Gegenwart und Zukunft existieren nicht unabhängig voneinander. Es gibt nur das Jetzt. Wir atmen diese Freude mit jedem Atemzug immer tiefer in uns ein und bestärken unser Herz. Wir sehen und fühlen, wie unser Herz immer größer wird. Die Freude wird größer. Und zum Schluss nehmen wir alle gleichzeitig diesen Zustand der Freude und übertragen ihn auf Mutter Erde. Jetzt!"

Die Anwesenden waren anschließend Minuten lang still, es gab keinen Applaus, alle hatten Tränen in den Augen.

Freude sollte nicht allgemein definiert werden, vielmehr halte ich in mir Ausschau, was Freude für mich bedeutet. Ich spüre die erlebten Momente der Freude in mir auf und sinke da hinein.

Die Herz-Kohärenz Übung

Eine uralte, ganz einfache und auf vielen Ebenen wirksame Übung für innere Kraft und Frieden. In den neueren Forschungen westlicher Medizin hat sie sich auch als effektives Mittel bei zu hohem Blutdruck, Kreislaufstörungen, Herz- und Immunschwächen erwiesen.

Wir sitzen oder stehen aufgerichtet und zugleich locker und schließen die Augen. Der Atem strömt sanft durch die Nase in ruhigen Zügen aus und ein. Wir können spüren, wie er durch den Brustraum fließt, tiefer zum Bauch hin und wieder zurück. Der Mitte in unserer Brust gilt nun unsere Aufmerksamkeit. Wir wissen, da sitzt unser Herz. Doch können wir es spüren? Nein? Das ist eigentlich ganz normal und gut so. Wir empfinden das Herz nicht als ein gesondertes Organ, es sei denn, es schmerzt oder arbeitet besonders stark („Herzklopfen"). Wir können aber spüren, wie sich der Brustraum mit dem Atmen weitet und wieder leicht zusammensinkt. Wir können da einen Raum empfinden. Und es ist ganz leicht, vom Kopf gleichsam eine Etage tiefer in diesen Brustraum zu sinken. Musik kann uns dabei helfen.

Wenn wir das Gefühl haben, in diesem Raum des Herzens gesunken zu sein, können wir dort einfach still verweilen. Wir können auch an etwas Schönes denken, eine geliebte Person oder einen Sonnenuntergang am Meer. Hier gibt es nichts zu erreichen. Jede Empfindung, jede Vorstellung ist gut, wie sie ist. Und wenn sich das alles gut anfühlt und Zeit genug ist, bleiben wir in diesem Raum, solange wir mögen. Wir können auch in stressigen Situationen kurz darin eintauchen, vielleicht nur für zehn Sekunden oder eine Minute. Zeit spielt da keine Rolle. Wir tauchen ab in einen Bereich, der jenseits von Terminen liegt. Wir sollten keine Ekstase, Seligkeit oder einen außergewöhnlichen Frieden erwarten. Wir lassen einfach geschehen, was geschieht. Ist das nicht schon ungewöhnlich genug?

Chakras und Musik

Das Wurzelchakra (Muladhara, „Stütze der Wurzel") repräsentiert die Energie und die Urinstinkte des Überlebens: Flucht und Kampf. Das haben wir mit allen Lebewesen gemein. Medizinische Assoziationen: Kleinhirn, limbisches System, Adrenalin und Noradrenalin. Tiefe Frequenzen im Hörbereich werden von namhaften Klangforschern wie etwa Jonathan Goldman zur Harmonisierung der unteren Chakren empfohlen. Bässe und Trommelrhythmen „erden" und passen zum Wurzelchakra, ebenso der dunkle Vokal U beim „Chakrasingen". Zugeordnet werden dem untersten Chakra nach der Samkhya-Philosophie auch das Element Erde, die Sinnesfunktion Riechen und als Handlungsorgan die Ausscheidung.

Das *Sakral- oder Sexualchakra* (Svadisthana, das „eigene Heim") steht für die Erhaltung der Art, für Sexualität. Dieses Energiezentrum sorgt laut Yogatradition dafür, dass die Gegensätzlichkeit und Anziehungskraft zwischen Mann und Frau erhalten bleibt. Medizinisch werden ihm die Hormone Östrogen (weiblich) und Testosteron (männlich) zugeordnet. In Diskotheken tanzen junge Menschen zu wummernden Bässen, die dieses 2. Chakra und damit die sexuelle Energie anregen. Entsprechungen: Element Wasser, Sinnesfunktion Schmecken, Farbe Orange, Handlungsorgan Fortpflanzung, Vokal O.

Dem *Nabelchakra (*Manipura, das leuchtende Juwel) werden existentielle Themen wie die Selbstbehauptung in der Gruppe und der Gesellschaft zugeordnet. Angst vor einem öffentlichen Vortrag – ich könnte mich blamieren! Es repräsentiert das Feuer der Verdauung, der Verwandlung von Nahrung (und auch allen sinnlichen Eindrücken) in Energie. (Medizinisch: das Hormon Insulin.) Hier ist das therapeutische Mittel, sich selbst nicht allzu ernst zu nehmen. Zur beschwingten Musik tanzen und lachen. Traditionelle Zuordnungen: Element Feuer, Sinnesfunktion Sehen, Handlungs-organ Augen, Farbe Gelb, Vokal Ö (bzw. O).

Das *Herzchakra (*anahata, das „Unberührte") repräsentiert den Übergang oder Schnittpunkt zwischen Körper und Geist, zwischen Form und Leere, zwischen persönlichem Ich und Einheitsbewusstsein. Zugeordnet wird ihm die Thymusdrüse, die die Abwehrkräfte des Immunsystems anregt. Musikalisch tut gut, was unser Herz bewegt. Das ist individuell verschie-den. Gehobene Klassik hat hier keinen Vorrang vor Pop- oder Volksmusik. Doch so viel lässt sich allgemein feststellen: Melodien und Harmonien wirken stärker auf das Herzzentrum als Trommelrhythmen, Gongs oder Klangschalen. Manchmal kann ein Musikstück aus der Kindheit über be-stimmte Gefühle eine Genesung einleiten, manchmal auch der Gesang einer Amsel. Das Lächeln des Buddhas symbolisiert ein Herz, das gesund und in Harmonie ist. So können wir auch lächeln! Jedes Lächeln heilt. Tra-ditionelle Zuordnungen: Element Luft, Tastsinn, Handlungsorgan Hände, Farbe grün, Vokal A.

Das *Halschakra* (Vishuddha, das „Reinigende") liegt am Kehlkopf und ist mit der Schilddrüse verbunden. Deren Hormone Thyroxin und Triodthyronin sorgen für körperliche und geistige Antriebskraft. Dieses 5. Energiezent-rum steht für alle Aspekte der Stimme und der Kommunikation. So kann es für einen Kranken heilend sein, seinen Freunden, Verwandten oder ei-nem Beichtvater endlich zu sagen, was ihn schon so lange bedrückt. Ein anderer Patient besinnt sich vielleicht darauf, weniger drauflos zu reden, wird äußerlich und innerlich stiller. Das OM zu singen hilft, dieses Energie-zentrum zu harmonisieren und damit die Selbstheilungskräfte anzuregen. Zuordnungen: Element Äther, Hörsinn, Handlungsorgan Sprache, Farbe blau, Vokal Ä (bzw. E).

Das *Stirnchakra*, auch das „Dritte Auge" genannt, liegt zwischen den Augenbrauen, seitlich gesehen in der Mitte des Kopfes. Zugeordnet sind diesem Zentrum die Zirbeldrüse (Epiphyse), die Hirnanhangdrüse und der Hypothalamus. Von hier aus werden letztlich alle Hormone gesteuert. Der Hypothalamus beeinflusst unsere Körpertemperatur, Gefühle, Schlaf, Abwehrmechanismen, Durst, Hunger und sexuellen Bedürfnisse. Im Yoga heißt dieses Chakra „Ajna", die „Kommandozentrale". Es heißt auch, wer dieses Energiezentrum beherrscht, könne sich alle Wünsche erfüllen. Vielleicht ist aber damit gemeint: Wer einfach nur still beobachtet, der sieht, wie alles geschieht und in Erfüllung geht. Dazu ist ein gewisser innerer Abstand nötig. Viele kranke und alte Menschen leiden sehr darunter, dass sie nicht mehr so aktiv sein können wie früher. Meditation und meditative Musik können helfen, von dem anerzogenen Drang, alles selbst kontrollieren zu wollen, etwas abzurücken. Die so genannte Kommandozentrale untersteht nämlich nicht unserem persönlichen Willen, sondern Gott, dem Leben selbst. Wer einer Musik, etwa einem Werk von J. S. Bach oder auch einer indischen Raga, ganz und gar lauscht und miterlebt, wie sich da in jedem Moment eine Harmonie in eine neue verwandelt, der kann das Grundprinzip des Lebens, die Verwandlung begreifen.

Das *Kronenchakra* (Sahasrara) soll über dem Scheitel liegen und dort als „tausendblättriger Lotus" erblühen. Laut indischer Yogatradition repräsentiert dieses höchste Zentrum die endgültige Befreiung aus dem Kreislauf von Tod und Wiedergeburt. Es weist auf den Raum der Wahrnehmung, der selbst nie Gegenstand der Erfahrung sein kann, in dem aber alles Erfahrbare erscheint, auch alle Höhen und Tiefen der Gefühle und Gedanken. Welche Art von Klang oder Musik passt hier? Am ehesten der heilige Klang OM, aber besser noch die Stille.

Chakrasingen mit Vokalen

- Wir sitzen oder stehen aufrecht und entspannt. Der Atem strömt ein und aus, tief und ruhig.
- Wir richten unsere Aufmerksamkeit auf das Wurzelchakra und singen einen tiefen Ton auf dem Vokal U. Empfinden wir eine Resonanz? Was geschieht da? Nur spüren und beobachten.
- Wir spüren in den Bereich unterhalb des Bauchnabels hinein, während wir einen etwas höheren Ton auf dem Vokal Ü singen.
- Wir konzentrieren uns zwei bis drei Minuten auf das jeweils höhere Energiezentrum im Solarplexus, Herzbereich, Kehlkopf, Stirn und Scheitel, intonieren immer höhere Töne (Tonleiter als Orientierung) auf den Vokalen O, A, Ä, E, I. und achten dabei so still wie möglich auf den Atem, den Klang der Stimme, die körperlichen Empfindungen, Gefühle und Gedanken, ohne sie als gut oder schlecht zu bewerten.
- Wir können zu jedem Chakra eine Farbe visualisieren. Von unten nach oben:
- Wir können das Chakrasingen gemeinsam mit unserem Partner praktizieren. Auch während wir ihm in die Augen schauen. Sollten spontan wiegende Bewegungen des Körpers und der Arme entstehen, einfach geschehen lassen, wie in einem Film.
- Nach 10-15 Minuten haben wir alle Chakren „durchsungen" und bleiben wenigstens fünf Minuten still sitzen.

Das Seelen-Navigationssystem

Die Seele belebt alle menschlichen Systeme mit ihrem Licht, ihrer Liebe, und ihrer Intelligenz über die Herzfrequenz. Der Blutkreislauf und die Atmung, das Nervensystem, das Hormonsystem, unsere Sexualität, das Verdauungssystem, unser Bewegungssystem, unsere Haut, unsere Sinneswahrnehmung, unsere Gefühle und Emotionen, und nicht zuletzt unser Denkvermögen werden über die Energiezentren der Seele erhalten, versorgt, und optimiert im Sinne der Erleuchtung und des höheren kosmischen Bewusstseins des Menschen. Das Seelen-Navigationssystem (SNS) ist ein spirituelles Instrument, das dazu dient, Erleuchtung zu finden und unser persönliches Leben täglich kreativ in Liebe, Weisheit, und Macht der Seele auszurichten.

Es beruht auf ein paar prinzipiellen geistigen Strukturen, die grundlegend die Erfahrungswirklichkeit und Bewusstseinsfähigkeit des Menschen in der Lichtung der Seele ermöglichen. Jede Struktur hat eine polare Natur, die immer dynamisch ein integrierendes Gleichgewicht herstellt. Wir müssen dieser dynamischen Einheit unsere ganze Aufmerksamkeit schenken, weil sie uns dazu befähigt, die chaotischen Krisen und Übergänge unserer Erfahrungswelt auf dem Weg vom menschlichen Eigenbewusstsein in das Kosmische Bewusstsein der Seele immer wieder erneut über die Herzfrequenz zu harmonisieren und zu integrieren. Diese dynamisch integrierende Herzfrequenz ist die Grundlage von Selbstverwirklichung, Einheit, Ganzheit, Freude, Gesundheit und jeder echten Heilung. Wir werden jetzt kurz die zwei wichtigsten Strukturen in Betracht ziehen – Selbst/Welt und Essencing-Presencing:

Selbst/Welt

Das menschliche Wesen entfaltet sich in seinem Erleben als Selbst und Welt. Ein Selbst ohne Welt, oder eine Welt ohne Selbst gibt es einfach nicht im Prinzip. Das Selbst bedingt die Welt, und die Welt bedingt das Selbst.

Noch nie hat irgend ein Mensch eine Welt wahrgenommen, erlebt, erforscht, oder wissenschaftlich untersucht ohne ein Selbst. Selbst wenn wir
uns eine Welt ohne Selbst denken wollen in der weitesten außerirdischen
Ferne des Universums oder in der nächsten Nähe des Atoms, so ist dieser
Gedanke eben doch die Vorstellung von einem Selbst. Und wenn wir diese
Ferne oder Nähe mit dem Teleskop und Mikroskop meßbar durchdringen,
dann eben immer als sehendes Selbst. Und genauso wenig gibt es ein
Selbst im Innersten des Menschen als Wahrnehmung und Erfahrung, das
nicht in irgend einer Weise zugleich als Welt besteht. Alle menschliche
Wahrnehmung, Erfahrung und Vorstellung braucht grundlegend die Selbst/
Welt-Struktur. Daran geht nichts vorbei. Darum hat Buddha die Überwindung dieser kosmischen Struktur als Nirvana oder „Erlöschen" bezeichnet,
und es wird in vielen östlichen Traditionen als die Große Leerheit realisiert,
die völlige Überwindung der Selbst/Welt-Struktur.

Diese zentrale Transzendenz wird durch das SNS als „Essencing" an-
gegeben. Darüber gleich mehr im nächsten Kapitel. Aber wenn wir im
Weiteren das Wort Selbst gebrauchen, dann haben wir damit immer schon
die entsprechende Welt gleichzeitig mit angenommen. Auch wenn wir vielleicht nichts konkret über diese Welt wissen, wir müssen sie mit dem Selbst
gemeinsam annehmen. Genau das Gleiche gilt für das Wort Welt. Für
jegliche Form einer Welt, egal ob sie physisch, astral, mental oder geistig
ist, müssen wir zugleich unser Selbst entsprechend ansetzen, sonst gibt
es nämlich diese Welt nicht.

In unserer alltäglichen persönlichen Welterfahrung ist es leider oft so, dass
wir die ursprüngliche Einheit der Selbst/Welt-Struktur als ein potentiell oder
aktuell konfliktbeladenes Gegeneinander erfahren und annehmen. Das
kann gegen andere Personen oder gegen Umstände oder gegen Ideen
oder gegen Emotionen gerichtet sein. Das Entscheidende ist, dass wir
damit die polar-dynamische Einheit von Selbst/Welt dualistisch trennen

und damit ihren gegenseitig bereichernden Austausch blockieren. In diesen negativen Raum der Trennung projezieren wir eine bedrohliche Welt, die uns übervorteilen will, und wir mauern unser Selbst ein zur Verteidigung gegen diese schlechte Welt. Wir nehmen dann auch eine scheinbar berechtigte, aggressive Haltung ein. Auch werden in dieser Trennung die Welt und Andere als ausbeutungsfähig angesehen, für unseren Selbstvorteil. Das ist die altbekannte Vorstellung von einem dominierenden Ego.

Das Ich als zentrale Verankerung des SNS ist die Individualisierung der Seele. Aber wenn wir, aus welchen Gründen auch immer, in die Trennung verfallen, dann blockieren wir diesen kosmischen Prozess der Individualisierung, und das Ego verhärtet sich gegen die Welt. Die „Welt" in dieser Abgetrenntheit vom Selbst scheint uns dann immer mehr Bestätigung für Angst, Selbstverteidigung, und aggressives Verhalten zu liefern, bis es nicht mehr weiter geht und alles zusammenbricht, weil wir uns so eingeengt haben, dass kein sinnvolles Leben mehr möglich ist. Das muß nicht sein. Es ist eine Frage der Erkenntnis und des dazugehörigen Wissens über die göttlichen Prinzipien, die im SNS enthalten sind. Wir sollten uns einfach grundlegend, in solidem Vertrauen, auf den kosmisch harmonischen, positiven Austausch von Selbst/Welt berufen, und uns immer, unter allen Umständen daran erinnern, daß es ja unsere Selbst/Welt ist, die wir ständig erschaffen auf dem Weg zu unserer Göttlichkeit. Es gibt nichts, was diese Trennung der Ur-Einheit von Selbst/Welt rechtfertigen kann, auch wenn wir hinterher unzählige verständliche Erklärungen und Gründe dafür haben.

Essencing-Presencing

(Essencing ist die Vereinigung mit der Essenz der Seele – Presencing ist die Manifestation des höchsten Potentials der Seele)

Jeder Mensch nimmt an der Selbst/Welt Struktur teil, sobald er geboren ist, aber genau genommen auch schon im Uterus der Mutter bis zu seinem Ableben, mit dem sich die Selbst/Welt Struktur auflöst in dem Kausalkörper der Seele. Aber nicht jeder Mensch praktiziert bewusst Essencing-Presencing. Die meisten Menschen erleben alltägliche Formen von Essencing ganz unbewußt. Schlafen zum Beispiel ist eine Form von Essencing, oder sich entspannen, sich lösen, Gelassenheit, Einkehr, loslassen, Traurigkeit, sterben – alle diese Prozesse beinhalten Essencing. Essencing ist auch angesagt, wenn wir genug von der Welt haben und von unserem Ego, oder wenn wir ein Trauma erleben wie einen schweren Unfall, den Verlust einer geliebten Person, oder Opfer von emotionaler und physische Gewalt werden.

Aber Essencing in der Anwendung des SNS ist eine bewusste Lebensentscheidung hin zur objektiven Selbstbeobachtung und Selbsterkenntnis in der gewollten Transzendenz aller Aspekte der Selbst/Welt-Struktur. Es gibt unendlich viele Wege der Kontemplation, Meditation und Yoga-Methoden, die mehr oder weniger effektiv Essencing erzeugen. Essencing bedeutet, dass wir bewusst unsere Identifizierung mit unserem Selbst/Welt Drama physisch, emotional und mental aufgeben, um unsere Energie und Aufmerksamkeit in das Gewahrsein der Seele zu bringen. Indem wir uns so sammeln, finden wir unser objektfreies, authentisches und universelles Sein, (Sanskrit: sat-chit-ananda). Dieses Sein beinhaltet ein überwältigendes Gefühl von Wonne und Glückseligkeit im Zustand der absoluten Vereinigung mit dem Kosmos.

Presencing findet sich auch in den alltäglichen Formen unseres Lebens. Ein Bildhauer, der eine Figur aus einem Stück rohen Felsen entstehen läßt. Ein Komponist, der eine inspirierte Symphonie komponiert. Ein Sportler, der einen neuen Weltrekord aufstellt. Ein Koch, der eine wohltuende Speise zubereitet. Ein Lehrer, der einen Schüler motiviert. Ein Vater, der liebevoll seinen Sohn ermuntert. Alle menschlichen Anstrengungen, die den Willen zum Guten manifestieren, sind letztendlich eine Form von Presencing. Aber bewußtes, willentliches Presencing ist eine ungeheure menschliche Macht. Es erzeugt eine kreative Spannung unter dem Gesetz der Anziehungskraft. Es ist grundlegend schöpferisch. Die Aussagen, „so wie der Mensch denkt, so ist er" und „Energie folgt dem Gedanken", bezeugen diese grundlegende Wahrheit. In Presencing schöpft unser Denken aus dem Sein unsere Selbst/Welt als Da-Sein. In Essencing transzendieren wir Selbst/Welt, um uns mit der Glückseligkeit unseres universellen Seins zu vereinigen. In Presencing manifestieren wir unser Da-Sein als die Selbst/Welt, die wir uns erschaffen wollen, in der Frequenz der Liebe im Licht der Seele, und unter ihrer höheren Fügung.

Diese beiden Strukturen des SeelenNavigationsSystems ermöglichen uns Heilung und Selbstverwirklichung, und erlauben uns aktiv an der Kosmischen Integration der Menschheit teilzunehmen. Es gibt noch viele andere wundervolle Anwendungen des SNS, die unser Leben spirituell bereichern und über die Herzfrequenz in der kosmischen Lichtung des Höheren Bewusstseins ausrichten.

Weitere Informationen finden Sie auf: www.herzpunkt.website

Hilfe für das verletzte Ego

Anatomisch ist unser Gehirn mit unserem Herzen über die sogenannte HPA-Achse verbunden. HPA ist die Abkürzung für Hypothalamus-Hypophysen-Nebennierenrinden. (Die Nebenniere heißt auf Englisch „Adrenal Gland", daher stammt das „A".) Wenn wir Stress haben, wird die HPA-Achse aktiviert und sorgt nicht nur für die Ausschüttung von Stresshormonen, sondern auch für die Verminderung unserer Herzfrequenzvariabilität.

Es hat sehr lange gedauert, bis die zentrale Bedeutung der Psyche für die körperliche Gesundheit innerhalb der Schulmedizin einen festen Platz hatte. Erst 2003 hat der Deutsche Ärztetag das Fachgebiet der Psychosomatischen Medizin als solches anerkannt. Heute ist in der Psychosomatik die Herzfrequenzvariabilität ein vieldiskutierter Paramater, denn in zahllosen Studien konnte nachgewiesen werden, dass eine präzise Analyse des Herzrhythmus und seiner Schwankungen (Variabilität) nicht nur genaue Auskunft zu Fehlfunktionen des Herzkreislaufsystems geben können, sondern auch exakte Hinweise auf Beeinträchtigungen körperlicher und psychische Regelsysteme liefern kann. Zudem gibt das Maß der Herzfrequenzvariabilität einen Hinweis auf das biologische Alter und auf unsere seelische Verfassung.

Oft führen Enttäuschungen, Verletzungen unserer Gefühle, Übergriffe oder seelische Angriffe auf unsere Person, die nicht richtig eingeordnet und verarbeitet werden konnten, dazu, dass unser Ego eine Kränkung erfährt. Das verletzte Ego neigt zur Kompensation oder Trotz oder zum Rückzug in das eigene Schneckenhaus. Man kann oft bei Männern beobachten, dass sie dann gereizt sind oder sogar aggressiv werden oder versuchen, ihren Frust über das angekratzte Selbstbild mit Alkohol wegzutrinken. Frauen treten eher den Rückweg in den inneren, scheinbar sicheren Raum an, in der Hoffnung, so weitere Erlebnisse von Kränkung vermeiden zu können. In beiden Richtungen sind die Übergänge zur Depression fließend und ihre Ausprägung und ihr Schweregrad sind anhand der Herzfrequenzvariabilität messbar.

Der bolivianischer Philosoph Oscar Ichazo, ein Urheber der modernen Fassung des Enneagramms der Persönlichkeitstypen und Gründer der Arica School of Consciousness unterrichtete seine Schüler u.a. über die verschiedenen Ebenen des Bewusstseins. Bemerkenswert an diesem Konzept ist, dass es erklärt, warum der Weg von einem unbewussten in einen bewussten Zustand naturgemäß mit Ent-Täuschungen einhergehen MUSS. Sie können soweit gehen, dass man in nichts mehr einen Sinn sieht, dass man regelrecht abstumpft und sich über nichts mehr wirklich freuen kann.

Im Moment scheint es so, als sei der überwiegende Teil der Menschheit kollektiv an diesem Punkt angekommen. Gerade deshalb ist es so wichtig, den Verstand, der angesichts der Fehlentwicklungen auf unserem Planeten kaum noch einen Ausweg erkennen kann, von Zeit zu Zeit abzuschalten und die inneren Orte aufzusuchen, die Kraft, Mut und Zuversicht vermitteln. Manchmal finden wir den Weg dorthin zurück nicht ohne Hilfe von außen. Niels Bierbaumer und Jörg Zittlau sprechen in ihrem Buch „Denken wird überschätzt" von der Depression als einer „Krankheit der Leere".

Vera Brandes, die den Begriff der Musikwirkungsforschung geprägt hat, untersucht seit über zwölf Jahren an der Paracelsus Medizinischen Privatuniversität Salzburg, der europäischen Partneruniversität der berühmten amerikanischen Mayo Medical School, wie Menschen mit speziell komponierter Musik den Weg aus der Depression finden können. Die von ihr entwickelten musiktherapeutischen Programme haben erstaunliche Wirkungen. Innerhalb von wenigen Wochen verbessert sich die Herzfrequenz-variabilität um einen Faktor, der den natürlichen altersbedingten Verlust an Variabilität von zehn Lebensjahren kompensiert und bei Patienten, die unter einer Depression leiden oder einen Burnout erlebt haben, zu einer Normalisierungen ihrer Reagibilität auf allen Ebenen führt und ihr seelisches Reaktionsvermögen wiederherstellt.

Neben der Herzfrequenzvariabilität, die unsere Verfassung und die Beeinträchtigungen unseres körperlichen und seelischen Wohlbefindens so detailliert widerspiegelt, hat sich Vera Brandes vor allem mit den Ursachen befasst, die zur Kränkung des Egos und ihren Folgen für unsere Gesundheit führen können. Die Ergebnisse der Auswertung von mehreren hundert tiefenpsychologischen Interviews lieferten eindeutige Nachweise dafür, dass die Seele in einer Schräg- oder Notlage auf die richtige musikalische Information sofort anspricht. Musik scheint eine Art Metasprache zu sein, die es dem Menschen erlaubt, jenseits des Verstandes eine Verbindung mit der Quelle seines Seins wiederherzustellen.

In großen klinischen Studien mit hunderten von betroffenen Patienten haben Vera Brandes und die Wissenschaftler aus ihrem Team in minutiöser Detailarbeit herausgefunden, mit welchen Frequenzen, Tonfolgen und Rhythmen es gelingen kann, blockierte oder aus dem Takt geratene körperliche und psychische Abläufe wieder in Schwung zu bringen. Das Spektrum der Symptome, die auf diese Weise positiv beeinflusst werden können ist groß. Klinische Wirkungsnachweise liegen neben der Depression und dem Burnout Syndrom bei der Behandlung von chronischen Schmerzzuständen, Blutdruckproblemen und psychisch verursachten Herzrhythmusstörungen vor. Auch ADHS (Aufmerksamkeitsdefizit-Hyperaktivitätsstörung), kognitive Störungen (Mild Cognitive Impairment) und andere Vorstufen der Demenz reagieren sehr positiv.

Ein weiterer zentraler Schwerpunkt ihrer Arbeit liegt in der Behebung von Schlafstörungen. Hierfür entwickelte sie ein neues Musikwiedergabesystem mit einem speziellen Kopfkissen, mit dem die schlafinduzierenden Musikwerke erstmals ohne die schlafstörenden elektromagnetischen Belastungen üblicher Technologien gehört werden können. Mit Einsatz dieses Systems wird die Schlafqualität so deutlich verbessert, dass auch die für das Unterbewusstsein nur während der Traumphasen möglichen Verarbeitungsprozesse wieder in Gang gebracht werden.

Weitere Informationen zu diesem Thema finden Sie auf www.sanoson.at

König und Königin – eine Partnerschaftsübung

Persönliche Beziehungen und Familien fordern uns in besonderem Maße dazu heraus, die Untiefen unseres Egos auszuloten und einen ständigen Abgleich zwischen Dominanz und Anpassung vorzunehmen. Echte Nähe zu einem Partner entsteht nur auf dem Wege der Hingabe. Hingabe üben bedeutet, das eigene Ego in den Hintergrund zu stellen und sich mit Haut und Haaren auf sein Gegenüber einzulassen.

Es gibt eine wunderbare Übung, bei der man viel über sein Ego und das Ego seines Partner oder seiner Partnerin lernen kann. Diese Übung heißt „das König-Königin-Spiel". Am besten nimmt man/frau es sich für ein freies Wochenende vor. Besorgen Sie schon im Vorfeld alles, was Sie brauchen, um für 48 Stunden nicht aus dem Haus gehen zu müssen, wenn es nicht Teil des Spiels ist. Sie sollten wirklich von allen Alltagsverpflichtungen frei sein, Handy und Computer wegschließen und den Stecker vom Festnetz-Telefon und vom Fernseher ziehen. Schicken Sie ihre Kinder zu den Groß-eltern und sagen Sie allen Freunden und Bekannten, Sie würden übers Wochenende wegfahren, damit niemand auf die Idee kommt, spontan bei Ihnen vorbei zu kommen. Legen Sie fest, wer von Ihnen anfängt. Die ersten 24 Stunden gehören der Königin. Die zweiten 24 Stunden gehören dem König. Sie können die Reihenfolge auch ändern, wenn es sich für beide besser anfühlt.

Während der 24-stündigen "Regentschaft" des Königs bzw. der Königin darf der Regent bestimmen, was passiert und der andere muss sich damit einverstanden erklären, bei allem mitzumachen. Wie im wahren Leben ist der jeweils Regierende gut beraten, seinen bzw. ihren "Untertan" von seinen Ideen zu begeistern, denn die Maxime des Spiels ist, gemeinsam so viel Spaß zu haben wie nur möglich. Aber der jeweils Regierende hat stets das Recht vorzuschlagen, was passieren soll und hat auch immer das letzte Wort. Das erste, was beide Partner dabei lernen, ist, Wünsche klar zu formulieren und auszusprechen, was natürlich im Rahmen dieses Spiels erheblich leichter ist als im Alltag, weil es ja bei dem Spiel um nichts anderes geht, als dass man sich vom anderen einfach einmal alles wünschen darf, was man sich schon immer einmal wünschen wollte, sich aber nie zu äußern traute. Und dabei auch einmal keine Rücksicht auf irgendwelche anderen Verpflichtungen nehmen muss, die der andere oder man selbst anderen gegenüber eingegangen ist. Vielen fällt es heute schwer, echte Nähe zu einem anderen Menschen aufzubauen. Gerade in Ehen und langjährigen Partnerschaften geht die Intimität verloren, weil man immerzu auf Anforderungen von außen reagieren und funktionieren muss. Ein spielerischer Umgang mit den Marotten seines eigenen Egos und denen eines Lebenspartners ist aber unverzichtbar, wenn eine Beziehung lebendig bleiben soll und es Raum für die gemeinsame Entwicklung und die Entwicklung jedes einzelnen Partners gibt. Dabei ist nur eines wichtig: Es geht bei dieser Übung nicht um das, was Ihnen Ihr Verstand sagt. Lassen Sie sich von ihrem Gefühl leiten und hören Sie dabei immer auf Ihr Herz.

Seelennahrung

Sämtliche Stimmungs- und Bewusstseinslagen werden durch die Neurochemie in unserem Gehirn beeinflusst. In dem, was wir unserem Körper zuführen, sind oft ganze Cocktails von biochemisch wirksamen Substanzen, die unsere Empfindungen und Sichtweisen verändern können.

Wenn wir z.B. eine bestimmte mentale und emotionale Verfassung anstreben, müssen wir uns darüber im Klaren sein, dass dies voraussetzt, dass entsprechende Substanzen im menschlichen Körper vorhanden sind und für eine gewisse Zeit auch aktiv bleiben. Deshalb ist es wichtig, einige Grundsätze in Bezug auf Ernährung und anderes, was wir regelmäßig zu uns nehmen, zu beherzigen.

Trotz der unüberschaubaren Anzahl an Ernährungsbüchern gibt es nur wenig Aufklärungen über diejenigen Inhaltsstoffe, die entweder unserer psychischen Gesundheit zuträglich sind oder ihr im Wege stehen, besonders auch die, die unsere spirituellen Möglichkeiten unterdrücken oder fördern.

Wenn man z.B. auf den Internetseiten von führenden Buchversandunternehmen den Suchbegriff „gesunde Ernährung" eingibt, erhält man schon allein für den deutschsprachigen Raum mehr als 48.000 Einträge. In Kombination mit dem Wort Spiritualität sind es nur noch 70. Die meisten der Bücher, die ich gelesen habe, gehen dem Zusammenhang zwischen Ernährung und Spiritualität jedoch nicht auf den Grund. Ich fand keine bzw. nur ganz wenig Aufklärung über diejenigen Inhaltsstoffe, welche imstande sind, unsere Gehirnleistung im Sinne erweiterter Erkenntnisse, um ein Beispiel für eine konkrete Anwendung unserer spirituellen Möglichkeiten zu nennen, zu fördern oder zu unterdrücken.

Mich hat vor etwa 25 Jahren der Titel des Buches „**Was hat meine Kä-sebrot mit meiner Erleuchtung zu tun?**" zum Schmunzeln angeregt. Seinerzeit forschte ich im Rahmen eines interdisziplinären Projektes auch in den Fachbereichen der Bio-Chemie und Endokrinologie. Aus dieser Forschung bezog ich die Basis über die Zusammenhänge zwischen Be-wusstseinslagen und ihren Neurotransmittern. Hierzu gehörte auch das Wissen darüber, wie sehr einige Substanzen unsere Stimmungen und unser Bewusstsein hervorrufen und wiederum andere Substanzen diese Vorgänge unterbinden. So ist es von ganz besonderer Bedeutung darauf zu achten, welche Stoffe in unseren Körper gelangen. Gleichgültig ob es sich hierbei um Medikamente oder Nahrung handelt. Gerade unsere Er-nährung trägt zu einem ganz erheblichen Teil dazu bei, ob und in wie weit sich unsere Spiritualität ausprägen kann.

Selbst eine streng vegane Ernährung berücksichtigt beispielsweise nicht diejenigen in der Nahrung enthaltenen Substanzen, die nachweislich den Zustand der Spiritualität unterdrücken können. Eine dieser Substanzen ist **Tyramin**. Stark vereinfacht kann man sagen, dass die Menge an Tyramin, welche in unseren Körper gelangt, entscheidend dafür verantwortlich ist, ob lebensnotwendige oder geisteseinschränkende Eigenschaften zum Tragen kommen. Grundsätzlich ist Tyramin eine Aminosäure, die in den meisten Proteinen vorkommt. Tyramin entsteht durch eine chemische Re-aktion (Decarboxylierung) bei der aus der Aminosäure **Tyrosin** gebildet wird. Tyrosin ist wiederum die Ausgangssubstanz für die Biosynthese von DOPA, Dopamin, Noradrenalin, Adrenalin (alles *Katecholamine)* Melanin, Thyroxin und **Tyramin.**

Es entsteht bei der Zersetzung von Eiweißen und ist häufig natürlicher Begleitstoff von Nahrungsmitteln, zu deren Fertigung Schritte wie Gärung oder Fermentation gehören, so z. B. viele Käsesorten, Rotweine oder

Schokolade. **Tyrosin** ist außerdem ein Inhaltsstoff von Bananen. Nun kann sehr leicht der Eindruck entstehen, dass beispielsweise Bananen zu den ungesunden Nahrungsmitteln gehören würden. Dem ist sicher nicht so. Wie ich eben bereits erwähnte, wird aus **Tyrosin** zum Beispiel **Dopamin** gebildet, welches bekanntlich extrem wichtig für unsere Stimmung und für die Weiterleitung der Impulse zwischen den Neuronen ist.

Einer der Unterschiede zwischen Vor- und Nachteil besteht darin, wie lange ein Lebensmittel gelagert hat. Es ist ein erheblicher Unterschied, ob ich eine frische, oder gealterte Banane zu mir nehme. Mit einfachen Worten: In dieser Frucht entstehen erst die hinderlichen Substanzen für unsere Bewusstseinserweiterung durch die Gärung, die bekanntlich bei der Lagerung entsteht. Hierzu gehört ganz besonders Histamin. **Histamin** ist ein Stoff, der normalerweise bei einer allergischen Reaktion im Körper freigesetzt wird. In unserer Nahrung entsteht es, wenn Nahrungsmittel reifen oder gären. Besonders hochkonzentriert kommt es in Fisch, Wurst, alkoholischen Getränke, Gemüse und Hefeprodukten oder eben Käse vor.

Histamin ist ein sogenanntes biogenes Amin – ein Abbauprodukt von Aminosäuren – und entsteht in unserer Nahrung aus dem Abbau der Aminosäure **Histidin**. Histidin ist Bestandteil fast aller pflanzlichen und tierischen Lebensmittel. Der Umwandlungsprozess, der als als Decarboxylierung bezeichnet wird, findet bei allen Lebensmitteln statt, an deren Entstehung oder Reifung Mikroorganismen beteiligt sind. Histamin wird also keinem Lebensmittel von außen hinzugefügt, sondern entsteht als Abbauprodukt von Histidin.

Auch ohne Beteiligung von Mikroorganismen kann Histamin in Nahrungsmitteln entstehen – im Rahmen der Lagerung und Alterung. Je höher der Histidingehalt von Nahrungsmitteln ist, desto mehr Histamin kann durch den Abbau der Aminosäure entstehen. Gerade Fleisch und Fisch sind dafür bekannt. Frisches Fleisch und fangfrischer Fisch sind nahezu histaminfrei. Werden diese Nahrungsmittel aber lange und unsachgemäß gelagert, so bildet sich Histamin. Je nach Dauer der Lagerung kann so ein eigentlich histaminfreies Nahrungsmittel eine echte Histaminbombe werden.

Was **Tyramin** betrifft ist es wichtig zu erwähnen, dass ein vollständiger Entzug von tyraminhaltigen Nahrungsmitteln wiederum auch nicht förderlich ist. Wir brauchen bestimmte Substanzen, um ein harmonisches Gleichgewicht an bestimmten Neurotransmittern zu behalten, sonst würden wir schlicht durchdrehen (Psychosen, Schizophrenie usw.). Im Grunde genommen sind die Mengen, die Kombination mit anderen Nahrungsmitteln und vor allem mit bestimmten Medikamenten, sowie die Uhrzeit der Nahrungsaufnahme, die entscheidenden Kriterien dafür, ob und welche Nahrung für uns förderlich und schädlich ist. Und welche sich sogar auf unsere Spiritualität auswirken.

Naturgemäß produziert unsere Zirbeldrüse bereits in der pränatalen Phase Substanzen, die dem Zustand entspricht, den wir als Erleuchtung bezeichnen. Dieser Seins-Zustand ohne dominierendes Ego schwächt sich in der weiteren Lebensphase derartig ab, bis sich das Kind mit seiner neuen (künstlichen) Identität identifiziert. Die Annahme des Ichs steht in einem direkten Zusammenhang mit der Abnahme der „geistigen Substanzen", die größtenteils von der Zirbeldrüse produziert werden. Eines dieser „geistigen Substanzen" ist das von mir so oft erwähnte DMT (Dimethyltryptamin)

Im Grunde produziert unsere Zirbeldrüse zwar dieses DMT bis zum Lebensende. Jedoch wird es – bis auf wenige Ausnahmen – ständig von anderen Substanzen aufgelöst (inhibiert). Zu diesen Ausnahmen zählen unsere Traumphasen, besonders die sogenannten Klarträume (luzides Träumen) und während einer Nahtoderfahrung. Im normalen Tagesbewusstsein wird dieses DMT also ständig inaktiviert. Die hierfür verantwortlichen Enzyme bildet zum einen unser Körper und zum anderen führen wir sie uns durch bestimmte Nahrung zu.

Bei all dem sollten wir aber nicht vergessen, dass auch eine Wechselwirkung zwischen unserer Geisteshaltung und der unseren Bewusstseinszustand beeinflussenden Neurochemie in unserem Gehirn besteht. Ich sehe einen Grund für die körpereigenen „Verhinderer-Enzyme" in unserer dominierenden Ego-Struktur. In einem Zustand echter Selbsterkenntnis würden diese verhindernden enzymatischen Prozesse weitgehend außer Kraft gesetzt.

Ein gutes Käsebrot grundsätzlich zu vermeiden, ist ganz sicher der falsche Weg. Aber es ist auch mit Sicherheit nicht die optimale Vorbereitung für eine spirituelle Selbsterfahrung. Natürliche, frische und unbelastete Lebensmittel dagegen halte ich für eine äußerst wichtige Maßnahme!

Eine große Gefahr geht von zu lange gelagerten Lebensmitteln aus. Auch wenn sie dem äußeren Anschein nach noch genießbar sind, sind zu lange gelagerte Lebensmittel oft regelrecht Gift für unsere Gesundheit. Unter dem Stichwort Aflatoxin und Patulin kann man in Internet viele kostbare Informationen dazu finden und Hinweise, wie man erkennen kann, ob z.B. Nüsse, Fruchtsäfte oder Grundnahrungsmittel wie Brot, Milch und Butter noch genießbar sind oder ob man sie besser nicht mehr zu sich nehmen sollte.

Weitere Gefahren gehen von Schwermetallen aus. Viele Fische sind damit z.B. hoch belastet. Schwermetalle führen zu zahlreichen gesundheitlichen Problemen. Vor allem aber beeinträchtigen sie auch die gesunden Gehirnfunktionen.

An dieser Stelle möchte ich auch noch einmal darauf hinweisen, dass die am meisten verbreitete unsichtbare „Seuche", die unsere seelische Gesundheit bedroht, von dem Protozoen Toxoplasma Gondii ausgeht. Dieses wird bekanntlich von Katzen auf den Menschen übertragen, aber auch durch ungekochtes Schweinefleisch (Salami, roher Schinken) und durch vor dem Verzehr nicht ausreichend gewaschenem Obst, Gemüse und Salat. Toxoplasma Gondii kann Wesensveränderungen und u.a. Schizophrenie und andere psychiatrische Erkrankungen auslösen. Ein ausführliches Kapitel hierüber habe ich in meinem Buch „Der verratene Himmel – Rückkehr nach Eden" veröffentlicht.

Das Metta-Sutta: Liebende Güte

Mögen alle Lebewesen in Glück und Frieden leben, beschwört das Metta-Sutta. Und es geht dabei behutsam vor, Schritt für Schritt. Zunächst empfinden wir liebende Güte für uns selbst, dann für die Menschen, die wir ohnehin schon lieben und verehren und schließlich werden alle Lebewesen in unser Herzensgebet eingeschlossen. Das soll aber kein bloßes Lippenbekenntnis sein, sondern wirklich tief vom Herzen her gefühlt werden. In ihre Meditationsretreats bezog die bekannte Nonne Ayya Khema meist das Metta-Sutta[224] als die Liebende-Güte-Meditation ein. Sie hat diese Meditation, die das Herz öffnet und die meditative Vertiefung unterstützt, in vielen Variationen angeleitet. Hier ist eine:

Sich und anderen der beste Freund sein

Wir wollen uns einmal vorstellen, dass wir unser eigener bester Freund sind und die Gefühle eines besten Freundes für uns selbst hochbringen: Liebevoll und hilfreich. Umarmend, zur Seite stehend. Voll Weisheit für das, was gut für uns ist. Ein bester Freund für uns selbst. Auf den wir uns verlassen können. Der uns keine falschen Ratschläge gibt. Das Gefühl dieser innigen Freundschaft für uns selbst erleben.

Jetzt wollen wir der beste Freund von demjenigen sein, der neben uns sitzt. Liebevoll umarmend, hilfreich. Besorgt um dessen Wohlergehen. Das Gefühl der innigen Freundschaft für diesen Menschen zu ihm ausstrahlen.

Und jetzt denken wir an unsere Eltern, ob sie noch am Leben sind oder nicht. Und sind deren bester Freund. Voll liebevoller Fürsorge. Voll Dankbarkeit. Wir umarmen sie und zeigen ihnen unsere Zusammengehörigkeit.

Ein bester Freund ist hilfreich und hat genügend Weisheit, um zu wissen, was für den anderen gut ist.

Und wir denken an unsere nächsten und liebsten Menschen, mit denen wir vielleicht zusammenleben, und sind deren bester Freund. Voll Rücksichtnahme. Helfen ihnen, das Gute zu tun. Schenken ihnen unser Herz voll inniger Freundschaft. Und wir erwarten von ihnen nicht, das Gleiche zurückzubekommen.

Und wir denken an unsere Freunde, Verwandte und Bekannte und wollen allen bester Freund sein und diese Freundschaft zeigen. Sie umarmen. Ihnen zur Seite stehen. Das Gute fördern. Fürsorglich. Bedacht um ihr Wohlergehen. Nicht erwartend, sondern schenkend.

Und wir denken an die Menschen, denen wir im Alltag begegnen. Die einen wichtigen Teil unseres Lebens ausmachen. Nachbarn und Arbeitskollegen, Schüler, Patienten, Lehrer, Verkäufer, Postboten, Arbeiter. Wer immer uns in den Sinn kommt, der einen Teil unseres Alltags ausmacht. Und wir sind der beste Freund von allen diesen Menschen. Schenken ihnen unser Herz in inniger Freundschaft. Sind besorgt um ihr Wohlergehen. Wollen helfen und zur Seite stehen. Zeigen ihnen dadurch unsere Zusammengehörigkeit.

Und wir denken an einen schwierigen Menschen in unserem Leben. Über den wir uns vielleicht geärgert haben. Der nicht das macht, was wir wollen. Oder der sich über uns geärgert hat. Oder dessen Ideen oder Taten wir ablehnen, verurteilen. Und wir wollen auch der beste Freund dieses Menschen sein. Ihn in Freundschaft umarmen. Fürsorglich bedenken. Unser Herz ihm schenken. Und wir spüren ganz deutlich, wie die Schwierigkeiten von uns abfallen und wir erleichtert sind.

Wir öffnen unser Herz ganz weit, soweit es uns möglich ist. Und lassen so viele Menschen hinein, wie es nur geht. Und schenken ihnen unsere Freundschaft, unsere Zusammengehörigkeit, unsere Fürsorge. Lassen immer mehr und mehr Menschen in unser Herz hinein. Aus den Dörfern und Städten, immer weiter und weiter über das ganze Land. Wir können allen unsere Freundschaft schenken, unsere Fürsorge, unser Zusammengehörigkeitsgefühl, unsere Herzenswärme. Und wir spüren noch einmal: Desto mehr davon wir verschenken, desto mehr haben wir im Herzen.

Und jetzt richten wir die Achtsamkeit noch einmal auf uns selbst und fühlen uns als unser eigener bester Freund, der uns hilfreich zur Seite steht, der sich um uns kümmert. Der durch Weisheit weiß, was das Gute für uns ist, es erkennt und uns immer weiter hilft dabei. Und wir umarmen uns selbst mit inniger Freundschaft. Und fühlen uns darin beschützt und geborgen. Mögen alle Menschen Freunde sein!

Quellenangaben

1. https://de.Wikipedia.org/wiki/Theologie
2. https://de.Wikipedia.org/wiki/Zehn_Gebote
3. https://de.Wikipedia.org/wiki/Gott
4. https://de.Wikipedia.org/wiki/David_Deutsch_%28Wissenschaftler%29
5. Video-Link: Video http://www.daserste.de/information/wissen-kultur/w-wie-wissen/videos/fremdgesteuert-durch-parasiten-100.html
6. Quelle: http://www.nzz.ch/unheimliche-gaeste-1.656052
7. Quelle: http://www.zeit.de/zeit-wissen/2009/02/Toxoplasmose
8. Verlag Houghton Mifflin Harcourt, Boston 2016
9. Röm 5,12 EU
10. 4. Esra 7,118
11. Paulus Brief an die Römer (Römer, 6,4)
12. Thomasevangelium, Vers 77
13. http://anthrowiki.at/Nag_Hammadi#Weblinks
14. LJ 107-108, D 76-78
15. Lüdemann & Janßen. S. 604. 2
16. LJ 108-110, D 79-82
17. Quelle: Wikipedia
18. LJ 120-121, D 96-97
19. (LJ 121-122, D 97-99)
20. https://de.Wikipedia.org/wiki/Apokryphon_des_Johannes#Dreifacher_Abstieg_der_Pronoia_des_Alls.2C_Erweckung_und_Erl.C3.B6sung
21. Apokryphon des Johannes, Nag Hammadi Deutsch: Studienausgabe. NHC I–XIII, Codex Berolinensis 1 und 4, herausgegeben von Hans-Martin Schenke, Ursula Ulrike Kaiser, Hans-Gebhard Bethge
22. Das Video mit eindrucksvollen Bildern kann man im Internet sehen unter http://montalk.net/german/251/video-1-woraus-besteht-die-matrix
23. http://montalk.net/german/251/video-1-woraus-besteht-die-matrix
24. René Descartes: Untersuchungen über die Grundlagen der Philosophie, erste Untersuchung. Quelle René Descartes' philosophische Werke. Abteilung 2, Berlin 1870, S. 19-25. Permalink: http://www.zeno.org/nid/20009161104
25. James Joyce: Ulysses. Deutsch von Hans Wollschläger
26. http://fewd.univie.ac.at/fileadmin/user_upload/inst_ethik_wiss_dialog/Beckermann__A._2012_%C3%9Cber_den_Naturalismus_in_DZPH.pdf
27. F. Capra. Der kosmische Reigen, (Physik und östliche Mystik – ein zeitgemäßes Weltbild) O. W. Barth. S. 153
28. Erwin Schrödinger, Die gegenwärtige Situation in der Quantenmechanik. § 5. Sind die Variablen wirklich verwaschen? In seinem Buch „Naturwissenschaften"
29. Nietzsche, KSA 13, S. 374 und 376, zitiert nach Joseph Simon, Nachwort in: Also sprach Zarathustra, Reclam, S. 357

30   Irvon D. Yalom: Und Nietzsche weinte. btb S. 36
31   Max Tegwart, Kosmologie: Parallel-Universen, Spektrum der Wissenschaft 8 / 2003
32   Quelle: Spektrum der Wissenschaft 9 / 1995, Seite 48
33   Quelle: DIE ZEIT, 15.05.2008 Nr. 21 http://www.zeit.de/2008/21/Olafur-Eliasson
34   Quelle. http://www.tagesspiegel.de/kultur/essay-metaphernblitze-im-neuronenge-
     witter/6879938.html
35   Quelle: Plato, Der Staat, Kap. 7, http://gutenberg.spiegel.de/buch/politeia-4885/1))
36   Quelle: Wikipedia
37   (Quelle: Torsten Döring: „Welt am Draht" –Besser paranoid als tot, spiegel online
     1.2.2010, Quelle http://www.spiegel.de/kultur/kino/science-fiction-klassiker-welt-
     am-draht-besser-paranoid-als-tot-a-676821.html)
38   Quelle: D. Broers: Der Verratende Himmel
39   http://www.nexus-magazin.de/artikel/lesen/die-welt-eine-computersimulation?
     context=blog
40   Quelle http://www.nexus-magazin.de/artikel/lesen/die-welt-eine-computersimulation?
     context=blog
41   www.philosophie-woerterbuch.de/
42   George Berkeley, Eine Abhandlung über die Prinzipien der menschlichen Erkenntnis.
     Stuttgart: Reclam, 2005, Quelle: Wikipedia
43   http://www.nexus-magazin.de/artikel/lesen/die-welt-eine-computersimulation?
     context=blog
44   Hauptproblem der Gnosis, Forschung zur Religion und Literatur im AT und NT, Band
     10, Wilhelm Bousset, Vandenhoeck & Ruprecht Verlag.
45   Quelle: http://www.br.de/radio/bayern2/wissen/radiowissen/mensch-natur-umwelt/
     schlange-ursprung100.html
46   http://dieter-broers.de/toxoplasma-gondii-verstandesparasiten-der-menschheit/
47   http://montalk.net/german#Ego
48   Quelle: http://www.seele-und-gesundheit.de
49   http://www.philolex.de/transhum.htm
50   https://parteiderhumanisten.de/wp/die-transhumanistische-partei-der-usa-ein-
     partner-fuer-die-zukunft/
51   www.nickbostrom.com/ethics/values.html
52   www.singularityweblog.com/nature-is-not-friend/
53   http://2045.com/dialogue/29819.html
54   Lönnig, zitiert nach www.martin-neukamm.de/junker4.html
55   TC 12:20 https://www.youtube.com/watch?v=Rh1tg5lyP6s
56   www.pharmatimes.com/news/uks_first_hybrid_embryos_created_at_newcast-
     le_university_987367
57   http://www.livescience.com/6967-hang-25-year-wait-immortality.html
58   www.genescient.com/research/methuselah-flies
59   https://mfoundation.org/work
60   http://eserver.org/courses/spring98/76101R/readings/becoming.html
61   zitiert nach: https://mfoundation.org/work
62   a.a.O.
63   zitiert nach: www.singularityweblog.com
64   Zitat aus: Radical Evolution, Joel Garreau, S. 242
65   http://www.softmachines.org/wordpress/wp-content/uploads/2016/01/Against_
     Transhumanism_1.0.pdf
66   http://skywatchtv.com/2016/03/27/darpa-thinks-might-actually-like-plan-control-
     mind/

67 http://truthstreammedia.com/2013/07/29/darpa-to-genetically-engineer-humans-by-adding-a-47th-chromosome/
68 http://www.messagetoeagle.com/nicorobot.php
69 http://www.messagetoeagle.com/robotsrealbrain.php
70 http://www.designnews.com/author.asp?section_id=1386&doc_id=263495
71 http://www.livescience.com/28505-map-the-brain.html
72 http://www.darpa.mil/program/our-research/darpa-and-the-brain-initiative
73 a.a.O.
74 a.a.O.
75 a.a.O.
76 www.youtube.com/watch?v=Rh1tg5lyP6s
77 zitiert aus (S. 16): http://www.softmachines.org/wordpress/wp-content/uploads/2016/01/Against_Transhumanism_1.0.pdf
78 a.a.O.
79 a.a.O. S. 24
80 https://www.technologyreview.com/s/425733/paul-allen-the-singularity-isnt-near/
81 https://en.Wikipedia.org/wiki/Technological_singularity
82 a.a.O.
83 https://www.youtube.com/watch?v=_-0UreoXSpg TC: 4:00
84 https://de.Wikipedia.org/wiki/Ilya_Prigogine
85 Mit dem Begriff Dissipative Struktur wird das Phänomen sich selbstorganisierender, dynamischer, geordneter Strukturen in nichtlinearen Systemen fern dem thermodynamischen Gleichgewicht bezeichnet.
86 http://www.focus.de/politik/deutschland/25-jahre-mauerfall/vater-der-deutschen-einheit-gorbatschow-die-welt-steht-am-abgrund-eines-grossen-ungluecks_id_4180992.html
87 http://thebulletin.org/
88 http://www.spiegel.de/wissenschaft/natur/magnetfeld-wanderung-flughaefen-muessen-landebahnen-neu-beschriften-a-738900.html
89 http://www.ingenieur.de/Themen/Klima-Umwelt/Schutzschild-Erde-Sonnenstuerme-schwaecher
90 Igho H. Kornblueh, In memoriam Alexander Leonidovich Tchijevsky, International Journal of Biometeorology, Volume 9,, Number 1, 99, doi:10.1007/BF02187321.
91 http://www.amazon.de/Schuld-ist-die-Sonne-Wissenschaft/dp/3200029978
92 http://dieter-broers.de/
93 http://dieter-broers.de/wissenschaftliche-forschung-und-thesen-von-dieter-broers/
94 http://halbergchronobiologycenter.umn.edu/home/franz-halberg
95 http://earthscience.conferenceseries.com/speaker/2015/alexander-trofimov-isrica-russia
96 http://www.environment.gen.tr/symposiums-conferences/392-geocataclysm-2011.pdf
97 http://survincity.com/2013/04/results-of-the-world-forum-on-natural-disasters/
98 CROSS-SPECTRAL COHERENCES OF TERRORISM AND SUNSPOTS, Shantanu Chavan, Germaine Cornelissen, Dewayne Hillman, Franz Halberg, Halberg Chronobiology Center, University of Minnesota, Minneapolis, MN, USA
99 https://www.youtube.com/watch?v=wWclNXrQnFM
100 Chavan S, Cornélissen G, Hillman D, Halberg F. Cross-spectral coherences of terrorism and sunspots. World Forum „Natural Cataclysms and Global Problems of the Modern Civilization", 19-21 September, 2011, Istanbul, Turkey. London: SWB; 2011. pp. 120-121.

101 Halberg F, Cornélissen G, Wendt HW, Zaslavskaya R, Syutkina EV, Masalov AV, Studenikin MV, Hillman D, Beaty L, Nolley E, Blagonravov ML, Chbiisov SM. Subtraction and addition of heliomagnetics and human violence: time course of transyears in terrorism mimics their cosmos. Proceedings, 1st International Workshop, Physiology of adaptation and quality of life: problems of traditional medicine and innovation, People's Friendship University of Russia, Moscow, Russia, May 14-16, 2008. pp. 398-400.
102 Der Begriff Kataklysmus bezeichnet eine sehr große, alles zerstörende Katastrophe.
103 http://survincity.com/2013/05/elchin-khalilov-turkey-were-shocked-accuracy-of/
104 http://deletedWikipedia.gawker-labs.com/wiki/Elchin_Khalilov
105 Prof. Dr. E.N. Khalilov – President of GNFE (Munich, Germany), Chairman of World Organization for Scientific Cooperation, President of the International Committee on Global Geological and Environmental Change -"GEOCHANGE". In 2006, Khalilov E.N was appointed as Chairman of Expert Council of Higher Certifying Commission at the President of Azerbaijan. In 2007 Elchin Khalilov was ellected as a vice-president of the International Academy of Science H&E (Austria, Innsbruck). From 2009 Elchin Khalilov elected of Vice-President (now he President of WOSCO) of World Organization for Scientific Cooperation (WOSCO, Munich, Germany). In September 2015, Elchin Khalilov led the international project „Geodynamic monitoring and hazard early warning system in landslide areas:"GeoDyn". www.wosco.co & www.seismonet.com
106 http://dieter-broers.de/wp-content/uploads/2016/03/patentschrift_1984.pdf
107 http://www.ncbi.nlm.nih.gov/pubmed/2339198
108 http://dieter-broers.de/wissenschaftliche-forschung-und-thesen-von-dieter-broers/
109 http://150mhz.com/befeldungsgeraete/
110 http://fm-elektronik.de/zertifizierung-nach-din-en-iso-13485/
111 http://150mhz.com/seelische-befeldung/
112 Friedman, Howard; Becker Robert O. und Bachman, Charles, Geomagnetic Parameters and Psychiatric Hospital Admissions, Nature, 200, November 16, 1963
113 Friedman, Howard; Becker Robert O. und Bachman, Charles H., Psychiatric Ward Behavior and Geophysical Parameters, Nature, 205, March 13, 1965 & Friedman, Howard; Becker Robert O. und Bachman, Charles H., Effect of Magnetic Fields on Reaction Time Performance, Nature, 213, March 4, 1967
114 http://www.raum-und-zeit.com/r-z-online/artikel-archiv/2015/ausgabe-198/so-wirkt-die-sonne-auf-unser-gehirn.html
115 So genannte Zyklotron-Resonanzen – Schwingungsvorgänge körpereigener Ionen aufgrund elektromagnetischer Wechselfelder – führen zu einer veränderten Hirnchemie. Neurotransmitter und Hormone ändern ihr normales Verhalten, was sich wiederum auf Stimmungen, Emotionen und Allgemeinbefinden auswirkt.
116 Charon, Jean E., „Theorie de la Relativite complexe", Albin Michel, 1977
117 http://www.datadiwan.de/heim/
118 Solar Wind and Hallucinations – A Possible Relation Due to Magnetic Disturbances, Walter Randall˙ and Steffani Randall, Bioelectromagnetics, Vol 12 Issue 1 The, 2005
119 http://onlinelibrary.wiley.com/doi/10.1002/bem.2250120109/abstract
120 https://workspace.imperial.ac.uk/business-school/Public/people/crobotti/wp0305b.pdf
121 https://de.Wikipedia.org/wiki/Federal_Reserve_System
122 https://www.frbatlanta.org/research/publications/wp/2003/05.aspx
123 http://bcm.bc.edu/issues/winter_2004/ll_solar.htm

Quellenangaben

124 http://www.u-sphere.com/index.php?title=Stress_divers

125 http://dieter-broers.de/keine-frage-des-glaubens-wie-wirken-die-sonnen-und-erd-felder-auf-uns-und-welche-bedeutung-haben-diese-felder-fuer-unsere-geistige-evolution-teil-2/

126 http://dieter-broers.de/die-nachweislichen-wirkungen-der-sonne-auf-psyche-und-bewusstsein/

127 http://www.weltderphysik.de/gebiet/planeten/news/2012/wenn-die-pole-der-erde-wandern/

128 http://www.geo.de/GEO/natur/planet-erde-gefaehrliche-polwanderung-82.html

129 http://www.3sat.de/page/?source=/nano/natwiss/143391/index.html

130 https://de.Wikipedia.org/wiki/Karl_Hecht_%28Physiologe%29

131 http://www.pce.at/PDF/Das-geomagnetische-Feld-als-biologischer-Regulator_v1.pdf.

132 Das Institute for Scientific Research in Cosmic Anthropoecology (ISRICA) ist eine Organisation der Russian Academy of Sciences, in Novosibirsk. Die Forschungen von ISRICA basieren auf Ergebnissen von Dr. N. A. Kozyrev, und wurden von Professor V. Kaznacheev und Dr. Alexander Trofimov erweitert.

133 Interne Mitteilung von Prof. Alexander Trofimov, am 23. Okt. 2013 in Rolandseck / Bonn

134 R.S. Coe, et al; „New Evidence for Extraordinarily Rapid Change of the Geomagnetic Field during a Reversal," Nature, 374:687, 1995.

135 http://www.focus.de/wissen/natur/geowissenschaft/tid-19780/magnetfeld-der-erde-die-schleichende-umkehr_aid_549980.html

136 http://www.oxy.edu/faculty/scott-bogue

137 https://www.newscientist.com/article/mg20727765-000-second-super-fast-flip-of-earths-poles-found/

138 http://www.earthexplorer.com/2010-11/Rapid_Reversal_in_the_Earths_Magnetic_Field.asp

139 https://www.newscientist.com/article/mg20727765-000-second-super-fast-flip-of-earths-poles-found/

140 https://archaeologynewsnetwork.blogspot.gr/2010/09/second-super-fast-flip-of-earth-poles.html#rt4r0k1PaXtj7m0g.97

141 http://es.ucsc.edu/~glatz/

142 https://www.youtube.com/watch?v=Tol58BKxg7Y

143 http://www.esa.int/Our_Activities/Observing_the_Earth/Swarm/Swarm_reveals_Earth_s_changing_magnetism

144 http://www.t-online.de/nachrichten/wissen/id_69903672/magnetfeld-der-erde-der-schutzschild-wird-schwaecher-.html

145 http://www.spiegel.de/fotostrecke/swarm-esa-satelliten-messen-magnetfeld-der-erde-fotostrecke-115879.html

146 http://derstandard.at/2000006886891/Polsprung-binnen-eines-Menschenlebens

147 http://www.news.at/a/erdmagnetfeld-zusammenbruch-6334462

148 https://www.superstation95.com/index.php/world/1214

149 https://de.Wikipedia.org/wiki/Geomagnetik

150 http://klimaforschung.net/cgi-bin/weblog_basic/index.php?page_id=25

151 http://web.gps.caltech.edu/~jkirschvink/pdfs/KirschvinkBEMS92.pdf

152 1995, Sandyk R, Premenstrual exacerbation of symptoms in multiple sclerosis is attenuated by treatment with weak electromagnetic fields. Int J Neurosci 83 (3-4): 187-198

153 http://authors.library.caltech.edu/36395/

154 http://www.nature.com/nature/journal/v200/n4907/abs/200626a0.html
155 Deutsche Forschungsgemeinschaft: http://www.dfg.de
156 Russel J Reiter, Jo Robinson, Melatonin: Your Body's Natural Wonder Drug, Kapitel 14, S. 170-173, New York, 1995
157 Neurotransmitter (von altgriech. νεῦρον neuron ‚Sehne', ‚Nerv' und lat. transmittere, ‚hinüber schicken', ‚übertragen') sind biochemische Botenstoffe, die an chemischen Synapsen die Erregung von einer Nervenzelle auf andere Zellen übertragen (synaptische Transmission).
158 Strassman, Rick (2001). „Part I: The Building Blocks; Chapter 3: The Pineal: Meet the Spirit Gland". *DMT: The Spirit Molecule*. Rochester, VT, USA: Park Street Press. p. 61
159 Moore KL, Persaud TVN. Embryologie. 1996, Stuttgart New York: F. K. Schattauer Verlagsgesellschaft mbh
160 R.J.Wartmann & J.Axelrod, ‚Die Epiphyse'
161 http://www.zeit.de/1995/47/Wunderdroge_aus_der_Zirbeldruese
162 Karsch, F.; Bittman, D.; Foster, R.; Goodman, S. „Neuroendocrine Basis of Seasonal Reproduction." Recent Progress in Hormone Research 40, 1985
163 Ein Klartraum oder auch luzider Traum ist ein Traum, in dem der Träumer sich bewusst ist, dass er träumt. Im Verlaufe eines Monats erleben dies mehr als 20% der Bevölkerung zweimal oder öfter. Quelle: Michael Schredl, Daniel Erlacher: Lucid dreaming frequency and personality. In: Personality and Individual Differences. 37, 2004, S. 1463–1473, doi:10.1016/j.paid.2004.02.003
164 Tryptamines, Beta-carbolines and You. Dr J.C. Callaway, Dept. of Pharmaceutical Chemistry, University of Kuopio, Finland. McIsaac, et al, 1961, Callaway 1995, 1988, 2002
165 Rick Strassman, DMT: The Spirit Molecule: A Doctor's Revolutionary Research into the Biology of Near-Death and Mystical Experiences, 320 pages, Park Street Press, 2001, ISBN 0-89281-927-8
166 Strassman, Rick (2001). „Part I: The Building Blocks; Chapter 4: The Pineal: Meet the Spirit Gland". DMT: The Spirit Molecule. Rochester, VT, USA: Park Street Press. pp. 58–59. ISBN 0-89281-927-8.(„Chapter summaries". Retrieved 27 February 2012)
167 J Ethnopharmacol. 1984 Apr;10(2):195-223. Monoamine oxidase inhibitors in South American hallucinogenic plants: tryptamine and beta-carboline constituents of ayahuasca. McKenna DJ, Towers GH, Abbott F
168 Indianische Heilkräuter: Tradition und Anwendung. Ein Pflanzenlexikon. Diederichs, Köln 1987, ISBN 3-424-00921-0; 7., aktualisierte Auflage 1999, ISBN 3-424-00921-0
169 Monoaminooxidase-Hemmer (MAO-Hemmer) oder auch -Inhibitoren (MAOI) wirken durch Blockieren der Monoaminooxidase-Enzyme
170 Langer, S.Z. et al. (1984). Possible endocrine role of the pineal gland for 6-Methoxy-tetrahydro-betacarboline, a putative endogenous neuromodulator of the (3H) Imipramine recognition site, European Journal of Pharmacoogy, 102, 379-80
171 Luke J. (1997). The Effect of Fluoride on the Physiology of the Pineal Gland. Ph.D. Thesis. University of Surrey, Guildford
172 https://www.youtube.com/watch?v=b2u0ZyrYcbs
173 Professor (Dr) A.K. Susheela, the Executive Director of India's Fluorosis Research and Rural Development Foundation
174 http://www.fluorideandfluorosis.com/organization/Director.html
175 Effect of high F water on children's intelligence in India Trivedi, Verma, Chinoy, Patel, Sathawara. Research report Fluoride 40(3) 178-183, July-September 2007. „This

study indicated that the mean IQ level of students exposed to high F (Fluoride) drinking water was significantly lower than that of the students exposed to a lower."

176 Rocha-Amador D, Navarro ME, Carrizales L, Morales R, Calderón J. 2007. Decreased intelligence in children and exposure to fluoride and arsenic in drinking water. Cadernos de Saúde Pública 23(suppl.4) Rio de Janeiro

177 Harvard School of Public Health (HSPH)

178 Fluoride Linked to Reduced IQ & Brain Damage – ways to reduce YOUR child's exposure. March 30, 2014 by Sally Gray

179 http://realhealthykids.com/fluoride-linked-reduced-iq-brain-damage-ways-reduce-childs-exposure

180 NRC (National Research Council of the National Academies). 2006. Fluoride in Drinking Water: A Scientific Review of EPA's Standards. Washington D.C.: The Naional Academies Press

181 Ding Y, YanhuiGao, Sun H, Han H, Wang W, Ji X, Liu X, Sun D. 2011. The relationships between low levels of urine fluoride on children's intelligence, dental fluorosis in endemic fluorosis areas in Hulunbuir, Inner Mongolia, China. Journal of Hazardous Materials Feb 28;186(2-3):1942-6

182 http://articles.mercola.com/sites/articles/archive/2011/08/12/fluoride-and-the-brain-no-margin-of-safety.aspx

183 Rupert Sheldrake: Der siebte Sinn des Menschen: Gedankenübertragung, Vorahnungen und andere unerklärliche Fähigkeiten. Fischer TB 2006

184 Quelle: Das Einstein-Podolsky-Rosen Paradoxon im Gehirn: Das übertragene Potenzial. J. Grinberg-Zylberbaum, M. Delaflor, L. Attie, and A. Goswami (publiziert in Physics Essays, Ausgabe 7, Nummer 4, 1994)

185 Christian Salvesen, Interview mit Lynne McTaggart, 2011, veröffentlicht in Visionen

186 Paul Uccusic: Der Schamane in uns. Schamanismus als neue Selbsterfahrung, Hilfe und Heilung. Goldmann, München 1993, S. 45

187 Uccusic, op. cit. S. 20

188 George Pennington: Die Schamanentrommel in: Esotera 2/1990, S 53-55

189 Holger Kalweit: Schamanentum, schamanische Psychotherapie, in: Spirituelle Wege und transpersonale Psychotherapie, hg von Edith Zundel und Bernd Fittkau, Paderborn 1989,.S 33-42 und 145-162. Siehe auch: Holger Kalweit: Traumzeit und innerer Raum. Die Welt der Schamanen. O.W. Barth, Bern, München 2002

190 Uccusic, op. cit. S. 40

191 CD-Tipp: Michael Harner: Shamanic Journey Solo and Double Drumming (FSS/Silenzio) und Laura Chandler: Sacred Drums for the Shamanic Journey (über Amazon.de)

192 Stanislav Grof: Impossible – Wenn Unglaubliches geschieht. Das Abenteuer außergewöhnlicher Bewusstseinserfahrungen. München 2012. Wichtig ist auch die Webseite: www.holotropic.com

193 Siehe Grof, op. cit.

194 Quelle: Imperial College/Beckley Foundation https://www.wired.de/collection/science/forscher-visualisieren-erstmals-auswirkungen-eines-lsd-trips-mit-gehirnscans

195 Webseite: https://enzotagliazucchi.com

196 Quelle: Lukas Wieselberg, science.ORF.at

197 Quelle: http://www.heise.de/tp/artikel/21/21746/1.html

198 Jean Gebser: Ursprung und Gegenwart. Erster Teil. Novalis, 4. Aufl. 2007, S. 132

199 Jean Gebser: Ursprung und Gegenwart, 2. Teil, Gesamtausgabe Novalis, 1977/2002, S. 684

200 Jean Gebser: Ursprung und Gegenwart. Erster Teil, Novalis 2007, S. 160
201 J. Gebser: Die Welt ohne Gegenüber, Gesamtausgabe Band V/I, Novalis 2002, S. 271
202 Quelle: http://www.gewahrsein.net/ego-selbst
203 Ramana Maharshi: In: Große Meister Indiens, Jyotishman Dam (Hrsg.), 1. Aufl. Darmstadt: Schirner, 2006, S. 214
204 http://www.gewahrsein.net/ego-selbst
205 Albert Einstein: Mein Weltbild, Zürich: Ullstein, 2005, S. 131, Quelle: : http://www.gewahrsein.net/ego-selbst
206 Quelle: http://www.nexus-magazin.de/artikel/lesen/die-welt-eine-computersimulation?context=blog
207 Elisabeth Kübler-Ross: Questions and answers on death and dying
208 Quelle: Aus einem Interview, das Christian Salvesen mit Christian Meyer und Christine Brekenfeld in Berlin 2013 führte
209 Diels-Kranz (DK); Die Fragmente der Vorsokratiker, 22 B 1
210 Quelle: Lexikon der östlichen Weisheit., S. 304, /Ramana Maharshi, Gespräche des Weisen vom Berge Arunachala, Ansata, Interlaken, 1984
211 https://arhivaspirituala.files.wordpress.com/2014/10/eckhart-tolle-an-excerpt-of-an-interview-john-w-parker.pdf
212 Eckhart Tolle: Jetzt! Die Kraft der Gegenwart. Ein Leitfaden zum spirituellen Erwachen. J. Kamphausen, Bielefeld 2001, s. 15f.
213 Probanden mit Motorradhelmen, an den Magnetspulen angebracht waren, erlebten laut dem Neurologen Prof. Michael Persinger eine göttliche Präsenz. Siehe u.a. http://scilogs.spektrum.de/natur-des-glaubens/der-gotteshelm-von-michael-persinger
214 http://www.sueddeutsche.de/wissen/meditation-spuren-im-kopf-1.2339128
215 Ulrich Ott: Meditation für Skeptiker. Ein Neurowissenschaftler erklärt den Weg zum Selbst. O.W. Barth
216 Ott, op. cit., Info: http://sites.google.com/site/meditationfuerskeptiker
217 http://www.sueddeutsche.de/wissen/meditation-spuren-im-kopf-1.2339128
218 David Servan-Schreiber: Die Neue Medizin der Emotionen. Stress, Angst, Depression: Gesund werden ohne Medikamente. Verlag Antje Kunstmann (o.O., o. J.), S. 67
219 Quelle: www.rainbowspirit.de/Magazin_2/Ayya_Khema.htm
220 Sutta Nipata 143-152 Quelle: http://www.bodhibaum.net/rituale&gedichte/metta.htm
221 Martin Luther, Das Neue Testament, 1. Korintherbrief, http://www.bibel-online.net/buch/46.1-korinther/13.html
222 Quelle: Rotraut Wielandt in Andreas Bsteh (Hrg): Der Islam als Anfrage an christliche Theologie und Philosophie, Mödling 1994
223 Quelle: http://www.zgedichte.de/gedichte/khalil-gibran/von-der-liebe.html
224 Ayya Khema: Mystik ist kein Mysterium, O.W. Barth im Scherzverlag, München 1999

Literaturverzeichnis

Albert David Z., *David Bohms Quantentheorie*, Spektrum der Wissenschaft, Juli 1994

Beck, F. und Eccles, J.C., *Quantum aspects of brain activity and the role of consciousness*, Proc. Natl. Acad. Sci. USA 89(23):11357-11361. 1992

Becker, Robert O., *The Effect of Magnetic Fields upon the Central Nervous System*, Biological Effects of Magnetic Fields, Vol. 2, pp. 207-214.

Bloc Immanuel, Hänsch Theodor W., Esslinger Tilman, *Wenn Materie Quantenwellen schlägt*, Spektrum der Wissenschaft, Juli 2000

Charon, Jean E., *Der Geist der Materie*, Ullstein, 1988

Dam, Jyotishman (Hrsg.), Große Meister Indiens, Darmstadt: Schirner, 2006

Davies, Paul., *Mehrfachwelten*, Diederichs 1981

Englert Berthold-Georg, O. Scully Marlan und Walther Herbert, *Komplementarität und Welle-Teilchen-Dualismus*, Spektrum der Wissenschaft, Februar 1995

Epikur: Philosophie der Freude. Insel TB

Everett, Hugh., *The Many-Worlds Interpretation of Quantum-Mechanics*, Princeton, N.J., University Press 1973

Feynmann, Richard P., *QED – Die seltsame Theorie des Lichts und der Materie*, Piper, 1997

Friedman, Howard; Becker Robert O. und Bachman, Charles, *Geomagnetic Parameters and Psychiatric Hospital Admissions*, Nature, 200, November 16, 1963

Friedman, Howard; Becker Robert O. und Bachman, Charles H., *Psychiatric Ward Behavior and Geophysical Parameters*, Nature, 205, March 13, 1965

Friedman, Howard; Becker Robert O. und Bachman, Charles H., *Effect of Magnetic Fields on Reaction Time Performance*, Nature, 213, March 4, 1967

Gebser, Jean: Ursprung und Gegenwart. Erster Teil. Novalis, 4. Aufl. 2007,

Gebser, Jean: Ursprung und Gegenwart, Zweiter Teil, Gesamtausgabe Novalis, 1977/2002,

Gebser, Jean: Die Welt ohne Gegenüber, Gesamtausgabe Band V/I, Novalis 2002

Goswami, A., *The Self-Aware Universe: How Consciousness Creates the Material World*, Tarcher/Putnam, New York, 1993

Gutzwiller, Martin C., *Quantenchaos*, Spektrum der Wissenschaft, März 1992

Gurvich, A.G., *Selected works*, 1977

Grof, Stanislav., *Topographie des Unbewußten*, Klett-Cotta 1978

Grof, Stanislav: *Impossible – Wenn Unglaubliches geschieht. Das Abenteuer außergewöhnlicher Bewusstseinserfahrungen*. München 2012.

Holler, Johannes., *Das neue Gehirn*, Bruno Martin, 1985

Horgan, John, *Quantenphilosophie*, Spektrum der Wissenschaft, September 1992

Huxley, Aldous, *Die Pforten der Wahrnehmung*, Piper 1956

Kaku, Michio.,*Hyperraum – Eine Reise durch Zeittunnel und Paralleluniversen*, Rowohlt-Science, 20

Kaznatcheev, V. und Trofimov, A., *Die Wirkungen morphogenetischer Felder in einem Modellraum*, International Institut of Cosmic Anthropoecology, Moscau, 1999

Kholodov, Yuri, *The Brain and the Magnetic Field*, Journal of Paraphysics, 6(4), 1972

Kirshivink, Joseph L.; Kobayashi-Kirshivink, Atsuko und Woodford, Barbera J., *Magnetite Biomineralization in the Human Brain*, Proceedings of the National Academy of Science, 89 7683-7687, 1992

Korotaev, S.M., Serdyuk, V.O., Sorokin, M.O. und Abramov, J.M., *Geophysical manifestation of interaction of the processes through the active properties of time*, Physics and Chemistry of the Earth, 1999

Krueger, A. P. und Kotaka, S., *The Effects of Air Ions on Brain Levels of Serotonin in Mice*, International Journal of Biometeorology, 13(1), 1969

Lilly, John, *The Scientist and The Deep Self* und *Im Zentrum des Zyklons"* und *The Scientist*, auf Deutsch: *Der Scientist*, Basel, Sphinx 1984

Naranjo, Claudio, *Die Reise zum Ich*, Fischer 1979

Norden, Bengt., und Ramel, Claes., *Interaction Mechanisms of Low-Lewel Electromagnetic Fields in Living Systems*, Oxford Science Publications, 1992

Ott, Ulrich: Meditation für Skeptiker. Ein Neurowissenschaftler erklärt den Weg zum Selbst. O.W. Barth, München 2011

Penrose, Roger, *Schatten des Verstandes*, Oxfordpress, 1994

Penrose, R., *Quantum theory and reality*. In 300 Years of Gravity S.W. Hawking und W. Israel (eds.), Cambridge University Press, 1987

Persinger, Michael A., *The Paranormal: Part I – The Patterns*, New York, MSS Information, 1974.

Persinger, Michael und Schaut, G. B., *Geomagnetic Factors in Subjective Telepathic, Precognitive and Post-Mortem Experiences*, Journal of the American Society for Psychical Research, 82, 1988

Persinger, Michael, *ELF Waves and ESP*, New Horizons, 1(5), January 1975

Popp, F.A., *Leben als Sinnsuche*, Elemente des Lebens (H.-P. Dürr, F.A. Popp und W. Schommers (Hrsg.)), Die graue Edition, Kusterdingen 2000

Popper Karl R., und Eccles, John C., *The Self and Its Brain*, London, Routledge und Kegan Paul, 1983

Roth, Gerhald, *Fühlen, Denken, Handeln*, Suhrkamp, 2001

Salvesen, Christian: Advaita

Salvesen, Christian und Brandes, Vera: Leben im Rhythmus

Salvesen, Christian: Liebe – Das Herz aller Weltreligionen

Sheldrake, Rupert, *Morphogenetische Felder*, www.sheldrake.org

Strzempa-Depre, Michael, *Die Physik der Erleuchtung*, Goldmann, 1988

Tart, Charles T., *On Being Stoned: A Psychological Study of Marijuana*

Tolle, Eckhart: Jetzt! Die Kraft der Gegenwart. Bielefeld 2003

Uccusic, Paul: *Der Schamane in uns. Schamanismus als neue Selbsterfahrung, Hilfe und Heilung.* Goldmann, München 1993

Wilber, Ken, *The Atman Project*, Quest, Wheaton, IL, 1980

Yam, Philip, *Das zähe Leben von Schrödingers Katze*, Spektrum der Wissenschaft, November 1997

Danksagung

Viele Freunde haben auf meine Bitte hin mit ihren Texten und Gesprächen zu diesem Buch beigetragen. Dafür möchte ich herzlich danken. Detlev Scholz, Physiker, Autor und Redakteur von „Raum & Zeit" für seinen Beitrag über Transhumanismus. Andreas Mammal und Taato Gomez für ihren Beitrag über das Seelen-Navigationssystem. Vera Brandes, Musikwirkungsforscherin an der Paracelsus Medizinischen Privatuniversität Salzburg für ihre organisatorische Hilfe und ihre Beiträge „Hilfe für das verletzte Ego" und das „König-Königin-Spiel". Dr. med. Michael Depner, Facharzt für Psychiatrie und Psychotherapie, für die Erlaubnis, seinen Text zum Thema Ego und Selbst im Unterkapitel ‚Eine Psychotherapeutische Orientierung' übernehmen zu dürfen. Weitere Texte durfte ich von Jim Elvidge (Magazin Nexus), Tom Montalk, Andreas Tenzer, Max Tegwart, Christian Salvesen und anderen verwenden – dafür von Herzen Dank. Meinen Forschungskollegen Prof. Franz Halberg, Prof. Carlo Ventura, Dr. Rollin McCraty, Prof. Giuliana Conforto, Prof. Alexander Trofimov, Prof. Michael Persinger, Prof. Roger Nelson sowie Prof. Gunda Kraepelin und Prof. Ingolf Lamprecht danke ich für ihren Weitblick, ihre weisen Ratschläge und ihre Inspirationen. Ein besonderer Dank gilt meinem Freund Bernd Kolb, mit dem ich die elementarsten Ebenen des Seins ausloten durfte. Natürlich danke ich auch meiner wunderbaren Mutter, meiner Tochter und meinen Enkelkindern und allen Helfern, ohne die ich nicht auskommen könnte, vor allem Bernard Bury und Gernot Ottowitz und allen, die hier aus Platzgründen nicht genannt werden können.

Me Agape
Dieter Broers

Über den Autor

Dieter Broers, Jahrgang 1951, sieht seine Lebensaufgabe darin, durch themenübergreifende Betrachtungen Brücken zwischen Wissenschaft und Spiritualität zu bauen.

Der Biophysiker forscht seit den 1980er-Jahren auf dem Gebiet der Frequenz- und Regulationstherapie. Interdisziplinäre Forschungsprojekte führten zur Entwicklung neuer Technologien, die erfolgreich im medizinischen Gesundheitsbereich eingesetzt werden.

Er leitete u. a. ein vom Bundesministerium finanziertes Forschungsprojekt, an dem mehrere Fakultäten beteiligt waren. Die Resultate dieser Forschungsgruppe erschlossen wissenschaftliches Neuland und führten zu einer Entwicklung völlig neuartiger Therapiegeräte, die für die medizinische Forschung den Beginn einer neuen Epoche bedeuten.

Insgesamt wurden Broers Patente in 85 Ländern erteilt. Aufgrund seiner wissenschaftlichen Leistung wurde Dieter Broers in das "International Council for Scientific Development" (ICSD) berufen, dem unter anderem 100 Nobelpreisträger angehören. Dieter Broers war von 1997 bis 2003 Direktor für Bio-Physik innerhalb des ICSD und ist bis heute im Komitee des International Research Centres vertreten.

Der Autor lebt und arbeitet in Österreich und Griechenland. Mit dem unter dem Pseudonym "Morpheus" geschriebenem Buch ‚Transformation der

Erde' begründete er seine Karriere als Bestseller-Autor. Zu seinen erfolgreichen Werken gehören neben ‚(R)evolution 2012' unter anderen ‚Checkliste 2012. Sieben Strategien, wie Sie die Krise in Ihre Chance verwandeln', ‚Gedanken erschaffen Realität' und die beiden Filme ‚(R)evolution 2012' und ‚Solar Revolution'.

Als Leiter der D.A.H.-Arbeitsgruppe für Regulationsforschung arbeitet Dieter Broers u.a. in der experimentellen Forschung auf dem Gebiet der Frequenztherapie. Zudem befasst er sich intensiv mit erkenntnistheoretischen Fragen und der Bedeutung von Bewusstsein in der Medizin.

Weitere Informationen finden Sie auf http://www.dieter-broers.de

Die von Dieter Broers entwickelten Technologien werden ausschließlich von der Fa. FM Elektronik Berlin hergestellt. Informationen herzu finden Sie auf http://fm-elektronik.de

Wenn Sie über die fortlaufenden Aktivitäten von Dieter Broers informiert werden möchten, können Sie sich auf http://www.dieter-broers.de für den Bezug seines Newsletters eintragen.

Dieter Broers
SOLAR REVOLUTION
(DVD)
ISBN: 78-3-95550-001-6
ASIN: 3955500012

"BESTER
BEWUSSTSEINS-FIÍLM
DES JAHRES"
(Spiritual Film Festival
New York 2013)

Winner
"BEST FEATURE
DOCUMENTARY"
(EBE Film Festival
Arizona, USA 2013)

Rollin McCraty
"Die großen Dichter und Religionen,
die schon immer über das Herz als
die Quelle der Weisheit und Intuition
gesprochen haben, hatten Recht ... "

Giuliana Conforto
"Wir sind praktisch blind!" Mit diesem
Ausspruch beschreibt die italienische
Astrophysikerin und Autorin Giuliana
Conforto unsere aktuelle Situation."

Michael Persinger
"Und jetzt wissen wir – und das läßt
sich tatsächlich messen - dass Zellen
Licht abgeben [...] und da, wo Licht
erzeugt wird, besteht Zugriff auf Infor-
mationen aus dem Universum selbst."

Dieter Broers
"Ich bin überzeugt, dass 2012 eine
Veränderung auf uns zukommt, die
Frage ist nur: WANN IST 2012 ...?"

Rollin McCraty, Michael Persinger und Giuliana Conforto haben zu Dieter
Broers Film **SOLAR REVOLUTION** brisante Informationen beigetragen.
Neben Ihnen kamen zahlreiche andere Wissenschaftler zu Wort, u.a. Rupert
Sheldrake, Rick Strassmann, Elizabeth Rauscher, JJ & Desiree Hurtak,
Francine Blake, Ernst Senkowski, Michael König, Illobrand von Ludwiger und
Franz Halberg. Heute ist der Film SOLAR REVOLUTION aktueller denn je.

http://www.solar-revolution-movie.com

Der verratene Himmel
Rückkehr nach Eden
Teil 1 der Trilogie
ISBN:
978-3-9503814-0-5
Seitenzahl: 306
Preis: 19,90 €

Die Entmachtung des Individuums durch das System hat Methode. Die wahren Machthaber sind in Dimensionen beheimatet, deren Existenz man uns seit jeher ausredet. Dieter Broers vereint historische Dokumente aus mehreren Jahrtausenden und Kulturen, persönliche spirituelle Erfahrungen und wissenschaftliche Belege zu einem plausiblen Gesamtbild.

Broers bleibt nicht bei der Analyse und Beweisführung stehen, sondern zeigt auch den einzigen Weg auf, der uns ins Freie führt. Wenn wir zu unserem wahren Wesen erwachen und beginnen, statt der vorgegebenen Matrix-Programme uns selbst zu leben, befreien wir uns wie Schmetterlinge aus ihrem Kokon. Diese Befreiung muss jeder für sich selbst vornehmen.

„Der verratene Himmel - Rückkehr nach Eden" zeigt uns wie.